〈イスラーム世界〉とは何か

「新しい世界史」を描く

羽田　正

講談社学術文庫

目次

第Ⅱ部　近代ヨーロッパと「イスラーム世界」

〈イスラーム世界〉とは何か

「新しい世界史」を描く

序論　「イスラーム世界」という語のあいまいさ

「イスラーム世界」とは何か？

「イスラーム世界[1]」とは何のことで、一体どこのことなのだろう、という素朴な疑問が、この本を書くことになったそもそもの発端である。

二〇〇一年九月一一日のアメリカ合衆国における同時多発テロ以後、「イスラーム世界」という言葉がそれまでにもまして巷にあふれている。新聞、テレビ、インターネットなどのマスメディアの上で、この言葉が使われない日はほとんどないだろう。いくつか挙げてみよう。「アメリカはなぜ自国がイスラーム世界でこれほど憎まれているかを、まったく理解できていない、あるいはしようとしていない」（下條信輔、二〇〇一年一一月一五日、朝日新聞夕刊）。「イスラム世界が平和や安定を喪失し、また同時多発テロを起こしたイスラム過激派の活動があるのは、イスラム世界で個人や、家庭、また社会に安寧や秩序が欠如するようになったからである」（宮田律、二〇〇三年一月一二日、毎日新聞朝刊）、「我々はジハード（聖戦）の旗を掲げて、十字軍の占領からイスラム世界を解放しなければならない」（オサーマ・ビンラーディン?、二〇〇四年一月五日、朝日新聞朝刊）、「日本は、中東イスラム世界との対話を続けながら、グローバルに人権や自由などを考える文明論の「創成」にも中心的役割をはたさなくてはならない」（山内昌之、二〇〇四年一〇月一〇日、朝日新聞朝刊）。

この言葉を冠した書籍も多数出版されている。『イスラム世界とつきあう法』（四戸潤弥、東洋経済新報社、二〇〇一年一一月）、『イスラーム世界事典』（片倉もとこ編、明石書店、二〇〇二年三月）、『大人も子どももわかるイスラム世界の「大疑問」』（池上彰、講談社、二〇〇二年四月）、『イスラーム世界の都市空間』（陣内秀信・新井勇治編、法政大学出版局、二〇〇二年一〇月）、『イスラム世界はなぜ没落したか？』（バーナード・ルイス著、臼杵陽監訳、日本評論社、二〇〇三年七月）などなど。

何となくわかった気になって読み流してしまう言葉だが、ちょっと立ち止まってもう一度よく考えてみよう。「イスラーム世界」とは一体どこを、そして何をさしているのだろう。上で挙げた新聞記事で、山内昌之は「中東イスラム世界」と頭に「中東」をつけている。中東とイスラーム世界はイコールであるとも読める。しかし、この記事には「世界の主なイスラム教国」という地図が付されており、東南アジアやアフリカにも多くの「イスラム教国」が存在することが示されている。これは、イスラーム世界が中東以外にも拡がっているということを示すための地図なのだろう。だとすれば、中東と「イスラーム世界」は同じではありえない。では、オサーマ・ビンラーディンとおぼしき人物が「十字軍によって占領されたイスラム世界」と言うとき、それはどこのことを意味するのだろう。アフガニスタンのことなのか、イラクのことなのか、パレスチナのことなのか、それとももっと広い地域のことを指しているのだろうか。そもそも、「イスラーム世界」とは、地理的な実体を持った空間のことなのだろうか。多くの識者が「イスラーム世界」という語を気軽に使うが、実はその意味はさまざまで、そこに共通の理解は存在しないのではないだろうか。

手近にある辞書類を確認してみよう。『新イスラム事典』（平凡社、二〇〇二年）には、〝現在のイスラム世界〟と題する地図が付録としてつけられている。この地図では、ユーラシアからアフリカにかけての地域の相当な部分が、黒、濃い灰色、薄い灰色（本書一五頁の地図では網掛け部分）に塗り分けられている。黒が「イスラーム世界」の中核、灰色の部分がその周縁部であるように見える。しかし、子細に観察すると、黒と灰色の基準は異なっている。黒は国単位で塗られ、「イスラム諸国会議機構加盟国」を示しているのに対して、その他の二色が塗られている範囲は、国境線とは必ずしも一致しないのである。濃い灰色は「ムスリム（イスラーム教徒）住民の存在が社会的に大きな意味をもつ地域」、薄い灰色は「ムスリムの移住労働者などが社会的影響力をもつ地域」だという。この基準だと、黒に塗るべき部分ははっきりと確定できるが、灰色部分の選択はきわめて主観的にならざるをえない。

例えば、日本の関東地方には、フランスやドイツなどのヨーロッパ諸国と同じ薄い灰色が塗られている。ムスリム移民とホスト社会との間で摩擦が絶えず、それがしばしば深刻な社会問題に発展するヨーロッパ諸国と日本の関東地方を、果たして同列に並べられるのだろうか。日本においてもイスラームの影響は無視できないということを示したい編者の意図はよくわかるが、やや問題があるように思う。ムスリム国民（移民ではない）が人口の数パーセントを占め、イスラームが国内で第二の宗教となっているフランスは、むしろ濃い灰色に塗られるべきではないか。この地図を眺めていると、このようにいくつもの疑問がわき上がってくる。どこまでがイスラーム世界なのかはこの地図による限り確定できない。

私自身が編集に参加した『岩波イスラーム辞典』(岩波書店、二〇〇二年)の場合は、編集委員会で何度も議論した末に、ある国の人口の何パーセントをムスリムが占めているかによって、国ごとに塗る色を変える方法をとって「イスラーム世界全図」を作った。こちらの方が客観的だとは言えるだろうが、人口の何パーセント以上がムスリムならその国はイスラーム世界に入っていると言えるのかについては、何の基準もない。「イスラーム世界」が現実の国家による国境線で区切られるものなのかどうかもはっきりしない。この地図は、どのあたりにムスリムが多く居住しているかを示してはいるが、「イスラーム世界」はどこかという疑問に答えているわけではない。

このように、「イスラーム世界」を地球上に存在する一つの地理的な空間だとすると、その範囲を確定することは非常に難しい[2]。国際情勢分析のように、具体的な国家間の交渉や関係を解説する際に、この言葉を用いると話が途端にわかりにくくなるのはそのせいである。

代表的な研究者の見解

これまでにすでに何人かの研究者が、「イスラーム世界」とは何か、どこを指すのかという問題を論じている。学問研究においては、術語の意味や概念を正確に定義しない限り、意味のある議論ははじめられない。そして、正確な定義の上に立って展開された学問研究でな

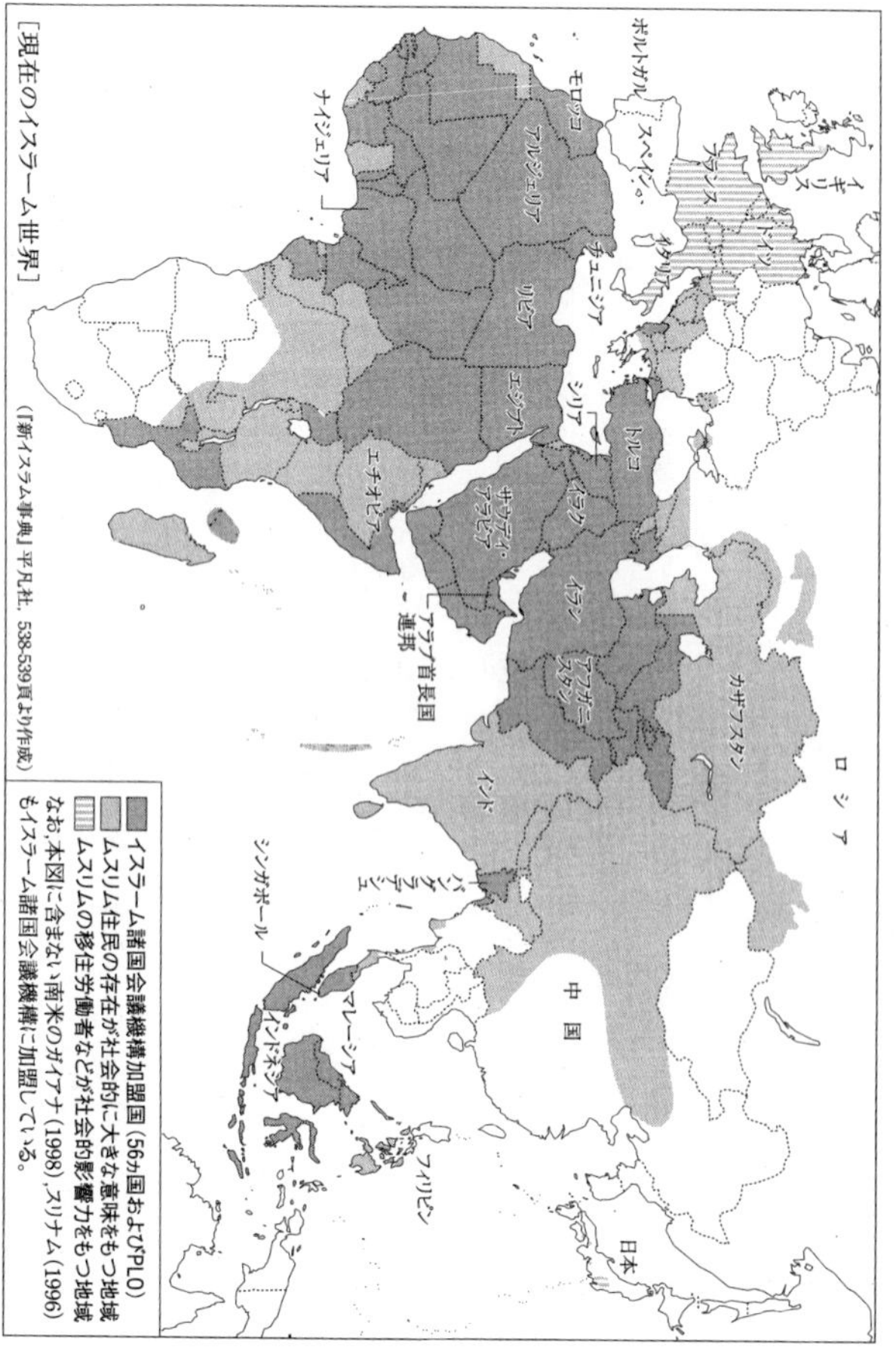

[現在のイスラーム世界]

(『新イスラム事典』平凡社, 538-539頁より作成)

ければ、その成果を効果的に一般社会に伝えることはできない。すべての人が「イスラーム世界」という語を必ずしも同じように理解しているわけではないとすれば、研究者がこの言葉を使うにあたって自分の立場を説明するのは当然であり納得できる手続きである。ここでは、このような手続きをとった研究者の見解のうちから、代表的だと思われるものを三つ紹介してみよう。エジプト経済史家の加藤博と政治学者の小杉泰、それに宗教学者の中田考による「イスラーム世界」論である。はじめに、少々長いが、加藤の文章を引用する。

われわれはイスラム世界という言葉をよく使う。しかし、それではイスラム世界とは具体的にどこからどこまでの地域あるいは国をさすのかというと、それに答えるのは簡単ではない。

イスラムという宗教を信仰するものの立場、つまりはイスラム教徒の世界観からみるかぎり、ことは明瞭である。イスラム世界は過去においても今日においても、厳然として存在する。それは、イスラム教徒からなる信徒共同体である。

イスラム教徒が人種や民族の違いをこえて、「サラーム・アレイコム」（あなたに神の平和がありますように）と呼びかけ、「アレイコム・サラーム」（いや、あなたにこそ神の平和がありますように）と答える世界である。この世界はイスラム教徒の人と人との結びつきからなる世界であり、厳密な意味での空間的な境界はない。

しかし、これはあくまでも、イスラム教徒にとっての世界である。現実のイスラム世界はそれほど単純ではない。そもそも、イスラム教徒だけからなる世界など、どこにも存在しなかった。たとえその世界がイスラム教徒によって支配されていたとしても、そこには、イスラム教徒とならんで少なからぬ非イスラム教徒が生活していた。

そこで、一般的には、イスラム世界という言葉は、過去にイスラムを信奉する政治勢力によって征服され、支配されたか、政治的に征服されないまでも、文化的にイスラムを核とした文明に大きな影響を受けた地域を漠然と意味する用語として使われてきた。それは、現在において、そこの住民の多くがイスラム教徒の地域である。

したがって、イスラム世界とは、イスラムの発祥の地である中東のみならず、中央アジア、インド亜大陸、東南アジア、黒アフリカの一部を含む。現代政治のうえでは、おおむねイスラム諸国会議機構を構成している国々である。

これらの国々は、その歴史において、イスラム勢力の拡張によってイスラム文明の強い影響下に置かれてきた。しかし、各国の風土、文化状況は大いに異なる。そのため、そこで展開しているイスラムの社会生活での役割、現れ方も、そこでの土着文化との関係のなかで、それぞれの国あるいは地域で異なっている。「世界」とは、現実の姿をこえて、われわれの認識行為によって分別された文化的な空間である。(3)

加藤の所説を分析してまとめると、「イスラーム世界」には少なくとも二つの意味があることになるだろう。一つは、ムスリム同士が精神的に結びついた信徒共同体である。単語そのものをあげてはいないが、ここで加藤が想定しているのはアラビア語でいうウンマという概念である。現実には存在せず、ムスリムが理念として頭の中で意識しているムスリムすべてを包摂する「想像の共同体」である。[4] もう一つは、過去においてイスラームを信奉する政治勢力が支配するか、イスラームを核とする文明に大きな影響を受けた地域を漠然と指す用語で、現在そこの住民の多くがムスリムである地域のことである。こちらの方は現実に存在する空間である。しかし、その地理的な範囲をはっきりと確定することは難しい。[5]

加藤は二つの意味を截然とは区別せず、「そこで」という接続詞で二つを結びつけて一体的に語っている。しかし、一つめが理念的な空間であるのに対して、二つめは歴史や現在の世界の状況に基づいた、地球上に実体を持つ空間である。加藤は後者も現実の空間ではなく、認識上の文化的な空間であるというが、たとえそうだとしても両者の意味内容は相当異なっている。学問的な分析概念として「イスラーム世界」という語を用いる場合は、二つの意味を一緒にして曖昧なままで議論するよりは、このようにはっきりと区別しておくべきだと思う。

次に小杉泰の見解を検討してみよう。小杉によれば、世界史上の「イスラーム世界」は二〇世紀初頭までに解体して消滅し、現在の「イスラーム世界」はおよそ三十年前に再登場したのだという。[6] 彼はまた、「世界史の中で私たちがイスラム世界と呼んでいるものと、今、国際社会の中でイスラム世界と言っているものの間には違いがあるのではないか、というのが私の申し上げたい一つのポイントであります」[7] とも述べている。つまり、「イスラーム世界」という同じ言葉を用いて表される実体が、現在と過去に存在し、しかもその二つは意味が異なっているというのである。

小杉によると、まず、現代の「イスラーム世界」は二つの異なった次元で設定できる。一つは、国家の次元でみた場合で、国際的な国家間協力の組織である「イスラーム諸国会議機構（ＯＩＣ）」が「イスラーム世界」にあたるという。国際関係の分析単位となるのは、この次元である。この機構は、「国民の中に多数のムスリムを擁する国家は「イスラム国」であるとする前提の上に立って、そのようなイスラム諸国の連帯・協力の強化、抑圧に反対し公正な国際秩序を求める第三世界の解放闘争への支援などを目的として」(8)、一九六九年に設立された。二〇〇一年現在、パレスチナ自治政府を含め五七ヵ国が加盟している（文庫版の注・「イスラーム諸国会議機構」は、二〇一一年に「イスラム協力機構」と改称）。加藤も言及しているこの組織を「イスラーム世界」とするなら、その地理的な範囲はほぼ確定できる。しかし、たとえばトルコのように徹底した世俗主義を国是とする国やガイアナやスリナムのようにムスリム人口が国内で二〇パーセントに達しない国がこの機構のメンバーであることからもわかるように、この組織に属する諸国の性格や利害関係は相当異なっている。ＯＩＣ諸国が国際政治の舞台で一致して行動するということはほとんどない。それゆえ、学者や評論家がこの組織を指して「イスラーム世界」という場合は、実はそれほど多くない。

もう一つは、住民の次元で見た場合で、ある地域の住民の多数がムスリムである場合、そこが「イスラーム世界」とみなされる。小杉が、「南フィリピンから大西洋岸のモロッコまで」という場合の「イスラーム世界」はこの意味においてである。この第二の意味の「イスラーム世界」の地理的境界を厳密に定めることは不可能である。どれだけの空間を一つの地域と想定するかによって境界線の位置は激しく変化するからである。地域の定め方によっては、シリアの一部が「非イスラーム世界」になる場合や、フランスのパリの郊外が「イスラーム世界」となることも十分にありうる。

小杉による二つの次元での現代「イスラーム世界」の定義は、加藤による第二の定義をさらに厳密に二つに区別したものといえるだろう。この二つの次元における「イスラーム世界」が、理念としてのムスリム共同体（加藤のいう第一の定義）的なつながりを強めており、その動向に注目する必要があるというのが小杉の主張である。

それでは、二〇世紀初めまでに消滅したという歴史的な「イスラーム世界」を小杉はどのように定義しているのだろうか。二、三鍵になりそうな文章を引用してみよう。

二〇世紀の初めを考えますと、伝統的な意味でのイスラム世界というのは、オスマン帝国とか、あるいは南アジアのムガール帝国のような大きな帝国があってイスラム世界を代表していました。そして、いろいろな小さな王朝が帝国とつながっていたのです。ところが、そういうイスラム世界が大体第一次世界大戦とともに終わりました。⑼

世界史に登場するいわゆるイスラーム世界は、いったん、二〇世紀初頭にほぼ消滅してしまった。それは、西洋列強によるイスラーム諸地域の分割と軍事的制圧、伝統的（中略）諸制度の解体、そしてイスラーム世界の「盟主」としてのオスマン朝の滅亡（一九二二年）などによるものであった。[10]

これらによると、政治的に強力な帝国ないし王朝、イスラームに伝統的な制度などが歴史的「イスラーム世界」に必要な条件として想定されているようである。そこから推測すると、イスラーム的諸制度や価値観に基づいてムスリムの政治権力が統治を行っている時空が、小杉のいう歴史的「イスラーム世界」ということになるのだろう。治下に圧倒的多数の非ムスリムをかかえるムガル帝国が「イスラーム世界」の構成要素とされていることからわかるように、ムスリムの人口が多数を占めることは、歴史的「イスラーム世界」の必要条件ではない。

最後に、中田考の解説する「イスラーム世界」を紹介しよう。「「イスラーム世界」とジハード」と題する論文において、中田は「イスラーム世界」を伝統的イスラーム学の概念である「イスラームの家（アラビア語では、ダール・アル＝イスラーム）」とほぼ同義と見なすとしたうえで論をはじめる。「イスラームの家」とは、『イスラーム法学者語彙辞典』によれば、「ムスリムが支配しており、イスラームの諸規範によって安寧に統治されている土地」だという。そして、最終的な結論としては、一般のムスリム社会とそれを統治する国家を区別したうえで、「住民がムスリムであるか否かは二義的な問題にすぎず、イスラーム法の支配こそが、「イスラーム世界」、あるいは「イスラーム国家」のメルクマールなのである[11]」と結論する。

中田のいう「イスラーム世界」は、支配者がムスリムでイスラーム法が施行されている空間のことだとまとめられるだろう。イスラーム法による支配が強調されてはいるが、これが、小杉のいう歴史的「イスラーム世界」の定義とおおむね同様であることは明らかだ。この意味の「イスラーム世界」の場合、ムスリム人口の多寡は領域を決定する要件とはならない。支配者がムスリムであるかどうかという点が重要なのである。政治的支配者がその治下でイスラーム法の施行を認めている空間は、現実に地球上に存在しその境域を持つはずである。したがって、この意味での「イスラーム世界」は現実に存在し、地理的な領域を持つことになる。過去においては、実際にそのような空間が存在した。しかし、中田も認めているように、現代の場合、イスラーム法が唯一の法体系として用いられている国ないし地域は存在しない。

「イスラーム世界」の定義の整理

これまで検討した三人の研究者の見解をまとめてみると、今日用いられている「イスラーム世界」という言葉には、少なくとも次の四つの意味があることになる。

⑴ 理念的な意味でのムスリム共同体
⑵ イスラーム諸国会議機構（文庫版の注・二〇一一年からはイスラム協力機構）
⑶ 住民の多数がムスリムである地域

(4)　支配者がムスリムでイスラーム法による統治が行われている地域（歴史的「イスラーム世界」）

(1)は超時代的、理念的であり、(2)と(3)は主として現代に関わり、現実に存在している空間である。(4)は歴史的であると同時に超時代的でもある。この四つの意味のうちで、地理的にはっきりと境域を決定できるのは(2)の場合だけである。(4)は理論的には境界を持つはずだが、前近代においては、国境がはっきりとは定まっていなかったため、とりわけ周辺部分ではあいまいさを残す。また、現代においては、このような空間は存在しない。(3)は、かなり漠然とした空間でしかない。

このように整理してみると、とにかく複雑でわかりにくいというのが率直な感想である。これほど定義が複雑な言葉を使って国際情勢を解説することは、至難の業である。また、このような言葉を学問的に意味のある議論のために用いることは可能なのだろうか。私のように一応専門家を名乗る者でさえそのように感じるのだから、一般の人々が「イスラーム世界」と聞くと、何だかよくわからない、という印象を持つのは当然である。

(4)の歴史的「イスラーム世界」のわかりにくさは特にはなはだしい。この点については、加藤と小杉の間にも微妙な考え方の相違がある。加藤が過去のムスリム政権やイスラーム文明の及んだ地が今日の「イスラーム世界」の基となったと考えているのに対して、小杉は過去の「イスラーム世界」は消滅し、別の「イスラーム世界」が新たに生まれたと述べているからである。私たちは、高等学校の世界史で「イスラーム世界」の歴史を学び、過去においてそう呼ばれる歴史世界があったと教えられてきた。しかし、小杉はその歴史的「イスラーム世界」と現代の「イスラーム世界」はつながらないという。同じ言葉を使いながら、そんなことが本当にありうるのだろうか。果たして、過去の「イスラーム世界」と現代の「イスラーム世界」はどのような関係にあるのだろうか。両者は連続していると考えるべきなのか、それとも別のものなのだろうか。そもそも、歴史学における「イスラーム世界」とは何なのか。私たちはなぜ「イスラーム世界」という枠組みで過去の人類の歴史の一部分を記述しようとするのだろうか。いつ頃から人々は、「イスラーム世界」史を研究し、書き記してきたのだろうか。疑問はこのように次々とわいてくる。

本書の目的と叙述の方法

本書の目的は、第一に、「イスラーム世界」という単語の有する歴史的背景を明らかにし、なぜこの言葉がかくも複雑な意味を持つに至ったかを説明することである。それによって、現在ほとんど無批判なままで濫用されているこの語の意味をあらためて考え直し、学術的な分析概念としての使用に耐えうるように定義しなおしたい。第二の目的は、現在私たちが高等学校世界史で習うような「イスラーム世界」史が生まれた歴史的背景と過程を明らかにし、とりわけ日本において、この言葉を用いて世界史を描くことの問題点を指摘することである。世界史における「イスラーム世界」、つまり歴史的「イスラーム世界」という考え方を見直すことによって、現代における「イスラーム世界」の意味はより明瞭となるはずである。また、私は現行の高等学校における世界史教育を根本的に変えるべきだと考えているが、その理由もこれからの叙述で明らかとなるだろう。

以上の目的を達成するために、本書では次のような方法によって「イスラーム世界」という言葉の歴史と実態に迫ってゆきたい。まず第Ⅰ部で、「イスラーム世界」に住んでいたはずの前近代のムスリムが人類の居住する世界全体をどのように認識し、歴史をどのようにとらえていたのかという問題を検討する。その際、最初からムスリムを一体のものとはみなさず、時代や地域の差異に注意したい。具体的には、アラビア語とペルシア語で記された地理書と歴史書を検討の対象とする。これらの書物の一部に「イスラーム世界」という概念があらわれることを確認し、それが現代私たちの用いている「イスラーム世界」という語とどのような関係にあるのかを明らかにしたい。

第Ⅱ部では、ヨーロッパにおける世界認識の変化を一八世紀以前と一九世紀の代表的な文献の関連記事を比較しながら考え、現在私たちが使用する「イスラーム世界」という概念が、一九世紀ヨーロッパの思潮から生み出されたこと、この語には大別して二つのまったく対照的な意味が付与されたことを論じる。また、この地域、あるいは空間認識の誕生にともなって、東洋学という学問分野において「イスラーム世界」の歴史が描かれるようになる過程をたどる。検討の対象となるのは、「オリエント」や「イスラーム世界」について記した代表的な著作、それに「イスラーム世界」史を記した書である。

第Ⅲ部では、日本において「イスラーム世界」という地域のとらえ方がいつどのような形で生まれ、それは現代の私たちの世界観やものの考え方にどのような影響を及ぼしているのかについて論じたい。具体的には、明治以来、小中学校の地理や歴史の教科書でイスラームや「イスラーム世界」がどのように扱われてきたかをたどり、太平洋戦争直前に突然沸騰する「回教圏」研究ブームの実態と意味を明らかにする。そして、このときに獲得された知見が、その後の日本人の世界認識や学問研究にどのような影響を与えているのかを論じる。

以上の検討を終えた後、「終論」では、「イスラーム世界」という枠組みによる歴史叙述の意味と問題点を確認し、新しい世界史はどのように叙述されるべきかという点について、大まかな見通しを示したい。また、上で検討した「イスラーム世界」の四つの定義についての私の見解を示し、どのようにこの語を使用すべきかについて提案を行いたい。

本書が取り扱うのは、中東、ヨーロッパ、日本という広大な地域と前近代から現代に至る長いタイムスパンである。必然的に論点が多岐に亘るので、各部の最後には結論を置いて、論旨や内容が理解・確認しやすいように配慮した。時間に余裕がない読者は、各部の結論だけを読めば、私の主張のポイントは理解できるはずである。

具体的な検討を開始する前に、あらかじめ二つの問題に触れておきたい。一つは「イスラーム世界」という単語の意味が、日本語とヨーロッパ諸語で微妙に異なっているという点に注意を促すこと、もう一つは、読者の理解を助けるために、従来の「イスラーム世界」史を要約して示すことである。

ヨーロッパ諸語の「イスラーム世界」

現代日本語において「イスラーム世界」という語の意味がわかりにくいことの理由の一つは、ムスリム自身が持つ理念、つまり上で挙げた定義(1)の意味と、主として学術用語として用いられる分析概念、つまり上で挙げた定義の(3)(4)が、ともに同じ「イスラーム世界」という言葉で表現されるという点にある。理念も現実も一緒なのである。ところが、ヨーロッパ諸語においては、この二つの意味は別の異なった言葉で表されることが多い。

例えばフランス語では、理念としての「イスラーム世界」を表すのに"le monde islamique"という語が用いられるのに対して、分析概念としての「イスラーム世界」は"le monde musulman"と呼ばれる。アンリ・ロランスによると、"musulman"という語がありのままの事実(un état de fait)を述べるのに対して、"islamique"という語は意志、目的(une intention)を示すという。彼は、それを説明するために、"le monde musulman"と"la ligue islamique"という二つの表現を挙げる。前者は現実に存在するムスリムたちの住む世界を指示し、後者は実現すべき「イスラーム同盟」を意味するというわけである。[12] 現実に存在するムスリムは、全員が必ずしもイスラームという宗教の理想に従った生活を送っているわけではない。そのような人々から構成される世界は、"le monde musulman"なのである。一方、"le monde islamique"という言葉が使われた場合、それは、現実には存在しないが、実現すべき「イスラーム世界」、すなわち理念を意味していることになる。この二つの表現を慎重に使い分ける限り、上で挙げた日本語の「イスラーム世界」の四つの意味のうちの(1)の理念としての意味と(3)や(4)の分析概念としての意味が混同することはない。

英語の場合、理念としての「イスラーム世界」は“the Islamic world”、現実の「イスラーム世界」は“the Muslim world”となる。しかし、最近の実際の用法を見ると、フランス語ほど二つの言葉が厳密に使い分けられているようには見えない。例えば、一九九六年にケインブリッジ大学出版会から出版された歴史書のタイトルは、*The Cambridge Illustrated History of the Islamic World* である。[13] この本は、私たちがよく知っているムスリム諸社会の歴史を記述したものであり、理想的な「イスラーム社会」の歴史を描こうとしたものではない。また、二〇〇四年にオクスフォードから出版された地図集も *Oxford Map of the Islamic World* である。この例をみる限り、英語では“the Islamic World”が日本語の「イスラーム世界」的に使われている場合が多いようである。それにしても、二つの表現方法があることは事実である。ヨーロッパ諸語では、理念としての「イスラーム世界」と現実にそこにある「ムスリム世界」を区別することが可能なのである。もちろん、現実の「ムスリム世界」の位置を地理的に明確に定義することは、日本語の「イスラーム世界」の場合と同様に困難である。しかし、少なくとも、意識して理念と現実を分けて考えることができる点は重要である。

「イスラーム世界」通史の要約

従来の「イスラーム世界」の歴史の叙述方法を再検討することが本書の目的の一つであ

る。そのためには、従来の「イスラーム世界」通史が、具体的にはどのように描かれているのかを知っておく必要がある。高等学校で世界史を学んだ人にとっては、わざわざ繰り返すまでもないことだが、本書での今後の議論はしばしばそこに立ち戻ることになるので、ここで簡単にまとめて記しておこう。

話は六世紀後半から七世紀前半の人、預言者ムハンマドの生涯から始まる。神（アッラー）の啓示をうけたと確信するムハンマドによるイスラームという宗教の創唱と彼の信者からなる共同体の成立がまず述べられ、ここでイスラーム教の概略も説明される。次いで、正統カリフ時代（六三二―六六一）からウマイヤ朝（六六一―七五〇）、アッバース朝（七四九―一二五八）の両カリフ政権の時代へと話が進む。この六百年ほどの時代については、①正統カリフからウマイヤ朝にかけての時代に、アラブ人ムスリムによる大征服が行われ、「イスラーム世界」が、東は中央アジアから西はイベリア半島にまで拡大したこと、②続くアッバース朝の時代に、「神の前でムスリムは平等である」とするイスラームの教義がはじめて一定程度実現するが、逆に「イスラーム世界」にはカリフ政権以外にも複数の政治権力が自立するようになり、政治的統一が破れたこと、③アッバース朝カリフは「イスラーム世界」の宗教的、精神的権威として一三世紀まで存在し続けるが、現実には各地に世俗的な政治権力者が割拠したこと、④アッバース朝中期以後、イクター制やマムルーク制度のように「イスラーム世界」に特徴的な社会経済的な仕組みが形成されることなどが指摘される。また、⑤イスラームの教えとアラビア語を核とし、征服地の先行文化の遺産を取り入れた先進的な融合文化が花開いたことも叙述される。

一三世紀以後一七世紀頃までについては、モンゴルの侵入やイベリア半島での部分的な敗北はあったものの、「イスラーム世界」は中央アジアや東南アジア、アフリカなどの各地に確実にその領域を広げたこと、一六世紀には、オスマン朝がバルカン半島から中央ヨーロッパへ進出するとともに、南アジアでムガル朝がインド亜大陸の大半を領有するに至ったことなどが述べられ、オスマン・サファヴィー・ムガルという三つの強大な王朝が並び立つ一六―一七世紀は、前近代「イスラーム世界」の絶頂期であることが強調される。

一八世紀後半になると、近代化が進むヨーロッパ諸国の政治・経済・軍事・文化的な影響が「イスラーム世界」に本格的に及ぶようになり、「イスラーム世界」の衰退が始まること、一九世紀から二〇世紀前半にかけては、その大半の地域で領土の喪失や、ヨーロッパ諸国による植民地化が進んだこと、近代ヨーロッパからの影響に対して、様々な形での近代化運動、改革運動が起こったことなどが説明される。

以上が、「イスラーム世界」通史の流れである。これをさらに単純化すると、「イスラーム世界」が、ムハンマド時代に成立し、拡大し、分裂し、再編成され、衰退したとするのが通史の考え方だと言えるだろう。

（1）この言葉は、「イスラーム世界」または「イスラム世界」と書かれる。かつては「イスラム世界」と記されることが多かったが、最近は「イスラーム世界」と「ラ」を長音化する場合が多い。これは、アラビア語の原音（Islām）により近い形にカタカナ化すべきだという主張が力を持つようになったからである。といっても、実はムスリム全員が彼らの信仰の名を「イスラーム」と発音しているわけではない。トルコでは「イスラム」だし、イランでは「エスラーム」である。ムスリム自身の発音もこのように多様なのだし、日本語における綴り方の問題なのだから、もとの音にそれほどこだわることはない、と個人的には思う。しかし、異なった綴りが併存するのは好ましくない。少なくとも、一冊の書物の中では、発音と綴りは統一する必要があるだろう。そこで、本書では『岩波イスラーム辞典』の表記法に従って、「イスラーム世界」と記す。ただし、他の研究者の著作を引用する際には、原文の綴り方に従う。また、「イスラーム」以外についても、アラビア語やペルシア語など中東諸語のカタカナ表記は、原則として『岩波イスラーム辞典』の表記を採用する。

なお、「イスラーム世界」という言葉の起源となった宗教体系のことを、「イスラーム」と記すか「イスラーム教」と記すかも大きな問題である。結論から言うと、私は「イスラーム教」と記す方がよいと考える。その理由は本書全体の論旨に関わるのでここで詳しくは述べない。「終論」までお読み頂ければ、私の考え方はご理解頂けるはずである。しかし、本文中では、最近の学界の慣例に従って、とりあえず「イスラーム」と記しておく。

（2）外国語の文献でも事情は同じである。例えば、二〇〇四年に出版された『イスラーム世界歴史地図』では、ムスリム人口が国民人口の五〇パーセントを超える国を「ムスリム諸地域（Muslim lands）」としている。Malise Ruthven with Azim Nanji, *Historical Atlas of the Islamic World*, Oxford University Press, 2004, pp.18-19, 22-23. 一方、ライハルト・シュルツェ『イスラーム世界近代史』の場合は、国単位ではなく、著者の判断によって、一九〇〇年と一九九三年の「イスラーム世界」の範囲がはっきりと地図上に記されている。Reinhard Schulze, *A Modern History of the Islamic World*, I.B. Tauris, 2000, map 1 & map 6.

（3）加藤博『イスラム世界論——トリックスターとしての神』東京大学出版会、二〇〇二年、三—四頁。

（4）飯塚正人「ウンマと国家――国民国家を脅かすパン・イスラーム主義の論理」湯川武（編）『イスラーム国家の理念と現実』栄光教育文化研究所、一九九五年、三二〇頁。

（5）ラインハルト・シュルツェは、「イスラーム世界（the Islamic World）とは、ムスリムが多数派として居住し、七世紀以来イスラーム文化の発展と歴史的に結びついてきた国、地域、社会すべてのことである」と加藤の二つめの定義と同様の説明を行っている。しかし、加藤とは異なって、彼はこの世界の地理的な範囲をはっきりと定めることが可能だと考えており、注（2）で紹介したように「一九〇〇年のイスラーム世界」「一九九三年のイスラーム世界」という二枚の地図を用いて、彼の考える「イスラーム世界」の範囲を、実線によって明確に示している。Schulze, *A Modern History of the Islamic World*, p.1.

（6）小杉泰「イスラーム世界はイラク戦争をどう見るか」『現代思想』三一―五（総特集　イラク戦争）、二〇〇三年、一六三頁、同「イスラム世界の歴史と現在」『イスラム世界と日本の対応（有識者意見と基礎資料）』参議院第一特別調査室、二〇〇二年、一二―一三頁。

（7）小杉「イスラム世界の歴史と現在」一二頁。

（8）板垣雄三「イスラム諸国会議機構」『新イスラム事典』平凡社、二〇〇二年、一〇一―一〇二頁。

（9）小杉「イスラム世界の歴史と現在」一二頁。

（10）小杉「イスラーム世界はイラク戦争をどう見るか」一六三頁。

（11）中田考「「イスラーム世界」とジハード――ジハードの理念とその類型」湯川武（編）『イスラーム国家の理念と現実』二〇〇、二二四頁。

（12）Henry Laurens, *L'Orient arabe. Arabisme et islamisme de 1798 à 1945*, Armand Colin (Paris), 2000, p.8. この本は工藤庸子氏所蔵のものをお借りした。記して感謝する。

（13）Francis Robinson (ed.), *The Cambridge Illustrated History of the Islamic World*, Cambridge University Press, 1996.

第Ⅰ部　前近代ムスリムの世界像と世界史認識

第一章　前近代ムスリムの地理的知見と世界像

現代に生きる私たちは、日本がユーラシア大陸の東方海上に浮かぶ島国であり、世界には、ユーラシア以外にも、南北アメリカ、アフリカ、オーストラリア、それに南極という大陸があることを知っている。また、地球表面積の七割を占める海洋を、太平洋や大西洋、インド洋などと便宜的に区分して把握している。現代人にとって、これらの地理的な知識はほとんど常識に属すると言ってよいだろう。精密な測量に基づく正確な地図と、小学校や中学校での教育を通じて、緑、茶、青などの色彩を使って描かれた世界や日本の姿は私たちの頭の中にたたき込まれている。

私たちが有するこれらの地理情報のほとんどすべては、一六世紀以後のヨーロッパにおいて獲得、体系化され、一九世紀から二〇世紀にかけて、社会生活のあらゆる分野における近代ヨーロッパの圧倒的な影響力のもとで、世界各地の人々に受け入れられるようになったものである。試みに大陸名や海洋名の由来を考えてみるとよい。アメリカという名は、一六世紀にこれを「発見」したイタリア人の名にちなみ、ヨーロッパとアジアを合わせたユーラシアは、古代ギリシア人の世界認識に基づく命名である。太平洋は、The Pacific Ocean の翻訳であり、The Indian Ocean は、日本語でもそのままインド洋と呼ばれる。世界地図上の陸地を埋め尽くす国家もまた、近代ヨーロッパの産物と言えなくもないだろう。世界地図の真ん中にヨーロッパが置かれるか、日本が置かれるかの違いはあるにしても、ヨーロッパ起源の時間や暦が現代世界のほとんどの地域で用いられているのと同じく、元来ヨーロッパに生まれ、その地域の人たちの世界像を形成する上で大きな役割を果たしてきた地理的情報の多くを、今日では私たちも共有しているのである。

このように世界中の人々が共通の地理的情報を保有するようになるより以前、世界ははてしなく広く、遠隔の地の情報は必ずしも十分ではなかった。世界の各地域にはその地域に特有の世界像がしばしば存在していた。例えば、日本では、本朝、震旦、天竺という三国世界観が長く支配的だった。漢民族による中華思想や須弥山を世界の中心とする古代インドの仏教的世界観も有名である。[1]後に西ヨーロッパと呼ばれる地域と地理的にほぼ重なる中世のラテン・キリスト教世界の場合、人々はTO図として知られる独特の世界像によって世界を認識していた。[2]地球全体の地理は未だ把握されておらず、人々の世界認識は決して共通ではなかったのである。

本章では、前近代におけるこのような限定された一つの地域における世界の見方として、西アジアから地中海沿岸地域のムスリムの地理的知見と世界像について考えてみたい。現実に人々が生きているこの世界を、前近代のムスリムは地理的にどのように認識・把握していたのだろうか。また、その世界像に時代による変化は見られるのだろうか。さらに、彼らの間で「イスラーム世界」という言葉と概念はどの程度有効だったのだろうか。彼らの記述の中に、「イスラーム世界対ヨーロッパ」という世界のとらえ方は見られるのだろうか。これらの問題に対して見通しを得ることが本章の目標である。

検討の対象とするのは、ムスリムの手になり、世界像や地理情報を記すことを直接の目的とした文献、すなわち、いわゆる地理書である。ここではこの文献類型のうちから、アラビア語とペルシア語で記された代表的な作品をいくつか選び、そこにどのような地理情報や世界像が見られるかを探ってみたい[3]。言語がアラビア語とペルシア語に限定されるので、ここでいうムスリムとは少なくともこの二つの言語のいずれかを理解した人々のことである。地理的には、西アジアを中心とし、東は中央アジアやアフガニスタン、西は北アフリカに広がる地域に住む人々を指す。もっとも、そのように限定したとしてもなお、ここで一口に「ムスリムの世界像」ということには、大きな危険が伴う。フェス（モロッコ）のスークで数珠や護符を売る商人、エジプトのファイユームの農民、ザグロスの山中（イラン）で羊を追う遊牧民、ブハラ（ウズベキスタン）のマドラサで学ぶ学生が、ムスリムだからといって皆同一の地理的知見や世界像を持っていたと考えられるだろうか。ムスリムを同じ世界像を持つ一つの集団と考えると、広い世界に散らばって住む彼らの生活や文化の多様性や地域性、それに彼らの社会にしばしば見られる重層性が捨象されてしまう。とりわけ、生活と密接に結びついた地理的な感覚は、その人が住む地域や時代によって大いに異なっていただろう。この点には十分注意しながら叙述を進めることにしたい。

ここで扱う時代は、ラテン・キリスト教世界の人々が新大陸を「発見」し、アフリカ大陸南端を経てインド洋に入る航路を開拓する一五世紀末までである。この時期をすぎると、ラテン・キリスト教世界の人々の視野は、大航海によって新しく得られた地理的知識によって飛躍的に拡大する。その結果形成された新しい世界認識は、当然彼らの隣人として地中海沿岸から西アジアにかけての地域に住むムスリムの世界像にも大きな影響を与えるようになったに違いない。ラテン・キリスト教世界の生みだした新しい世界像に接したムスリムたちが、これにどのように対応していったのかという問いはそれ自体別に論じられるべき重要な課題であり、本書では詳しく扱わない。いずれにせよ、この問題を考える前提としてまず一五世紀以前においてムスリムが有した世界像が明らかにされねばならないだろう。

1　「古典時代（九―一〇世紀）」のアラビア語地理書

世界の形状を図に示し、どこにどのような地名があり、どのような人間が住んでいるのかといった地理的情報を文章で記録する習慣を、イスラーム勃興以前のアラビア半島に住む人々は持っていなかった。アラビア語には「地理」を意味する単語がなく、ギリシア語からの借用語である"jughrāfiyā"がそのまま使用されていることも、この推定の正しさを裏付ける。もちろん、彼らが彼らなりの地理的情報や特有の世界像を持っていたことは容易に想像できるが、それをはっきりと示した図や文献はこれまでのところ知られていない。マクバル・アフマドによれば、古代アラビア半島の人々の世界像は、円状の地球が水面に浮かび、水面のかなたに位置する山系が天空を支えているという古代バビロニアの宇宙像に近いものだったのではないかという。[4]

ムハンマドによるイスラームの布教がはじまると、『クルアーン』の言葉であるアラビア語の文語としての地位が飛躍的に向上し、各種の文献がこの言葉で記されるようになる。そのうちで、広い意味で地理的な情報を含むアラビア語の書物は、八世紀初め頃から著されるようになっていたが、著者の世界像に基づいて地理的知識が体系的に記された本格的な地理書が書かれるようになるのは九世紀半ば頃のことである。アラビア半島でイスラームが勃興してからすでに二百年以上が経過していた。

この頃には、アラビア語を話すムスリムが支配する領域は、東はマーワラーアンナフル（およそ現在のウズベキスタン共和国の領域）やアフガニスタンから西はマグリブ（北アフリカ）やイベリア半島にまで及んでいた。アラブ知識人が人間の居住する世界についての地理的な情報を整理するにあたっては、ムスリムの支配下に入ったこの広大な領域にかつて栄えたペルシアやインド、ギリシア・ローマなどの古代文明世界における宇宙論や世界像が大いに参考にされた。とりわけ、ギリシア語で著されたプトレマイオス（一六八年頃歿）による地理的な世界の姿は、九世紀前半にフワーラズミー（al-Khwārazmī　八四六年より後歿）によってアラビア語でまとめられ、以後のアラブ知識人の世界像形成に大きな影響を与えた（図1）。その世界像とは、地球上の陸地の周囲を海（周海）が取り囲み、そこから二つの海、すなわち、地中海とインド洋が陸地全体の中央に位置する今日の中東地域に向けて

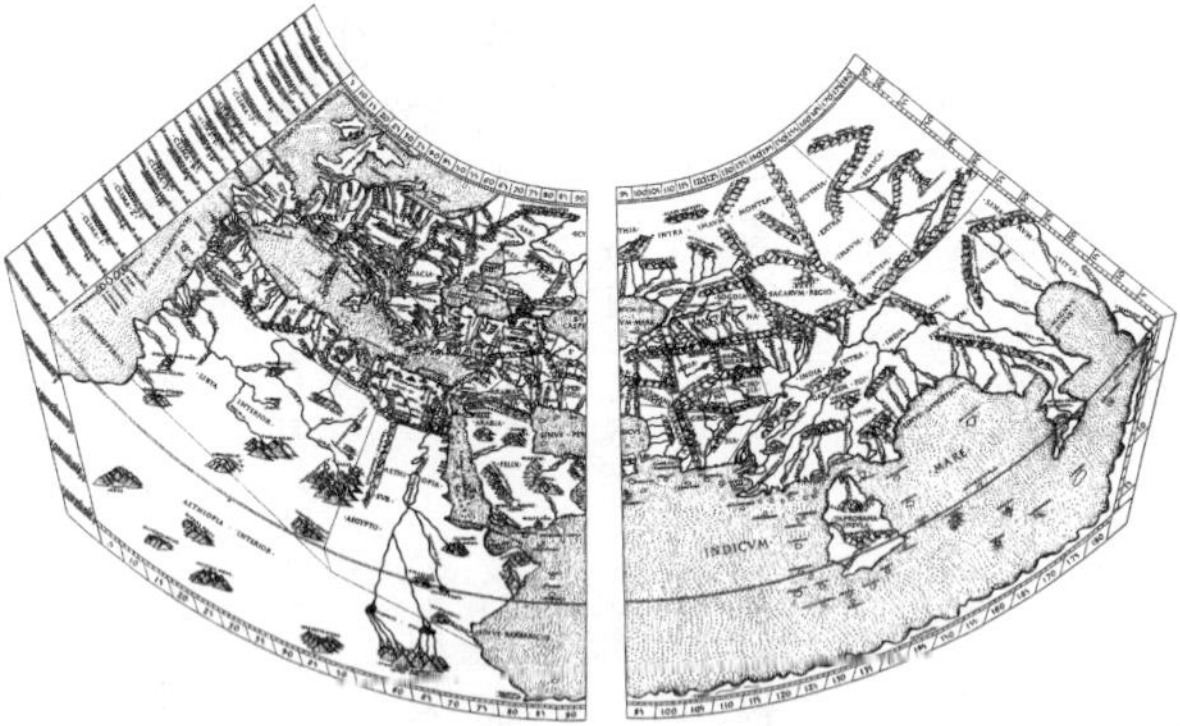

図1　15世紀に描かれたプトレマイオスの世界地図

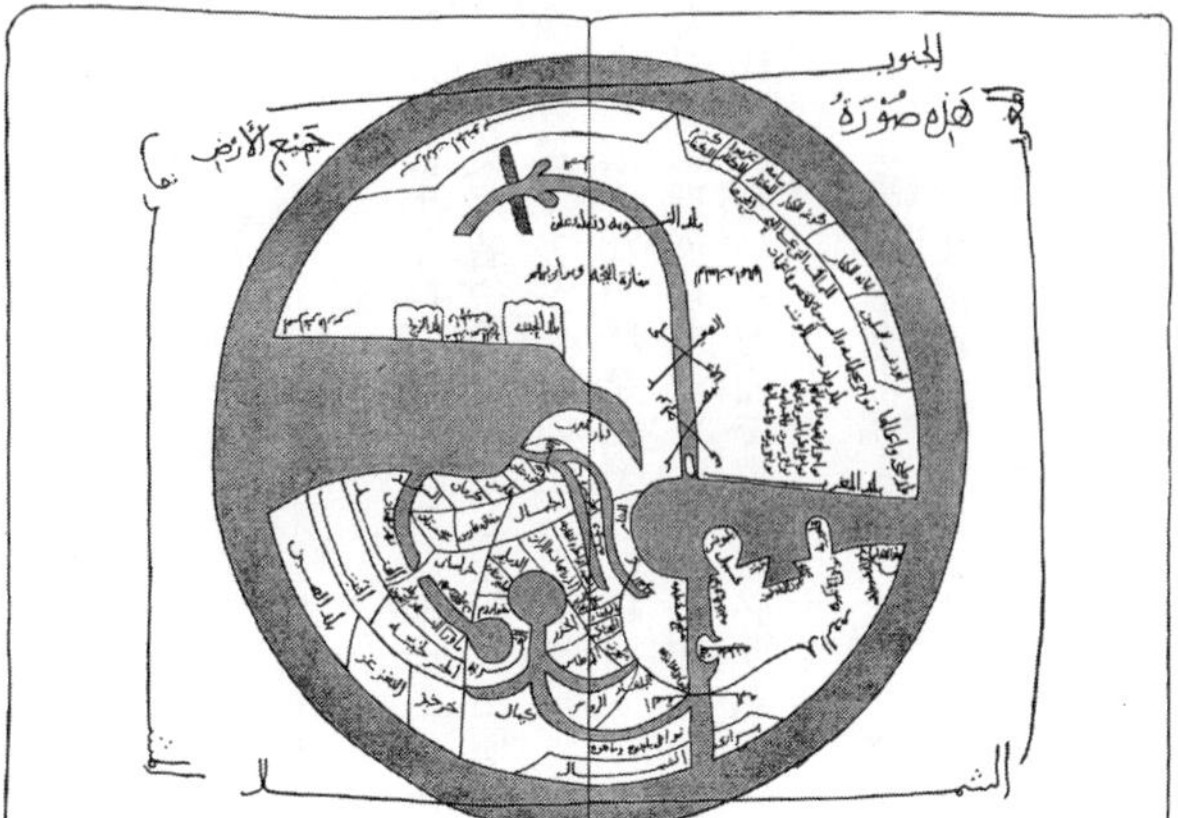

図2　イブン・ハウカル（10世紀）の世界地図
南が上になっている点に注目

入り込んでいるというものだった。地中海をはさんで、北に今日のヨーロッパ、南にアフリカが位置する一方、アフリカの南部は東へ大きく曲がって長く延び、北のアジアとともにインド洋をはさみこんでいる（図2）。ユーラシア西部、すなわち地中海沿岸からアラビア半島やイラン高原のあたりまでは、今日私たちが知る地形に近い姿として把握されているのに対して、インドより東の地域とアフリカの中南部地域は、現実の地形とはほとんど対応しない。

さて、九世紀半ばから一〇世紀末にかけての百数十年は、アラビア語地理書の古典時代とも言われ、数多くの地理書文献が記された。主に集落名や里程を記した行政用便覧、個人的な知見を盛り込んだ旅行記、アラブ的な諸種の教養（アダブ）の書、百科事典、旅行の手引きなど、その内容はバラエティーに富んでいる。広大な領域を効率的に統治するため、目的地に安全に到達するため、教養として、また学問の進展に向けての新しい知見を得るため、など、さまざまな理由で地理的情報はこの時代に社会の各方面で大いに必要とされたのである。

ここでは、この古典時代の地理書のうちから、その開幕を告げるイブン・フッラダードビの作品、中期に記されたマスウーディーの著作、そして最後に現れたムカッダスィーの書物をとりあげ、それぞれに見える地理的知見や世界像の特徴を検討してみることにしたい。

イブン・フッラダードビ(5)（Ibn Khurradādhbih　八二〇または八二五―九一一年）

この人物の名は、現在にまで伝わる最初の体系的なアラビア語地理書の著者としてよく知られている。彼はイラン高原東部のホラーサーン地方で生まれた。一家は祖父の時代にイスラームに改宗し、父親はタバリスターン（現在のマーザンダラーン）の知事だったという。彼の著作『諸道と諸国の書（*Kitāb al-masālik wa al-mamālik*）』は、その初版が二三二／八四六—八四七年、改訂版が二七二／八八五—八八六年に記されたらしい。[6] 竹田新は、イブン・フッラダードビの地理書を評して、道程、租税、辺境の情勢という「行政の三大テーマに重きを置いた実用本位の、いわば行政官の必携書である」[7] と述べている。『諸道と諸国の書』という同名の題をもった地理書は以後何冊か記されるが、イブン・フッラダードビの書はそれらのモデルとなった。私たちの問題関心に従って要約すれば、この作品の特徴は以下の三点である。

①プトレマイオス的世界像の継承

自らプトレマイオスの地理書を翻訳したと記していることからもわかるように、彼の世界像は、地球は丸く宇宙の中心に位置して動かないとする基本的な考え方をはじめ、プトレマイオス地理学の強い影響を受けている。彼の手になる地図は残っていないが、本文を読む限り、彼が有していた地理的な世界像は、プトレマイオスのそれとほとんど異なっていなかったと考えられる。

②古代イラン的な地理情報の記述

大枠としてプトレマイオスの世界像を採用する一方で、世界を記述するイブン・フッラダードビの方法は、自らの出身地であるイラン高原地域に特有のものだった。[8] 彼はまず、現在のイラク南部にあたるサワード地域がファールス（イスラーム以前に栄えたアケメネス朝やサーサーン朝の故地）の王たちによって「イラン世界の中心（Dil-i Īrānshahr）」と呼ばれたと書き、[9] そこから具体的な記述をはじめる。サワードに続いて、東方（mashriq）、西方（maghrib）、北方（jarbī）、南方（tayman）という四つの方角別に世界各地の地理的情報が順に述べられるが、その際に注目すべきは、その四つの方角がすべて「王国」の四分の一（rub'al-mamlaka）を占めるとされている点である。しかも、この場合の王国とは、当時現実にイラクに支配の根拠を置いていたアッバース朝カリフの支配領域ではなく、古代ペルシア王国のことなのである。[10] これは、イスラーム勃興以前にイラン高原を支配していたサーサーン朝の四属州制を意識した叙述法だといわれる。[11]

③「イスラーム世界」に限定されない関心と世界の中心としてのイラク

アッバース朝カリフ、ムータミド（在位八七〇—八九二）の下で郵逓局長官だったとされるイブン・フッラダードビは、宮廷の高官の要請によりこの書を記したと最初に明記している。それにもかかわらず、彼は記述をアッバース朝の政治的な支配領域に限定しなかった。例えば、東方の章には、海路を通じてジャワ島や中国に至るまでの諸地域の情報が含まれ、西方の章では、ビザンツ帝国領内各地やその都コンスタンティノープル、それにコルドバのウマイヤ朝政権が詳しく紹介され、さらに、北方の章では、アルメニアやハザルについて述べられている。

イスラームの聖地であるマッカやマディーナ[12]は、南方の章で紹介されるが、イブン・フッラダードビはここを世界の中心とは考えていない。彼にとっては、サワード、あるいは、バグダードこそが世界の中心に位置していた。

彼の書物における記述の精粗ははっきりしている。彼が詳しい情報を書き記しているのは、イラクやその東方のイラン高原方面、それにビザンツ帝国領のルームなど彼の出生地に近い地域についてである。ムスリムの居住地であるとはいえ、出身地から遠いエジプトやマグリブ、アンダルスについての情報量は限られている。

イブン・フッラダードビの著作においては全般に、ムスリムと非ムスリムの間の区別はそれほど重要ではない。例えば今日のフランスにあたる地域の住民はキリスト教徒であること、ビザンツ帝国（ルーム）の人々がキリスト教徒であることなどが、文中にわざわざ記載されてはいるが、だからといって著者は彼らを非難・無視しているようにはみえない。著者は「イスラーム世界」と「非イスラーム世界」の境界を明示してはいないし、両者の相違を特に強調しようともしていない。彼は、あくまでも当時自分が知ることができた世界全体をまんべんなく紹介しようとしたのである。

マスウーディー（Abū al-Ḥasan ʻAlī b. al-Ḥusayn b. ʻAlī al-Masʻūdī　九五六年歿）

マスウーディーはバグダードに生まれ、カイロで歿した当時の世界で屈指の旅行家である。その足跡は、西はエジプトから東はインド、北のアルメニアから南方の東アフリカにまで及ぶ。自らの見聞を基とする数多くの著作を残したが、今日までテキストが伝わるのは、『黄金の牧場（*Murūj al-dhahab*）』と『警告と点検の書（*Kitāb al-tanbīh wa al-ishrāf*）』（九五五―九五六年に完成）の二点だけである。マスウーディーの体験や学識、考え方を簡潔にまとめた後者によって、彼の世界像を検討してみると、その特徴として次の三点を指摘することができるだろう[13]。

①古代ギリシア的世界像の継承と七つの気候帯（イクリーム[14]、iqlīm）による情報の整理と説明

マスウーディーは、イブン・フッラダードビと同じくプトレマイオスの地理的世界像を採用する。しかしその一方で、彼は地球上で人間の居住する空間は七つの気候帯からなると考えている。居住区域をどのように七つに区分するかについては多くの意見があると断ったあとで、彼は自分の分類を以下のように説明する。すなわち、七つの気候帯の中心に位置する第四気候帯を取り巻くように、他の六つがその周囲に位置している（図3）。中心に位置する第四気候帯には、イラク、イラン高原から北西インドのスィンドに至る地域が含まれるという。

イスラームを重視する立場に立てば世界の中心とされてもおかしくないマッカやマディーナは第二気候帯、ヨーロッパは第五気候帯、中国は第七気候帯のなかに入っている。また、マスウーディーは各気候帯を天体と関連づけて述べているが、中心に位置する第四気候帯は太陽に擬せられている。

②古代イラン的な世界区分とイラク中心主義

「世界が七つの部分からなり、このうちの一つの周りを他の六つが取り巻く」という考え方は、マスウーディーの独創ではない。ビールーニーによると、イスラーム以前のペルシア人の考えでは、世界は七つの地域（キシュワル、kishwar）から成っており、その中心には彼らの居住地であるイーラーンシャフルのキシュワルが位置し、これを他の六つのキシュワルが取り巻いていたという。イーラーンシャフルには、ホラーサーン、ファールス、ジバール、イラクといった地域が含まれるが、その範囲は必ずしも明示的ではなく、現実の政治状況によって揺れ動いた[15]。マスウーディーは、この古代ペルシアにおける世界像と古代ギリシアの気候帯（イクリーム）という考え方を合体させ、イラクを第四気候帯の中心としたのである。

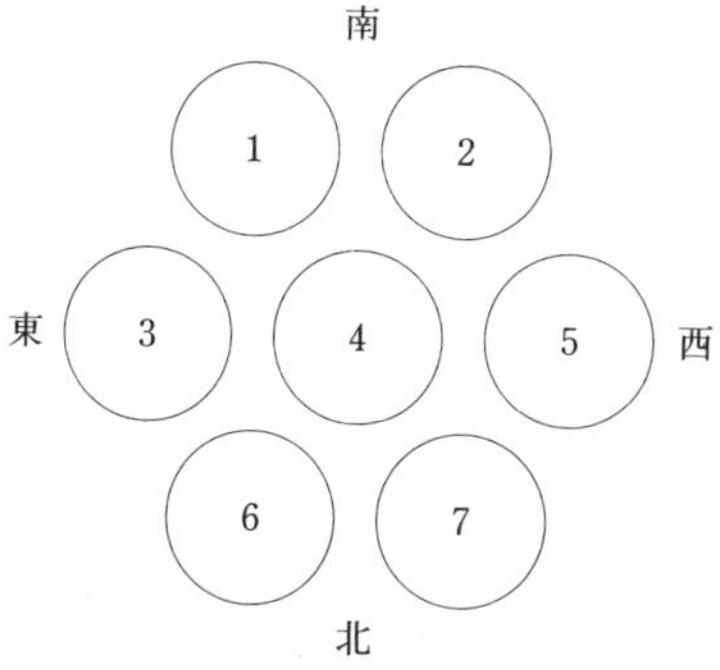

図３　マスウーディーによる七つのイクリーム概念図

彼はまた、第四気候帯の中でもとりわけイラクがその中心を占め最上の土地であること、気候が暑すぎず寒すぎず温和であること、などとイラクのすばらしさを力説する。アッバース朝カリフ政権の根拠地であるバグダードの繁栄は、当時誰の目にも明らかだった。イラクを世界の中心と見なすことは、地理書の著者の多くに共通している。[16]

③「イスラーム世界」と「非イスラーム世界」の区分の曖昧さ

マスウーディーは、彼が知る世界全体を七つの気候帯に分けて記すが、その中にはもちろん非ムスリムの居住地も多く含まれている。イブン・フッラダードビと同じく、マスウーディーもその世界叙述を「イスラーム世界」と「非イスラーム世界」の二つに区切ってはいない。ムスリムが居住する地域と非ムスリムが居住する地域が、気候帯によって区別されているわけでもない。このことは、イスラーム勃興の地であるヒジャーズの地が、当時ムスリムが住んでいたとは思えないアビシニア高原や東アフリカとともに同じ第二気候帯に入っていることからも明白である。彼の関心は「イスラーム世界」に限定されず、広く人間の居住地域全体に向いていた。

ムカッダスィー[17] (Shams al-Dīn Abū ʻAbdallāh Muḥammad b. Aḥmad b. Abī Bakr al-Bannā al-Shāmī al-Muqaddasī　九四五頃―一〇〇〇年頃)

ムカッダスィーの作品『諸国の知識に関する最良の区分の書 (*Kitāb aḥsan al-taqāsīm fī maʻrifat al-aqālīm*)』によれば、彼はイェルサレムの建築家の家庭に生まれた。二度のマッカ巡礼やホラーサーンへの旅を含めて四〇年にわたる旅や調査によって多くの体験や知識を獲得し、その上でこの書を九八五年頃に完成させたという。そこからフランスの地理学者アンドレ・ミケルは彼の生年を九四五年頃としている。[18] 本書の問題関心に沿って考えれば、

「古典期の地理学の集大成」とも称されるムカッダスィーの書に見られる世界像の特徴は、以下の四点にまとめられるだろう。

①古代ギリシア的世界像の継承と七気候帯概念の応用

ムカッダスィーによると、地球はちょうど卵の黄身のように、天球の中に浮かんでいる。これはイブン・フッラダードビらと同様、プトレマイオスの宇宙観を受け継いだ考え方である。彼は、地球上の大地のうち、北の四分の一に人間が居住しており、この部分は東西に帯状に走る七つの気候帯（イクリーム）に分かれるという（図４）。

　ムカッダスィーのいう「気候帯」は、マスウーディーの「気候帯」と同じ単語だが、意味は異なっている。一番南に位置する第一気候帯が一番暑く、一番北に位置する第七気候帯が一番寒い。太陽の地球に対する傾きを計算し、そこから人間の居住地域を帯状の気候帯に分けて把握するこの考え方は、古代ギリシア以来のもので、現在知られている限り、アラビア語の著書で最

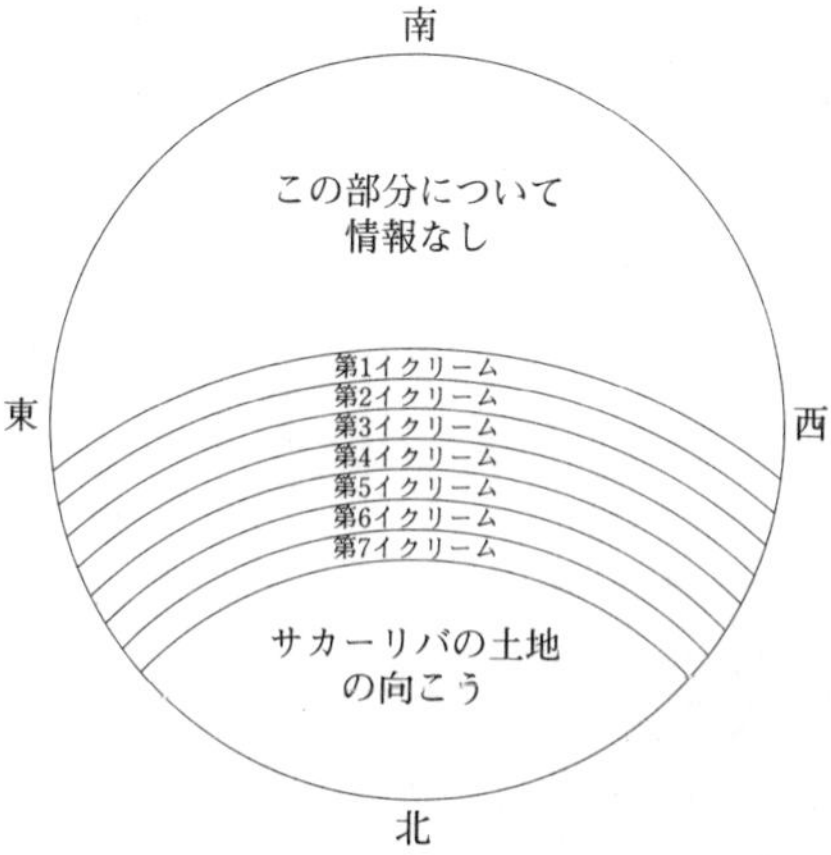

図４　ムカッダスィーによる七つの気候帯概念図

初にこれを用いたのは、フワーラズミーの書『大地の姿[19]（*Ṣūrat al-arḍ*）』である。ムカッダスィーの著書はこの古代ギリシア以来の考え方を採用したのである。七つの気候帯のうちでは、中央に位置する第四気候帯が温暖で一番暮らしやすく、第三と第五気候帯がそれに次ぐ。ムカッダスィーの区分では、この三つの気候帯にはイベリア半島やマグリブ、エジプトなどの地中海沿岸諸地域、アナトリア、シリア、イラク、イラン高原など、当時のムスリムの居住地のほとんどが含まれる。気候帯の幅の計算方法は学者によって微妙に異なるが、ムカッダスィーの計算に従えば、今日のイギリスや北ヨーロッパは第七気候帯のさらに北に位置する「極北の地」ということになる。地中海東岸のシリアからイラクにかけての地域が、第四気候帯の中央、すなわち人間の住む世界の中心に位置しており、最良の居住地であるとしている点において、彼の立場はそれ以前の著者たちとさほど変わらない。

②「イスラーム世界」に限定された叙述

ムカッダスィーの地理書の最大の特徴は、その叙述を彼のいう「イスラームの王国（Mamlakat al-Islām）」に限っているという点である。アラブ地理学の研究者によると、ムカッダスィーは、彼より少し前の時代に現れたイスタフリー（al-Iṣṭakhrī　九五一年より後歿）やイブン・ハウカル（Ibn Hawqal　九八三年より後歿）らとともに一つのグループを形成する。このグループはアブー・ザイド・アフマド・アル＝バルヒー（Abū Zayd Aḥmad al-Balkhī　九三四年歿）を名祖とし、一般にバルヒー学派と呼ばれる[20]。この学派に属する学者の手になる地理書の最大の特徴が、「イスラームの王国」ないし「イスラームの国（Bilād al-Islām）」だけを叙述しようとする態度なのである。実際に彼が叙述している範囲から考えて、「イスラームの王国」とは、ムスリムの政権が統治している地域と見なしてよいだろう。序論で整理した「イスラーム世界」の四つの意味のうちでは、(4)の意味に近い。ただし、ムカッダスィーがそこでイスラーム法による統治が行われているかどうかまで厳密に検討した上でこの語を用いたとは考えにくい。あくまでも、支配者がムスリムかどうかということだけが判断の基準である。

ムカッダスィーはその著作の序文で、自分は「イスラームの諸地方（aqālīm al-Islāmiya）」についてだけ語ると述べ、その理由として、彼自身は不信心者の領域には入ったことがないし、そこには興味を惹くようなものは何もないからだ、と記している。[21] 必然的に、彼の書物では、今日のヨーロッパ地域や中央アジアの草原地帯、スラブ人の居住地域など非ムスリムの政権が統治する地域の地理情報は取り扱われていない。彼の意識の中では、人間の居住地域は「イスラーム世界」と「非イスラーム世界」に二分されていたと考えてよいだろう。

③「アラブの王国」「非アラブの王国」と十四の地域

ムカッダスィーのいう「イスラームの王国」は、「アラブの王国（Mamlakat al-ʻArab）」と「非アラブの王国（Mamlakat al-ʻAjam）」という二つの部分からなり、そこには合計で十四の「地域」（イクリーム）があるという。[22] 同じ「イクリーム」という言葉が用いられているので混乱を招きかねないが、彼が著書で地理的情報を整理して述べるときの叙述の枠組みは、これら「イスラームの王国」の十四の地域であり、先に述べた七つの気候帯ではない点に注意せねばならない。気候帯を叙述の基準とする限り「非イスラーム世界」についての説明も省くわけにゆかなくなり、それは彼の「イスラームの王国」だけを書くという基本方針と相容れない。地域を叙述の単位としたのは当然の措置だといえる。このように、ムカッダスィーは、大枠としてプトレマイオスの地理認識を受け入れながら、イスラームを強調した彼独自の叙述スタイルを採用する。

「イスラームの王国」を構成する二つの部分のうち「アラブの王国」とは、アラビア半島(Jazirat al-'Arab)、イラク、アクール(23)(ジャジーラ)、シリア、エジプト、マグリブの六地域からなり、「非アラブの王国」には、マシュリク、(24)ダイラム、リハーブ、(25)ジバール、フーズィスターン、ファールス、キルマーン、スィンドの八地域が属する。

興味深いのは、全体をアラブと非アラブに二分してはいるものの、ムカッダスィーはそのいずれかが他方に対して圧倒的にすぐれているとは述べていない点である。「アラブの王国」の中でも、アクールやマグリブの人々は悪く言われているし、「非アラブの王国」のすべてがけなされているわけでもない。そこには「アラブだからすぐれている」といった考え方ははっきりとは現れていない。

それでは、アラブと非アラブはなぜ区分されているのだろう。その区分に、政治支配者や一般住民の言語の相違が関係したことは間違いない。しかし、一〇世紀後半の段階で、ここでいう「アラブの王国」に住む人々の大半がアラビア語を話していたかどうかは微妙だし、

「非アラブの王国」がすべてアラビア語を話さない政治支配者を戴いていたとも言えないだろう。

この区分の理由を考える際にヒントになるのは、ムカッダスィーによる「シャルク(sharq)」すなわち東と「ガルブ(gharb)」すなわち西という地域区分である。彼は、本文の叙述を始める前に彼が用いるいくつかの重要な用語の解説を行っているが、その中で地域としての「マシュリク」(字義通りには「東」)と「シャルク」、「マグリブ」(字義通りには「西」)と「ガルブ」は区別されるとわざわざ述べている。「シャルク」はムカッダスィーのいう「マシュリク」にファールスとキルマーンとスィンドを加えたもの、「ガルブ」はマグリブにエジプトとシリアを加えたものだというのである。ここから、そのどちらにも入らないイラクが世界の中心として意識されていることがわかる。彼の脳裏に描かれた地図上では、イラクを中心に「非アラブの王国」が東に、「アラブの王国」が西にちょうど両翼を広げるように対照的に位置し、「イスラームの王国」の全体を形成していたのである。[26] この点で、アラブと非アラブは区別されねばならなかったのだろう。

④イラク中心主義とその翳り

イラクを第四気候帯の中央に置き、その気候風土を讃美していること、地理的にイラクを「イスラームの王国」の中央に置いていること、などから、ムカッダスィーが人間の居住地域としてイラクを最上の土地と見なしていたことは間違いない。この点で彼の意見は、イブン・フッラダードビやマスウーディーと変わらない。

しかし、このようにイラクを讃美する一方で、ムカッダスィーはバグダードの衰退にはっきりと気づき、「もし私がこの町に讃美を贈るとすれば、それは慣習からだ」と冷たく言い放っている。ムカッダスィーがその地理書を執筆していた時代、バグダードはブワイフ家の手中にあり、アッバース朝のカリフはその傀儡と化していた。バグダードとその周辺の政治状況は安定せず、カリフの威令は遠方までは届きにくくなっていた。度重なる戦乱で、バグダードの町も建設当初の輝きを失っていた。一方、エジプトでは新興のファーティマ朝がカイロを建設し、大いに意気が上がっていた。彼の叙述は、このような当時の政治情勢を反映しているといえるだろう。

ここまで、古典時代の前・中・後期を代表する三つのアラビア語地理書に見られる世界像の特徴を説明してきた。これらを比較検討することによって、当時のアラビア語を日常語とするムスリムの地理的知見や世界像について、以下の諸点を指摘することができるだろう。
(1)宇宙観や地理的な世界像は三者に共通し、古代ギリシア、とりわけプトレマイオス地理学の大きな影響を受けている。三者が描く世界の姿そのものには大きな差異はない。
(2)地球上の人間の居住地域をどのように区分して説明するかという点では、三者三様の方法をとっている。イブン・フッラダードビはイラクとその周囲を四つの王国が取り巻いていると考え、マスウーディーによれば、人間は七つの気候帯に分かれて住み、中央に位置する第四気候帯を他の六つの気候帯が取り巻いていた。これに対してムカッダスィーは、人間の居住地域を七つの帯状の気候帯に分けて記述した。三者のうち、イラン高原やイラクなど東方地域出身のイブン・フッラダードビやマスウーディーには、イスラーム勃興以前の古代イラン的な世界像の影響が見られる。
（3）三者のうちでは、ムカッダスィーだけが「イスラーム世界」という地域区分を採用し、これを「非イスラーム世界」とはっきりと区別する姿勢をとっている。他の二人の著者には「イスラーム世界」という地域のとらえ方は見られず、したがってこれと「非イスラーム世界」を対立的に描こうとする態度は見られない。
（4）古典時代の地理書には、今日のヨーロッパ地域に関する情報は少ない。次節でも述べるように、地理書の情報量は、その著者の居住した地域や旅行した地域について多く、そうではない地域について少ないからである。ここで検討した著者たちのうち、イブン・フッラダードビとマスウーディーはヨーロッパから遠いイラン高原やイラク方面の出身である。また、ムカッダスィーは、「非イスラーム世界」については記さない。このため、ヨーロッパ地域についての情報が少ないことは不思議ではない。

2　その後のアラビア語地理書（一一―一五世紀）

一〇世紀末頃までの「古典時代」が幕を閉じた後も、アラビア語の地理書は書き続けられる。しかし、一般には、世界全体の地理を扱う文献の数は相対的に減少し、一つの地方や都市のように、より身近な地域区分を単位とする歴史書や地理書が多く記されるようになったといわれる[27]。では、この時期のアラビア語地理書に見られる世界像はどのようなものなのだろうか。古典時代の地理書と比較して大きな変化が見られるのだろうか。この点を検証するために、ここでは、一二世紀の作品であるイドリースィーの地理書と一四世紀の有名な歴史家イブン・ハルドゥーンの地理的知見や世界像を取り上げてみよう。

イドリースィー（Abū ʻAbdallāh Muḥammad al-Idrīsī　一一〇〇—六五年）

ハサン系のシャリーフ（ムハンマドの後裔）の家系出身とされるこの人物の生涯には不明な点が多い。出生地は今日のモロッコのセウタとされ、若くしてイベリア半島のコルドバで学んだらしい。おそらく一一三九年にシチリアのノルマン王国の王ルッジェーロ二世に招かれてパレルモに赴いたという。イドリースィーは、その後パレルモの宮廷にとどまり、この王のために銀製の平面天球図を製作した。この図を説明するために書かれたのが『世界を遍歴する人のための楽しみの本（*Kitāb nuzhat al-mushtāq fī-khtirāq al-āfāq*）』である。この書物の完成時期は必ずしも確定しておらず、一一五四年と一一五七年の両説がある[28]。この書物から読みとれるイドリースィーの地理的知見や世界像として、以下の三点が指摘できる。

①プトレマイオス地理学の継承と七気候帯による記述

銀製の天球図は失われてしまったが、イドリースィーによる世界地図とされるものが今日まで伝わっている（図5）。この地図や彼の著書の内容から、イドリースィーが頭に描いていた世界の姿が、彼以前のアラブ地理学者たちのそれと基本的に同様だったことがわかる。すなわち、プトレマイオス以来の古代ギリシア的世界像である。

イドリースィーは、ムカッダスィーと同様に、世界の居住地域を東西に帯状に走る七つの気候帯（イクリーム）に分ける。数字が小さな気候帯ほど南に位置し、暑さが厳しい。逆に数字が大きな気候帯は北に位置し、極寒の地である。中央に位置する第四気候帯が最良であり、とりわけその真ん中にあるイラクの気候が最高だという点も彼以前の地理学者の説と変わらない。各気候帯は、南北に走る線によって十の区域に分割される。こうして、例えば第一気候帯は第一区域から第十区域までに区分され、各区域の北側は、第二気候帯の同じ番号の区域に接することになる。イドリースィーはこの各気候帯の区域ごとに地理情報を叙述してゆく。

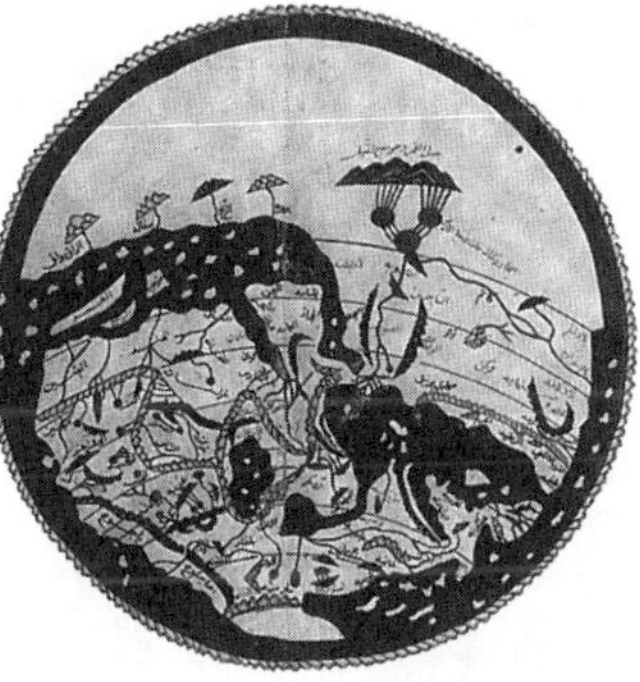

図5　イドリースィーの世界地図

②ヨーロッパについての本格的な記述

イドリースィーの書がヨーロッパ人研究者の間でとりわけ著名なのは、それがアラビア語による地理書の中で、地理的な意味でのヨーロッパについて本格的な情報をはじめて書き込んだ著作だからである。実際、スコットランドやノルウェーなど彼以前にはほとんど触れられることのなかった地域名が登場するし、ヨーロッパ各地の細かい都市名が数多く挙げられている。何より、彼以前のアラビア語地理書の大部分では一括して「フランク」と呼ばれていた地域がさらに細かく分けられ、ブルターニュ、フランス、ドイツなどがそこにある都市名や都市間の距離、産物、風土などによって詳しく紹介されている。

このことはイドリースィーの著書の大きな特徴であるが、彼の出自が地中海西部地域であること、彼がその著作を献呈したのがシチリア・ノルマン王国の王であることを想起すれば、ヨーロッパの記述が多いこと自体はさほど驚くにはあたらない。彼は身近に位置しよく知っている地域について詳しく記しただけなのである。イラクより東方の地域に関しては、彼の記述はそれ以前の地理書の内容をほぼ踏襲しており、新しい情報はあまり加えられていない。古典時代の東方地域出身の著者たちと比較すると、彼はとりわけヨーロッパ地域のことをより詳しく知りうる立場にあった。したがって、彼の功績は、それまではどちらかというとシリアより東に偏っていたアラビア語地理書の情報に、今日のヨーロッパ地域を含む西方諸地域の情報を大量に付け加えたという点にあるといえるだろう。

③「イスラーム世界」に限定されない叙述

イドリースィーの地理書では、ムスリムと非ムスリム、「イスラーム世界」と「非イスラーム世界」の区別は大きな問題になっていない。そもそも、彼が仕え、その著書を献呈したのはキリスト教徒の王なのである。当時のシチリアについては、高山博の研究が詳しいが(29)、この王国にはラテン・キリスト教文化、ギリシア・ビザンツ文化、アラブ・イスラーム文化という三つの言語・文化集団の担い手たちが生活していた。そのような場所で記された書である以上、「イスラーム世界」と「非イスラーム世界」を区分することはほとんど無意味だった。また、キリスト教徒の王が統治するシチリアについて記すことが必要だったとすれば、記述を「イスラーム世界」に限ることは不可能だった。

イドリースィーの場合がそうであるように、ムカッダスィーやバルヒー学派の著者に見られる「イスラーム世界」に限った地理情報の叙述という考え方は、その後の地理学者には必ずしも共有されなかった。「イスラーム世界」だけを記述するという態度は、アラビア語を使用するムスリム著作家が試みた人間居住地域の描き方のうちの一つにすぎないのである。

イブン・ハルドゥーン（Ibn Khaldūn　一三三二—一四〇六年）**の世界像**

前近代ムスリムの歴史家の代表と目されるイブン・ハルドゥーンは、地理書そのものを執筆したわけではない。しかし、彼は一三七七年に完成した有名な『歴史序説』の中で、彼が歴史を執筆するにあたってその背景となる世界像を語っている。この偉大な歴史家の世界像は、当時のアラビア語を使用するムスリム知識人の間である程度共有されていた考え方として参考になるだろう。[30] そこで、前近代アラビア語地理書の検討を終えるにあたって、イブン・ハルドゥーンの地理的知見と世界像をまとめておくことにしよう。

①古代ギリシア以来の地理的知見の継承

イブン・ハルドゥーンは、序説の第一章、「人類の文明について　その一般論と諸前提」において、地球は球形で、その表面は水におおわれていること、陸地は地球表面の半分程度で円形をなしていること、陸地の周囲を周海が取り巻き、そこから地中海とインド洋が中へ入り込んできていること、陸地のうちで人間が居住しているのは赤道より北の部分で、そこが七つの気候帯に分けられることを述べる[31]。これは、本論でこれまで見てきたように、その起源を古代ギリシアのプトレマイオスにまでさかのぼり、フワーラズミー以来アラビア語地理書にたびたび現れる伝統的な世界像である。この点では、イブン・ハルドゥーンの世界像は、古典時代の著作家たちのそれと変わらない。また、各気候帯は、第一区から第十区に区分されており、その分け方はイドリースィーのそれと同様である。

②気候帯によって人間の性質や能力などに差が生じるとする考え方

イブン・ハルドゥーンは、七つの気候帯のうちでは、第四を中心に第三から第五気候帯が温和で、この三つの気候帯に存在する学問・技術・建物・衣服・食物・果実・動物などあらゆるものがすぐれていると述べる。また、この三つの気候帯に住む住民は気質が穏やかで調和がとれ、性質、肌の色などあらゆる点ですぐれた人々だという[32]。この三つの気候帯に住む人々の大部分はムスリムである。この点においても、彼の意見はマスウーディーら古典期の地理書の著者のそれと変わらない。

第一、第二気候帯（アフリカのヌビアやアビシニア、中国やインドなど）や第六、第七気候帯（北フランスやイングランド、ポーランドやノルウェー、フィンランド）のように寒暑の厳しい気候帯に住む人々は、暑さや寒さのためにあらゆる面で温和さにかけ、したがって、人間らしさにもかけているとされる。しかし、例外もある。例えば、マッカが位置し、イスラーム勃興の地であるヒジャーズ地方は第二気候帯に位置する。人間らしさに欠けた人々が住む第二気候帯でなぜイスラームが誕生したのかを説明して、イブン・ハルドゥーンは、アラビア半島はその三方を海に囲まれているので湿気によって暑さからくる乾燥が和らぎ、したがって極端な気候は緩和されるのだという。(33)

このように、人が住む気候帯がその人の性質や能力に大きな影響を与えると考えることは、イブン・ハルドゥーンの世界観の特徴の一つである。

③「イスラーム世界」に限定されない関心

イブン・ハルドゥーンは、正しいムスリムとして神を称え、その使徒ムハンマドを祝福するが、だからといってその地理的な叙述をムスリムや「イスラーム世界」に限ろうとはしていない。世界中の人々について知る限りのことを記そうと努めている。ただし、温和な気候帯に住むムスリムとは異なり、北方や南方の寒暑の厳しい気候帯に住む人々についての情報は、かなり偏見に満ちている。黒人やスラブ人種が野蛮のままで、社会的な集団生活をせず、互いに殺して食べ合うこと、宗教をまったく知らず、野獣に近い状態にあることなどが述べられているからである。(34)いずれにせよ、私たちの問題関心にとって重要なことは、彼の地理的な叙述が「イスラーム世界」に限られてはいなかったということである。

以上、一一世紀以後の代表的なアラビア語文献に見える地理情報や世界像について検討してみた。その結果、これらの文献に描かれた地理的世界像の大枠は、それ以前の時代と比べてさほど変化せず、依然としてプトレマイオス地理学の強い影響下にあったことが明らかとなった。ラテン・キリスト教世界から大航海時代以後の世界地理に関する新しい情報が伝わって受け入れられるまで、アラビア語文献における地理的な世界像の大枠は揺らぐことがなかったと考えてよいだろう。また、少なくともここで検討した二人の著述家は、「イスラーム世界」だけを記述の対象としてはおらず、「非イスラーム世界」についても情報を記録している。地理書に限って言うならば、バルヒー学派のように「イスラーム世界」だけを記述しようとする態度は、むしろ少数派に属するものである。

3　ペルシア語地理書に見える世界像

『世界の境域』

前近代中東におけるもう一つの有力な文化言語であるペルシア語で記された地理書の内容についても、ここで簡潔にまとめておこう。ムスリムがペルシア語で記した地理書における世界像は、上で明らかにしたアラビア語地理書の世界像と同じなのだろうか。それとも異なっているのだろうか。

サーサーン朝（三世紀初め―七世紀半ば）の領域やその周辺で中世ペルシア語が使用され

ていた地域では、アラブによる軍事的な征服とイスラームの普及によってそれまでの文字が捨てられ、アラビア文字と大量のアラビア語語彙を使用する新しいペルシア語が生まれた。この新ペルシア語が行政や文学的著作に使用されるようになるのは、およそ九世紀頃のことである。それから時代が下るに従って、様々なジャンルの作品がペルシア語で数多く記されるようになった。地理書の場合、今日知られている限りでは、もっとも早く著された作品が『世界の境域（*Hodūd al-ʿālam*）』である。著者名不明のこの書は、九八二―九八三年に今日のアフガニスタン北部の一地方王朝の君主に献呈するために記された。この書物に見える地理情報や世界像の特徴を四点にまとめてみよう。[35]

①古代ギリシア以来の地理的知見と世界像の採用

この書を英語に翻訳したミノルスキーによると、著者はイブン・フッラダードビやイスタフリーの著作を確実に参照し、それ以外にもいくつかのアラビア語の書物を使用した。したがって、地球が球体であること、人間の主要な居住地は赤道の北側にあること、東西の果てに大きな海があり、そこから今日の中東地域にむけて大海 Bahr al-aʿẓam（インド洋）とルームの海 Daryā-ye Rūmiyān（地中海）が入り込んでいることなど、世界地理の基本的な情報は、当時のアラビア語地理書のそれと変わらない。ただし、アラビア語の地理書でしばしば用いられる「イクリーム」による地域区分は採用されていない。[36]

また、著者は、ギリシア人によると人間の居住地は三つからなり、それは大アジア、リビア、ヨーロッパである、と述べている。[37] しかし、彼が地理情報を伝えるのは、この世界三区分法によってではなく、五十一の「地方（nāḥiya）」区分による。彼によると、世界の五十一地方のうち、五つだけが赤道の南にあり、残りはすべて赤道の北に存在するという。そして、これらの地方は次の四つの要素で他と区別されうるとしている。

1　水、空気、土壌、気温、2　宗教、法、信仰、3　単語や言語、4　王権

著者は、この四つを指標にして、各地方の特徴を順次述べてゆく。

②非ムスリム・トルコ系の人々の居住地の重視とヨーロッパ地域についての情報の少なさ

ペルシア語で記されているということを別にすれば、この地理書の最大の特徴は、これら四つの指標を使って区分された五十一の地方のうちで、二十が中央アジアから南ロシア草原に展開する非ムスリム・トルコ系の人々の地方の説明であるという点である。カルルクやグズ、キルギズといった地方区分が、ムスリム居住地域のイラク、エジプト、マグリブといった名前と同じレベルで使われている。アラビア語で地理情報を記したマスウーディーが、この地域を「ゴグとマゴグの地方」と一括して述べていることと比較すると、『世界の境域』がいかにこの方面の情報を重視しているかがわかるだろう。

これとは対照的に、同じ非ムスリム地域であるとはいえ、今日のヨーロッパにあたる地域の情報量はまことに少ない。「ルームの地方」という枠組みの中で、フランス（Ifranj）、ローマ（Rūmiya）、バスク（Bskūns）、ブリテン（Barīṭīniya）、ギリシア（Yūnān）にわずかに触れているだけで、これだけすべてを合わせても、キルギズ地方一つの情報量にも及ばない。著者が地方を区分する基準を厳密に適用すれば、「ルームの地方」はもっと多くのより

小さな地方に分割されねばならないはずである。それがなされなかったのは、この地域の詳しい情報を著者が知らなかったからだろう。アフガニスタン北部の地方王朝の君主にこの書が献呈されたことを思えば、東と西の情報量に関するこのアンバランスは驚くには当たらない。ヨーロッパ地域について詳細な記述を残したイドリースィーの場合とはちょうど逆の事態が生じていると考えればよい。

③「イスラーム世界」という世界像の見られないこと

②で述べたことからもわかるように、『世界の境域』の叙述には、ムスリムの居住地域と非ムスリムの居住地域の両方が含まれている。非ムスリムのトルコ人地域に関する情報が、全体のおよそ半分近くを占めている。この作品の著者は、ほぼ同時代の人であるムカッダスィーとは異なり、「イスラームの土国」については記そうとはしない。「イスラームの王国」という表現も用いられない。アラビア地方のマッカの項では、そこが預言者の生地であることとカアバの規模について記されてはいるが、その情報量は限られている。マディーナに至っては、そこに預言者とその教友の多くの墓があると記されているだけである。マッカとマディーナの重要性を強調するような表現はほとんど見られない。この書には、「イスラーム世界」という枠組みで世界の一部を切り取るという考え方自体がないのである。

④地理的な意味での世界の中心イラク

著者は、カリフ政権の所在地であるイラクの項では、ここが「世界の中心に近い場所に」位置していると述べ、政治、経済、文化各分野におけるその繁栄ぶりを書き留めている。アフガニスタンに拠点を置く著者にとっても、地理的な意味でイラクが世界の中心に位置することは否定できない事実だったのだろう。

ムスタウフィー(Ḥamdallāh Mustawfī Qazvīnī　一二八一-八二～一三三九-四〇年以後)

一〇世紀の『世界の境域』を例外として、人間の居住地域全体の地理情報をペルシア語で記した地理書は、その後一四世紀までは記されなかった。[38] 読み書きにペルシア語を使う人々は、この間、おそらく、古典時代のアラビア語地理書のペルシア語訳を利用していたのだろう。例えば、イスタフリーの『諸国と諸道』にはペルシア語訳があり、その写本が今日まで数多く伝わっている。[39] 九世紀頃から文語として使用されるようになっていたとはいえ、ペルシア語による著述活動が本格化して、ペルシア語文化圏と呼べるような一つの文化世界が成立するのは、一三―一四世紀のモンゴル支配時代になってからのことなのである。

一四世紀前半に記されたムスタウフィーによる『心魂の歓喜（*Nuzhat al-Qulūb*）』は、イルハン朝政権の財務官僚だった著者が、彼の知る世界全体を記述した地理書である。本田実信はこの書を、「ペルシア語で書かれた最初の体系的な地理書」と評価している。[40] これまでの作品と同様、私たちの問題関心からみて重要だと思われるこの著作の地理的知見や世界像の特徴を、以下に五つ挙げてみよう。

①古代ギリシア的世界像の採用

ル・ストレインジによると、ムスタウフィーはこの書物の序で、地球や天球、緯度、経度について述べ、さらに七つの気候帯からなる人間の居住地のことを説明しているという。私は稀覯本であるこの部分の校訂版を読んでいないので断定は避けたいが、ここに記された天地や人間の居住地域についての説明は、古典時代のアラビア語地理書に見られるそれと大きな違いはないだろう。[41] 本書執筆に際して、ムスタウフィーが多くのアラビア語文献を参照したことが本文の記述からわかるからである。世界像の大枠について、ムスタウフィーの独創はないと考えられる。

②イスタフリー（バルヒー学派）の影響

本文中にしばしば「『諸国と諸道』では」という言葉が現れるように、ムスタウフィーは一〇世紀後半のイスタフリーによるアラビア語地理書から多く情報を得ている。おそらく、この書のペルシア語訳を手元に置いていたのだろう。その影響は随所に見られる。例えば、世界についての地理情報を述べる第三部では、まずマッカ、マディーナ、イェルサレムが取り上げられ、詳しく説明されている。バルヒー学派に属するイスタフリーも、マッカ、マディーナからその記述を始めている。「イランの地にあるわけではないが[42]」と言いながら、ムスタウフィーがイスラームの聖地の説明を巻頭に置いているのは、間違いなくイスタフリーの影響だろう。

しかし、ムスタウフィーがイスタフリーの叙述方法にすべて従ったわけではない。最大の相違点は、彼が、バルヒー学派のように、世界を「イスラーム世界」と「非イスラーム世界」に二分し、「イスラーム世界」だけを叙述しようとはしなかったことである。ムスタウフィーにとって重要な世界区分は、「イスラーム世界」ではなく、次に述べる「イランの地」だったからである。

③「イランの地」という地理概念

ムスタウフィーの書に特徴的な地理概念は、「イーラーン・ザミーン（Īrān zamīn）」、すなわち「イランの地」である。これは、ムスタウフィーのみならず、モンゴル時代のペルシア語文献にしばしば見られる表現で、ムスタウフィーによれば、その領域は現代のイランの国境線や当時のイルハン朝の領土をはるかに越え、アラル海やカスピ海をも包み込む巨大なものである。古代ペルシア時代に「イーラーンシャフル（Īrānshahr）」と呼ばれたイラン世界に独自の世界の見方がこの時代まで受け継がれ、大征服によって視界が拡がったモンゴル時代の世界像と合体して、この特徴的な概念が生まれた。

『心魂の歓喜』第三部では、この「イランの地」をアゼルバイジャン、ファールス、クルディスターンなど二十一の地方に分け、地方を単位として地理的な情報をまとめている。各地方の説明のはじめには必ず、その地方が七つの気候帯のいずれに属するかが述べられている。しかし、ムスタウフィーは、イドリースィーのように、気候帯という枠組みで地理情報を整理・説明してゆく方式はとらなかった。本文全体の三分の二以上が、世界の中心を占める「イランの地」についての記述であり、地理情報を気候帯によって整理して示すのは必ずしも有効ではなかったからである「イランの地」の外にある世界は、最後に東西南北四つの方角に区分され、各一章で簡単に紹介されるだけである。ムスタウフィーにとって、「イランの地」がいかに重要だったかが分かる。

④「イラク中心主義」の継承

ムスタウフィーは、「アラブのイラク（'Irāq-i 'Arab）」が、『諸国と諸道』で「イーラーンシャフルの中心（Dil-i Īrānshahr）で王権の所在地」とされていること、五四〇年もアッバース家カリフ政権の所在地だったことのゆえに、「イランの地」についての叙述をそこから始めると述べる。[43] この記述からは、彼が当時のイラクを実際に世界の中心と考えていたかどうかは必ずしも明白ではない。しかし、少なくとも形式的にはイラクは世界の中心である「イランの地」の中央に位置すると認識されていた。新たに創造された「イランの地」を中心とする世界像とそれほど大きく矛盾しない古典時代のアラビア語地理書の「イラク中心主義」は、彼にとって大いに利用価値のあるものだったに違いない。

⑤ヨーロッパについての記述の欠如

今日のヨーロッパ地域は、古典時代のアラビア語地理書ではビザンツ帝国を意味する「ルーム」の一部として紹介されることが多かったが、『心魂の歓喜』では「ルーム」は「イランの地」に含まれている。そして、ビザンツ帝国は「フランク」と呼ばれている。[44] その「フランク」の記述中にヨーロッパ地域に関する情報は見られない。これは、同じモンゴル時代に記されたラシードゥッディーンの『集史』が、簡便とはいえヨーロッパ史をも含んでいることを考えれば、いささか奇異に感じられる。しかし、イランの地から遠く離れ、直接の政治・経済的関係がほとんどなかった今日のヨーロッパ地域は、ムスタウフィーにとって重要とは考えられず、その関心の外にあったのだろう。

以上、二種類のペルシア語地理書を検討した結果、これらの書に見られる地理的な意味での世界像は、古代ギリシアのプトレマイオス地理学の伝統をひき、アラビア語地理書のそれとほとんど変わらないことがわかった。イラクが人間居住地域の中心だと考えられた点も同様である。その一方で、ペルシア語地理書に独特な世界の叙述方法、すなわち、地方単位の記述や「イランの地」という枠組みでの記述が見られた。そして、私たちにとって重要な点は、少なくともこの二種類の地理書には、ある地域を「イスラーム世界」という枠組みでとらえ、その範囲だけを記述しようとする態度は見られないということである。

一五世紀以前に記されたアラビア語とペルシア語の地理書に見られる地理的情報や世界像を検討してきた本章の主な結論は、以下の四点にまとめられる。

(1) アラビア語、ペルシア語を問わず、九世紀から一五世紀の間に記された地理書において基本となる世界像は、古代ギリシア、とりわけプトレマイオス地理学に淵源をもつ。この世界像は、現在のイラクとその周辺が地理的な意味で世界の中心に位置すること、ムスリムの多くは気候、風土の点で世界最高の居住地域に住んでいると考えることを大きな特徴とする。

(2) 地理情報をどのような枠組みで整理して説明するかは、地理書の著者の工夫によった。本章で検討しただけでも、古代イランの四王国による方式（イブン・フッラダードビ）、気候帯（イクリーム）を単位とする方式（マスウーディー、イドリースィー、イブン・ハルドゥーン）、地方や地域を一つの単位とする方式（ムカッダスィー、『世界の境域』、ムスタウフィー）があった。その一方で、のちにヨーロッパの人々が採用したように、「大陸」という枠組みで地球上の陸地を区分し、それに基づいて地理情報を整理しようとする姿勢は見られない。

（3）著者の出身地や見聞の範囲によって、地理書における世界の叙述には精粗が生まれた。著者がよく承知している地域の情報は詳しく、遠方であまり情報のない地域については簡略に記された。今日のヨーロッパにあたる地域についての記述は、東方出身の著者（古典期のアラビア語地理書やペルシア語地理書）の場合は少なく、西方出身の著者（典型的にはイドリースィー）の場合は多い。いずれにせよ、そこは非ムスリムの居住地域の一部と理解されており、その意味ではロシア人やスラブ人、トルコ人の居住地やインド、中国などと同列に並べられるべきものだった。非ムスリム居住地域の中で、特にヨーロッパを重視したり、無視したりする姿勢は、少なくともここで検討した地理書には見られない。

（4）「イスラーム王国（イスラーム世界）」と「異教徒の地（非イスラーム世界）」という二分法によって世界を区分し、「イスラーム世界」についてのみ記述を行おうとする著者もあった。このような態度は、バルヒー学派に属する著者たちに特徴的に見られる。しかし、彼らは多数の地理書作者のうちの一部にすぎない。多くの著者は、このような二分法にはこだわらず、当時知られていた人間の居住地域全体についての叙述を試みている。

バーナード・ルイスは、その著書の中で、「中世を通じてずっとイスラームは地中海の北岸の地に住む遅れた異教徒に無関心であった[45]」と記している。本章の検討から得られた見通しに従えば、これはいささか的はずれな議論だといわざるをえない。イドリースィーやイブン・ハルドゥーンに見られるように、西方諸地方に住むムスリムは今日のヨーロッパ地域にも相応の関心を持っていた。特にこの地域だけを意識して「イスラーム世界対ヨーロッパ」という二項対立的な図式で世界をとらえなかっただけである。ムスリムは決して今日のヨーロッパ地域の方だけを向いていたわけでも、とりたててそこから顔を背けていたわけでもない。第Ⅱ部で述べるように、「イスラーム世界対ヨーロッパ」という世界認識は、実は一九世紀になってから生まれたものなのである。

したがって、ルイスのようにヨーロッパ対イスラームという視点から前近代ムスリムの世界像を論じれば、結果としてその全体像を見誤ることになりかねない。ヨーロッパ地域についての「無関心」をいうなら、アラビア語やペルシア語の地理書において、東方のインド、東南アジア、中国、日本などに関する情報が少ないことはもっと強調されるべきである。とりわけ、すでに一三世紀にはムスリムの政権が誕生していたインドや東南アジアについての無関心は、「イスラーム世界」という地域設定の有効性にも関わる重要な問題である。今後その理由が説得的に究明されねばならないだろう。

（1）通常、「ヨーロッパ」という言葉は、しばしば無限定に中世から（場合によっては古代から）現代に至るまで一つの歴史世界を指示する語として使用されるが、私はそこにこそ、「ヨーロッパ中心史観」の根本的な問題があるのではないかと思う。一八世紀から一九世紀初めにかけての時期に、「近代ヨーロッパ」が誕生し、その地域世界の人々が自分たちの過去だと信じて作り出したのが、いわゆるヨーロッパの歴史ではないだろうか。地理的な意味での「ヨーロッパ」と理念としての「ヨーロッパ」は厳密に区別されねばならない。私は、少なくとも、一八世紀以前の歴史を扱う際には、「ヨーロッパ」という語の使用に慎重であるべきだと考える。ここで言う「ラテン・キリスト教世界」とは、キリスト教徒の居住地域のうちで、主として東方教会系の人々の住む地域を除いた場所、すなわち、宗教改革以前にローマ・カトリックの影響が強かった地域のことを指す。

（2）樺山紘一『異境の発見』東京大学出版会、一九九五年、一四―二二頁。

（3）この問題については、主として地図を扱っているためにやや観点がずれるが、J.B. Harley & David Woodward (eds.), *The History of Cartography*, vol.2, book 1, *Cartography in the Traditional Islamic & South Asian Societies*, The University of Chicago Press, 1992 が全般的な知識を与えてくれ、有益である。

（4）“djughrāfiyā”, *Encyclopaedia of Islam*, New edition.

（5）デ・フーイェは、Ibn Khordadhbeh と転写しており、わが国ではしばしばイブン・ホルダーズベと書かれるが、ここでは『イスラーム百科事典（*Encyclopaedia of Islam*）』の表記に従う。

（6）André Miquel, *La géographie humaine du monde musulman jusqu'au milieu du 11e siècle*, vol.1, Paris 1967 (réimpression, 2001), p.90.

（7）竹田新「イブン＝ホルダーズベの『諸道と諸国の書』」『大阪外国語大学学報』四三、一九七九年、八八頁。

(8) Ibn Khurradādhbih, *Kitāb al-masālik wa al-mamālik* (Bibliotheca Geographorum Arabicorum, VI), ed. M. J. De Goeje, Leiden 1889 (reprinted in 1967), p.3.

(9) Ibn Khurradādhbih, *Kitāb al-masālik wa al-mamālik*, p.5. なお、ここでイブン・フッラダードビが「イラン世界の中心」をアラビア語で「イラクの中心 (qalb al-ʻIrāq)」と言い換えている点は興味深い。

(10) それぞれの方角の記述を始めるにあたって、「この方角をペルシアの命により (ʻilāʻahd al-fārs) 治めていた太守は」という記事があることからそれが確かめられる。

(11) 竹田「イブン＝ホルダーズベの『諸道と諸国の書』」一〇五頁。なお、イブン・フッラダードビのように世界を四つの地域に分けて把握する著者としては、他に旅行家のヤークービー al-Yaʻqūbī (八九七年歿) がいる。イブン・フッラダードビと同じく、この著者もイラクとバグダードからその記述を始めている。バグダードは世界の中心 (waṣat al-dunyā) であり、「大地の臍 (surrat al-arḍ)」と形容される。次いで、東方、南方、北方、西方の順に世界の地理的情報が述べられてゆく (al-Yaʻqūbī, *Kitāb al-buldān* (Bibliotheca Geographorum Arabicorum, VII), ed. M. J. De Goeje, Leiden 1892 (reprinted in 1967), p.233)。

(12) しばしば、「メッカやメディナ」と呼ばれる。ここでは、『岩波イスラーム辞典』の表記に従う。

(13)『警告と点検の書』は、デ・フーイェによって編まれた『アラブ地理書集成 (*Bibliotheca Geographorum Arabicorum*)』の一冊となっているが、アフマド・シュボウルによると、純粋に地理的な情報は全体の五分の一を占めるに過ぎず、残りの五分の四は歴史関係の情報である。さらに、この歴史関係の情報の半分近くがイスラーム以前についてのものだという。その意味で、この書を純然たる地理書と位置づけることはできないかもしれない。Ahmad Shboul, *Al-Masʻūdī & his World*, London 1979, p.75. 天地創造以来の歴史を一体のものと考えるマスウーディーの歴史観については、Tarif

Khalidi, *Islamic Historiography. The Histories of Masʿūdī*, State University of New York Press (Albany), 1975 を参照。

(14) 古代ギリシアに起源を持つイクリームという語の意味や用法については、ビールーニーが説明を加え、それを受け継いだ一二—一三世紀の著名な知識人の一人であるヤークートが四つに分類・整理してわかりやすく解説している。Wadie Jwaideh, *The Introductory Chapters of Yāqūt's Muʿjam al-Buldān*, Leiden 1959, pp.38-52. また、竹田新「Iqlīm 考—— Yāqūt を基に」『オリエント』二六—二、一九八四年を参照のこと。

(15) Wadie Jwaideh, *The Introductory Chapters of Yāqūt's Muʿjam al-Buldān*.

(16) もちろん後に述べるように、イスラーム勃興の地であるマッカを世界の中心と見なすバルヒー学派のような例外はある。

(17) この人物は、しばしばマクディスィーとも呼ばれるが、ここでは『イスラーム百科事典』の表記に従う。

(18) "Muqaddasī", *Encyclopedia of Islam*, New edition, Miquel, *La géographie humaine*, vol.1, XV-XXI. なお、日本語では、竹田新「ムカッダスィーの『諸州の知識に関する最良の区分の書』について」『大阪外国語大学学報』六四、一九八四、一〇五—一〇六頁。

(19) 竹田「iqlīm 考—— Yāqūt を中心に」七八頁。

(20) この学派については、Gerald F. Tibbetts, "The Balkhi school of Geographers", in Harley and Woodward (eds.), *Cartography in the Traditional Islamic & South Asian Societies*, pp.108-136.

(21) al-Muqaddasī, *Aḥsan al-taqāsīm fī maʿrifat al-aqālīm* (Bibliotheca Geographorum Arabicorum, III), ed. by M. J. De Goeje, Leiden 1877 (reprinted in 1967), pp.1, 9.

(22) al-Muqaddasī, *Aḥsan al-taqāsīm fī maʿrifat al-aqālīm*, pp.9-10.

(23) チグリス、ユーフラテス両河中流域、現在のイラク北部地域。

(24) 字義通りには、「東方」だが、ここでは、スィースターン、ホラーサーン、マーワラーアンナフルなど当時ほぼサーマーン朝の統治下にあった領域を指している。他と異なって、ここだけが政治単位を基にした地域区分となっており、やや奇異に感じられる。ムカッダスィーに先立つイスタフリーやイブン・ハウカルは、マシュリクという言葉は用いず、スィースターン、ホラーサーン、マーワラーアンナフルをそれぞれ独自の地域として扱っている。竹田はムカッダスィーのこの態度を「サーマーン朝へのおもねり」としているが、なぜサーマーン朝へのおもねりが必要だったのかについては説明していない（竹田「ムカッダスィーの『諸州の知識に関する最良の区分の書』について」一一二頁）。

(25) アルメニア、アルラーン、アゼルバイジャン地域を指す。

(26) ミケルによると、ジャーヒズは「アラブの王国」と「非アラブの王国」を区分していたが、クダーマ（Qudāma b. Ja'far）が両者を合体して「イスラームの王国」という概念を作り出したという。ミケルは、一〇世紀の段階では、コルドバ、カイロ、バグダードに三人のカリフが並び立ち、政治的には分裂していても、経済的なつながりと同じ文明に属しているという意識のために、この概念は強固だったが、一一世紀に入ってトルコ人が現れ、カリフ政権の衰弱が露になると、このような概念も地理学者の脳裏から消え去ったともいう。本論でこの後述べるように、「イスラームの王国」という概念が一〇世紀に生まれ、バルヒー学派に採用された後に、一一世紀に消えていったことは事実だが、なぜこの概念が消え去ったかについてのミケルの説明はあまり説得的とはいえない。André Miquel, "mamlaka", *Encyclopedia of Islam*, New Edition.

(27) 佐藤次高「アラブ（後期）」『アジア歴史研究入門4　内陸アジア・西アジア』同朋舎、一九八四年、五六五頁参照。

(28) 一一五四年説は『イスラーム百科事典』の説、一一五七年は、Henri Bresc と Annliese Nef の説である。Henri Bresc et Annliese Nef, *Idrisi. La première géographie de l'Occident*, Paris 1999, pp.17-18. なお、イドリースィーの地理学については、S. Maqbul Ahmad, "Cartography of al-Sharif al-

Idrīsī", in Harley & Woodward (eds.), *Cartography in the Traditional Islamic & South Asian Societies*, pp.156-174 を参照。

(29) 代表作として、『神秘の中世王国――ヨーロッパ、ビザンツ、イスラム文化の十字路』東京大学出版会、一九九五年を挙げておく。

(30) イブン・ハルドゥーンの『歴史序説』に見られる歴史哲学は、すでに一六世紀にはオスマン朝の知識人にも受容されていたという。その著作は、アラブ世界だけではなく、地中海沿海のムスリムの思想に大きな影響を与えたと言えるだろう。小笠原弘幸「オスマン朝修史官の叙法」『日本中東学会年報』二〇―一（二〇〇四年）、一―二九頁。

(31) イブン・ハルドゥーン著、森本公誠訳『歴史序説』1、岩波文庫、二〇〇一年、一四二―一四八頁。

(32) イブン・ハルドゥーン『歴史序説』1、二二一頁。

(33) イブン・ハルドゥーン『歴史序説』1、二二三―二二四頁。

(34) イブン・ハルドゥーン『歴史序説』1、二二二―二二三頁。

(35) この作品については、清水宏祐の紹介がある。「十字軍とモンゴル――イスラーム世界における世界史像の変化」歴史学研究会（編）『世界史とは何か』（講座世界史1）、東京大学出版会、一九九五年、三一―三五頁。

(36) Anonym, *Ḥudūd al-ʿālam*, translated and annotated by V. Minorsky, London 1970, 1-liii.

(37) Anonym, *Ḥudūd al-ʿālam*, pp.82-83. なお、バーナード・ルイスは、その著書の中で「ムスリムの執筆者は、ヨーロッパ人が大陸につけた名称についてまったく知らなかった。アジアは知られておらず、明確に定義されていないヨーロッパ――ウルーファと綴られるが――は付随的にしか言及されず、アフリカはイフリーキーヤとアラビア語化され、チュニジアと隣接地域とから成る東マグリブとしてのみ出現した」と述べているが、これはずいぶん乱暴な議論である。ここで述べたように、『世界の境域』にはアジアという名称が現れるし、次に述べる『心魂の歓喜』にも、ヨーロッパ、アジア、リビアという言葉は現れる。ヨーロッパやアジア、リビア（アフリカ）は近代に至るまでは、ヨーロッパの人々の世界像の中で地上の陸地を構成する三つの部分であっただけであり、大陸の名ではなかった。中東のムスリムは「アジア」や「ヨーロッパ」を知らなかったのではなく、それが彼らの世界像を表現するのに適当だとは思わなかったと言うべきだろう。Bernard Lewis, *The Muslim Discovery of Europe,* W. W. Norton & Company, 2001 (First edition in 1982), p.59. バーナード・ルイス著、尾高晋己訳『ムスリムのヨーロッパ発見（上）』春風社、二〇〇〇年、六〇頁、Ḥamdallāh Mustawfī, *Nuzhat al-qulūb,* ed. G. Le Strange, Leiden 1915 (reprinted at Frankfurt am Main 1993), p.19.

(38) 例外として、一三世紀初頭に、ムハンマド・イブン・ナジーブ・フラーサーニーが記し、ホラズムシャー朝の王に献呈された『世界の書』がある。これは著者の知る世界の海・川・山・地名を順に説明したもので、一種の地理書である。この書が扱っている地理的空間は「イスラーム世界」には限られない。Muḥammad b. Najīb Bakrān, *Jahān Nāma,* Tehran, 1342. この情報は大塚修氏から教示を受けた。

(39) Aḥmad Monzavī, *Fehrest-e neskhe-hā-ye khaṭṭī-ye fārsī,* jeld-e sheshom, Tehran, 1353, pp.3983-3984.

(40) 本田実信「イラン」『アジア歴史研究入門４　内陸アジア・西アジア』同朋舎、一九八四年、六四一頁。

(41) ル・ストレインジは、序と三部からなる作品全体のうちで、第三部だけを校訂出版した。『心魂の歓喜』は、これより前にボンベイで石版印刷されているが、私は未見である。

(42) *Nuzhat al-qulūb,* p.1.

(43) *Nuzhat al-qulūb,* p.28.

(44) *Nuzhat al-qulūb,* pp.269-270.

(45) バーナード・ルイス『ムスリムのヨーロッパ発見（上）』一九一頁。

陸地や海洋について、人々がある程度まで同じ地理情報を共有するようになった地理的認識の場合とは異なり、歴史意識や歴史観の場合、問題はそれほど単純ではない。現代日本人が持っている歴史の知識は、近代ヨーロッパで練り上げられた歴史学研究の手法に則って生み出された成果に多くを負うている。したがって、とりわけヨーロッパ史の流れについては、日本人の歴史認識とヨーロッパの人々のそれとはかなり近い関係にあるかもしれない。しかし、それはむしろ例外的な事柄だと考えた方がよい。日本人が他地域の人々と共有しているのは、多くの場合は、「過去のこれこれという時間と場所で、これこれという出来事がおこったらしい」というその情報だけである。その出来事を時の流れの中で前後や周辺の事象とどのように結びつけて解釈するかは、地域、国、そして個人によって大いに異なっている。

私たちに近い例で言えば、豊臣秀吉の「朝鮮出兵（壬辰倭乱）」や日本の朝鮮植民地化という出来事が、わが国とかの国でどのように説明されているかを思い浮かべてみれば、そのことは直ちに理解できるだろう。さらにいえば、基本的な情報すらも人々の間で共有されているかどうか怪しい場合がままある。再び身近な例を挙げれば、「南京大虐殺」や「従軍慰安婦」などがそうである。私は二〇世紀半ばまでのインドにおけるイギリス本国政府やイギリス人の行為を歴史的にどのように評価するかについて、あるイギリス人女性との間で交わした激論を忘れることができない。彼女は「イギリスはインドに対してよいことしかしていない」と言うのである。歴史を書くということは、なお、かなりの程度それを書く人の裁量に任されている。[1]

世界史をどのように書くかという点で、世界の人々の間に合意はない。各国、各個人によって、世界史はさまざまに記されている。一昔前にはマルクス主義の発展段階論に基づく世界史叙述が力を持っていた。最近ではアメリカ発の「グローバル・ヒストリー」研究が盛んになり、とりわけ英米や日本における世界史の叙述に大きな影響力を与えている。しかし、世界史はこのように書かねばならないというグローバル・スタンダードが定まっているわけではない。数学や理科の基礎的な定理や法則は世界共通である。しかし、世界共通の世界史はないのである。

したがって、中等教育の段階で学ぶべき科目として「世界史」、あるいはそれに準じる教科を設けている国は多くない。どのように記すのかもまだ定まっていない事柄を若い生徒にわかりやすく教えることは難しいからかもしれない。ところが、現代日本では高等学校の授業科目に「世界史」が設けられている。これは世界的に見ればむしろ例外に属する。大部分の国のカリキュラムには、歴史という科目だけがあり、そこで教えられるのは主として自国とその周辺地域の歴史なのである。[2] 日本の世界史教科書は、文部科学省の学習指導要領に従って記されている。学習指導要領には、前近代の世界各地に存在した文明の一つとして「イスラーム世界」を取り上げ、その歴史を学ばせるようにとの指示がある。つまり、日本政府は、国民が「イスラーム世界」という概念を用いて世界の歴史や世界像を理解することを期待していることになる。

わが国において「イスラーム世界」通史がどのようにして出来上がったのか、また、「イスラーム世界」史という考え方にどのような問題があるのかを明らかにすることが本書の大きな課題の一つだが、そのためにはまず、通史に記される対象であるムスリム自体が、世界と人類の歴史をどのように理解し、どのように描こうとしたのかを知らねばならない。彼らの歴史観の中に「イスラーム世界」という考え方は存在したのだろうか。もし存在したとすれば、それはどのような意味を持ち、どの程度重要だったのだろうか。彼らの歴史叙述はこの枠組みに従ったものなのだろうか。ムスリムは皆同じような歴史観を持っていたのだろうか。さらに、「イスラーム世界とヨーロッパ」といった考え方は見られるのだろうか。本章では、これらの問題を順次検討してみることにしよう。

検討の対象となるのは、地理書の場合と同様、アラビア語とペルシア語で記された歴史書文献である。もっとも、一口に歴史書と言っても、その内容はさまざまである。はじめに、ここで扱う「歴史書」を定義しておこう。

アラビア語の文献を扱う人が必ず参照するブロッケルマンの『アラブ文学史』は、一八世紀以前にアラビア語で書かれた膨大な著作を、その内容によって分類し、どのような種類の文献がいつどこで記されたのかを示してくれる便利な参考書である。この本には、「詩」「クルアーン学」「法学」「ハディース学」「哲学」「医学」「天文学」などさまざまな種類の分類が設けられ、そのうちの一つとして「歴史記述（Geschichtschreibung）」という項目がある。そして、その下位区分として、都市史、地方史、王朝史などと並んで、「世界史（Weltgeschichte）」や「普遍史（Universalgeschichte）」という区分が立てられている。[3] アラビア語については、この範疇の歴史書を検討の対象とする。

一方、ペルシア語文献に関しては、アラビア語文献に対するブロッケルマンの書と同じ役割を持つストーリーの『ペルシア文学』を活用する。この本には、歴史書の中の一つのジャンルとして「一般史（General history）」という項目が立てられている。[4] これは、アラビア語歴史書についてブロッケルマンのいう「世界史」「普遍史」とほぼ等しいと考えられるので、この項目の下にまとめられているペルシア語歴史書を検討してみたい。

地方史や王朝史など、ほかのジャンルの歴史書と比べれば、世界史、普遍史、ないしは、一般史と呼ばれるこれらの歴史書（ここでは、これらを一括して仮に「世界史書」と呼ぶことにする）は、著者の世界認識や世界史観を知るためにもっともふさわしいと考えられる。そこで、本章では、アラビア語とペルシア語で記されたこれらの世界史書のうちから代表的な作品をいくつか取り上げ、世界と人類の歴史がそこでどのように描かれているかを検討してみたい。[5] 言うまでもないが、ここで扱うのは、アラビア語とペルシア語で世界史書を書いた著者たちの歴史認識である。彼らは自らの周辺の知識人たちとある程度はこの歴史認識を共有していただろう。しかし、アラビア語やペルシア語を読み、話す人々が全員この著者たちと同じ歴史認識を持っていたとは考えられない。問題にするのは、あくまでも、西アジアから地中海沿岸にかけての地域の代表的なムスリム知識人の歴史観である。

1　アラビア語世界史書の歴史観と叙述方法

タバリー（Abū Ja'far al-Ṭabarī　九二三年歿）**『諸預言者と諸王の歴史**(6)（*Ta'rīkh al-rusul wa al-mulūk*）**』**

ムハンマドの時代以後、彼やその教友、主要なムスリム指導者たちの言動が、多くは断片的な記録として残されていた。それらを総合する形で、アラビア語で本格的な歴史書が書かれるようになるのは、九世紀後半のことである。そして、一〇世紀初めに、その後のアラビア語世界史書の叙述方法に決定的な影響を与えたタバリーの大著が現れる。著者は、カスピ海南岸のタバリスターン出身。若くしてイラクからシリア、エジプトへ学問探求の旅に出、その後バグダードで著述活動を行った人である。ヒジュラ暦三〇二年（西暦九一四—九一五年）までの歴史を記したこの歴史書は、次の三点を特徴として持つ。

①ムハンマド登場以前の時代（前イスラーム期）の叙述

タバリーは彼の歴史書の叙述を、天地創造とアダム・イヴの誕生から始めている。次いで、ノア、モーセ、アブラハム、イエスなど聖書にあらわれる諸預言者の事績や古代のイエメン、ペルシア、シリアなどの王の系譜や統治についての話が順次述べられる。この部分は、カイロ版全十巻のうちで、最初の一巻半を占め、タバリーの書全体の中で無視できない部分となっている。

このことから、タバリーの基本的な歴史意識が、敬虔なムスリムとしてのそれであることがわかる。彼は信徒として『クルアーン』が語る過去の出来事をすべて事実として受け入れているのである。したがって、彼にとっての世界とは、神による天地創造に始まり、いつ到来するかわからない最後の審判の日まで続くことになる。時間は有限で不可逆的に流れ、いつかこの世界は終わる。これが彼の著作全体を貫く歴史認識である。ムハンマド登場以後の出来事は、さまざまな証言を利用して自らが筆を執るが、ムハンマド以前の時代、とりわけノアやモーセら諸預言者については、基本的には神の言葉である『クルアーン』に従って記せばよいわけである。

タバリーより後にアラビア語で世界史の著述を試みた人たちは、ムハンマド登場以前の歴史を記す場合に、大枠としてこの書き方を受け入れた。その結果、著者によって、個別の出来事について解釈や力点の置き方に多少の相違はあるが、ムハンマドが登場する以前の人類の歴史の基本的な構図は、多くのアラビア語世界史書に共通することとなった。それは、『クルアーン』やそれ以前の啓典である旧約と新約の『聖書』に典拠をもつ天地創造以来の人類の歴史である。各世界史書の特徴はとりわけ、ムハンマド登場以後著者が生きた時代に至るまでの歴史をどのように書くかという点に表れることになる。

ところで、岡崎勝世は、時代によって内容に多少の変化はあるものの、『聖書』に直接基づく「普遍史」が、西方キリスト教徒の世界で一八世紀に至るまで書き続けられ、人々の歴史観を強く規定していたことを明らかにしている。このキリスト教的普遍史においては、人類史は神による世界と人間の創造から始まり、最後の審判を経て神の国の実現に至る過程として描かれる。[7] 創造から終末へ直線的に進む時間の中で、現在がどこに位置し、過去はどう解釈されるのかが、人類史を考える人たちの関心の的だった。人類の救済と神の国の実現という考え方はキリスト教に特有であり、この点で若干の解釈の相違はあるが、天地創造に始まる人類史という考え方は、キリスト教的普遍史とタバリーをはじめとするムスリムが記した世界史の間で共有されている。『クルアーン』はユダヤ教徒の聖典である『旧約聖書』やイエスの言行を伝える『新約聖書』をふまえて成立したのだから、これは当然と言えば当然だが、興味深い事実としてここで指摘しておこう。近代を迎えるまでの世界をあらためて見回してみたとき、ユーラシア西方のカトリックやプロテスタントなどのキリスト教徒とアラブ系ムスリムの間の歴史意識の差異は、例えば彼らとインドや中国、日本などユーラシア南方や東方の人々との間の差異に比べると、本当にわずかでしかない。

②ムハンマド以後の時代についての時の扱い方

諸事件を記録するタバリーの記述方法は、ムハンマドの生涯を描く途中で大きく変化する。西暦六二二年に実行されたヒジュラ（マッカからマディーナへの根拠地の移動、「聖遷」としばしば訳される）より前の出来事の多くは「〜の話」というように、テーマを立てて古い順に並べられ、説明されている。「ヒジュラ前」という暦の数え方はないので、具体的な年代は書かれず、前後関係も必ずしも明確ではない。

これに対して、ヒジュラの後は、ヒジュラ一年、ヒジュラ二年というように、イスラーム暦に従って章が立てられ、年ごとに主な出来事が整理されて記されるようになる。ヒジュラ以後の時代については、タバリーの書は文字通り「年代記」となるのである。ある出来事が起こってから結末がつくまで一年という期間を越える場合、その話は年ごとに区切って記されることになる。ヒジュラ以前と以後で時の扱い方を変えるタバリーのこのような叙述方法も、それ以後のアラビア語世界史書の多くに継承され、定型となってゆく。

③征服の歴史とカリフ政権の政治史

タバリーによるムハンマド以後の時代についての歴史記述の二つめの特徴は、その叙述の大部分を占めるのが、ムスリム指導者による諸地域征服と彼らの政治権力争いの話だという点である。ムハンマドに始まり、四人の正統カリフ[8]、ウマイヤ家のカリフ政権（ウマイヤ朝）を経て、彼が執筆する時代に存在したアッバース家のカリフ政権（アッバース朝）に至る間、ムスリムの軍隊が各地を征服し、カリフとムスリムの支配領域が次第に拡大する様が描かれ、同時に、カリフに対する反乱や宮廷の政争など、カリフ政権に関わる権力抗争が記される。叙述の主眼は、カリフやムスリム指導者の軍事、政治活動にあり、ムスリム以外の人々、例えば、今日のヨーロッパやインド、中国などの地に住む非ムスリムの動向については、それが戦争などでムスリムの政権と関わらない限り何も記されない。また、ムスリム統治下における非ムスリムへの関心も薄い。ムハンマドとその信徒の集団を起源とするムスリムの共同体が、カリフの指導の下で征服によってその支配領域を広げてゆく様を描くのが、タバリーの基本的な叙述スタイルなのである。この歴史叙述の形式も、タバリー以後の年代記作家の多くに受け継がれてゆく。そして、忘れてはならないのは、私たちが「イスラーム世界」の歴史として頭に思い浮かべるのは、基本的にこの構図だという点である。序論で要約した通史を思い出していただきたい。

ところで、清水宏祐は、タバリーをはじめとするアッバース朝期の年代記の特徴について論じ、「ある一地方の記述に限らず、筆者が伝聞や記録をもとにして、さらに広い、あるまとまりをもった世界の記述を一貫した歴史観をもって記録したものといえる。その広がりとは、イスラーム化した世界「ダール・アルイスラーム」にほぼ相当する」と述べる。[9]

アラビア語でいう「ダール・アル＝イスラーム」とは、文字通りには「イスラームの家」を意味する。これと対をなす言葉としてダール・アル＝ハルブすなわち「戦争の家」がある。この二つはイスラーム法学でしばしば用いられ、前者はムスリム支配者が統治しイスラーム法が施行されている領域、後者はイスラーム法が行われず異教徒の支配者が統治する領域のことである。ダール・アル＝イスラームが、現代日本で用いられる「イスラーム世界」という語の語義の一つとなっているということは、序論ですでに述べた（定義の(4)）。ムスリムの法学者は、世界全体がこの二つの部分から成っていると考えたのである。[10] もっとも、ダール・アル＝イスラームは決してイスラーム教徒だけからなる世界ではない。そこにはキリスト教徒やユダヤ教徒などの異教徒も多く生活しており、イスラーム法がムスリムとこれら異教徒との関係を規定していた。例えば、異教徒はジズヤと呼ばれる人頭税を支払えば、彼らの信仰を維持しそのための儀礼を行うことができ、多くの点で自らの意志通りに生きることが認められるが、それはイスラーム法の定めに拠っているのである。

タバリーらの年代記作者がダール・アル＝イスラームの歴史を記録しようとしたとする清水の説に、私は大筋として同意する。ただし、若干の留保をつけておきたい。確かに、タバリーの年代記の各章のタイトルを見ると、「ムスリムによる〜」とか「〜への聖戦」「〜の征服」といった項目が目立つ。征服などの手段によってムスリムがその支配領域を拡大してゆく様を描くことが、著者の執筆目的の一つだったことは明らかであり、そのことはすでに上で指摘した。しかし、仮に清水の言う「イスラーム化した世界」を単純に「ムスリムが征服した地理的空間」と定義するとしても[11]、実際には、タバリーの視線は「イスラーム化した世界」全体に行き届いているわけではない。彼の記述の大部分は、カリフ政権とその周辺の出来事、すなわち、アラビア半島からイラク、シリア、イラン地域における政治・軍事史に限られている。ヨーロッパで有名なトゥール・ポワティエ間の戦いについての記述がないのはそのよい例である[12]。また、「イスラーム化した世界」の人々の動向のうちでも、タバリーの歴史書が無視したり、強調していないことは数多い。例えば、私たちが「後ウマイヤ朝」と呼ぶイベリア半島のムスリム政権をはじめ、北アフリカのアグラブ朝やトゥールーン朝、中央アジアのサーマーン朝など九―一〇世紀に成立したいわゆる地方政権の動向は、少なくとも章のタイトルとしてはまったく現れない。

忘れてはならないことは、彼の時代までの歴史家は、ムスリムの共同体を政治的に支配し、指導する権利を誰が持っているのかを明らかに示して歴史を描かなければならなかったという点である。[13] 別の言い方をすれば、彼らはアッバース家による支配の正統性を認めるかどうかをその著作の中で言明せねばならなかったのである。この点を考慮すると、タバリーが概してウマイヤ家に厳しく、地方政権の成立をあえて章のタイトルにしなかったのは、アッバース家の支配の正統性を認める彼の立場を明確に示すためだったのではないだろうか。ローゼンタールも、タバリーの視点がきわめてバグダードや中央政府寄りであると述べ、アッバース朝に都合の悪い情報はしばしば省かれていることを指摘している。[14]

したがって、タバリーが意識してダール・アル＝イスラームの歴史を書こうとしたと想定するよりも、ムハンマドの死後、正統カリフとウマイヤ家を経て、アッバース家に引き継がれたカリフ政権の歴史を描くことが彼の執筆目的だったと考える方がより自然なように思える。後の「分裂の時代」とは異なり、彼が生きた時代までは、カリフ政権をムスリムの単一の政治権力と見なすことはまだ可能であり、アッバース家を正統な継承者とするカリフ政権の歴史を記そうとすれば、それが結果として「イスラーム世界」の歴史を描いたことになったともいえるだろう。

タバリーが歿してからさほど時間が経たない九三〇年代になると、アッバース家の支配はお膝元のイラクでも大いに揺らぎ、北アフリカのファーティマ朝のようにアッバース家の権威を認めないムスリム政権が各地に樹立されるようになる。わずかな差だが、この時期になると、タバリーのように単線的、直線的にカリフ政権の歴史を描き続けることは相当難しくなった。

イブン・アスィール（Ibn al-Athīr　一二三三年歿）『**完史**（*al-Kāmil fī al-tārīkh*）』

タバリー以後、彼の開発した方法を取り入れて世界史を叙述する著者は何人もいた。逆に、必ずしもタバリーと同じ方法で世界史を書こうとはしなかった人もいた。一〇世紀後半から一一世紀前半に活躍したミスカワイフはそのうちの一人である。ローゼンタールによると、ミスカワイフはその著作をノアの大洪水からはじめ、ムハンマド以前の預言者たちの奇跡や政治的業績は一切叙述していない。「当代の人々は、奇跡とは何の関係もない人間の行為からだけ、将来直面するだろうことに対する教訓を得ることができる」からだという[15]。ミスカワイフは、ムハンマドの事績もその宗教的な部分はすべて削除する一方、はっきりとした記録の残っている古代ペルシアの王たちの事績は熱心に記しているという[16]。タバリーの歴史叙述方法がアラビア語世界史書に見られる唯一のパターンではなかったことに、十分留意しなければならない。

一方、タバリーの方法を受け継いだ著者として、一三世紀の歴史家で、今日のイラク北部の町モスルに生まれたイブン・アスィールを取り上げてみよう。彼の作品『完史』は、天地創造からヒジュラ暦六二八年（一二三〇—三一年）までの期間の歴史を叙述する世界史として有名である。[17] この世界史書の特徴として挙げられるのは、以下の二点である。

①タバリー以来の伝統の踏襲

『完史』の叙述は天地創造から始まって著者の時代まで続く。一九世紀半ばすぎにオランダで出版された校訂版のコピーであるベイルート版全十三巻（うち最後の一巻は索引）のうちでは、最初の一巻がムハンマドの時代以前の記述にあてられている。そこでは、諸預言者やアレキサンダーの事績、古代イエメン、ペルシアの王朝、キリストの誕生、ローマ帝国の歴史などが述べられている。本書の問題関心から外れるのでここでは扱わないが、前近代アラビア語の世界史書のこの部分に何が記されているかを詳しく検証し、互いに比較すれば、ムスリム知識人がムハンマド以前の時代をどのように認識し、『クルアーン』の文言をどう解釈していたのか、彼らの歴史認識に時代的な変化はあるのか、また、同じ聖書の伝承を信じるユダヤ教徒やキリスト教徒の歴史認識とアラブ・ムスリム知識人のそれはどう違うのか、といった重要な問題が解明されるはずである。今後取り組むべききわめて意義のある作業だと思う。[18] ここでとりあえず再確認すべきことは、天地創造からムハンマド登場までの時代の叙述は、イブン・アスィールが世界史を記す際にも必要欠くべからざる部分だったということである。

ムハンマドが現れヒジュラが行われて以後の時代については、出来事が年ごとに順を追って記されてゆく。この点においても、イブン・アスィールの作品が、タバリー以来の歴史叙述方法を採用していたことは間違いない。

②「イスラーム世界」史の記述

彼の時代にすでに六〇〇年を超えていたヒジュラ以後の歴史を年ごとに記そうとしても、イブン・アスィールが実際に自身で見聞した出来事の叙述はそのうちのごく一部にすぎない。したがって、彼の年代記の大部分は、タバリーをはじめすでに記されていた年代記のコピーにならざるをえない。しかし、過去の出来事をどのような視点から描くかという点に関して、イブン・アスィールは彼独自の方法を採用していた。それが「イスラーム世界」史という枠組みでの叙述方法である。

現実にムスリムが支配していた領域の広さという点で、タバリーの時代（一〇世紀初め）とイブン・アスィールの時代（一三世紀初め）にはさほどの差はない。しかし、彼らが実際に叙述しようとした地理的空間の範囲は、『完史』の方がずっと広く、当時ムスリム政権の存在していた地域の大半をおおっている。タバリーの歴史書は、地域としては、アラビア半島からイラク、シリア、イラン、題材としては正統カリフからウマイヤ家とアッバース家のカリフ政権の動向を述べることが主であったのに対して、イブン・アスィールは、東は中央アジアやアフガニスタンから西はイベリア半島までのムスリムが居住する地域で生起した出来事を、特定の地域に偏ることなくバランスよく記述しようと努めている。時は一三世紀前半、すでに十字軍がシリア各地に王国を建て、東からはモンゴルがイラン高原に侵攻してきていた。イブン・アスィールはこのような非ムスリムの動きについても、それがムスリム諸政権の消長と関わる限りは、叙述している。彼の目は、ムスリムが統治する領域全体に及んでいた。

アッバース朝政権が一定の政治力を保っていた一〇世紀前半までの時代についても、タバリーとイブン・アスィールの記述方法には違いがある。タバリーがアッバース朝の政治史だけに焦点を紋って記述するというスタイルをとっているのに対して、イブン・アスィールはアンダルスのウマイヤ朝政権やエジプトのファーティマ朝（Dawlat al-ʻalawīya）政権の動向についてもかなり詳細な記事を書いている。[19] シーア派だから、アッバース朝と敵対したからといった理由で、これらの王朝が無視されることはない。タバリーでは章のタイトルとして立てられていないイブン・トゥールーンの自立（二五四年）やサーマーン家の独立（二六一年）などの事件も、独立した一つの章となっている。[20] 一〇世紀前半までについてのイブン・アスィールの記事は、その大半の情報をタバリーに依拠しているとのことだから、[21] このスタイルの違いは、同じ材料をどう配置するかという問題、つまり歴史事実についての著者の解釈の違いから来ていると考えてよいだろう。

ハンフリーズによると、支配者としてのアッバース朝政権がその政治的・軍事的権限を大幅に失った一〇世紀半ば以後は、歴史家がアッバース朝支配の正統性をその著作の中にどう表現するかを気にすることはもはやなくなったという。[22] ムスリムの政権が複数並び立つのが普通となった「分裂の時代」に生きたイブン・アスィールは、アッバース朝政権をどう評価するかという問題にはこだわらず、ムスリムの居住する世界の「現実」を記録しようとしたのである。

彼が叙述を行おうとする広大な空間は、ムスリムの諸政権が統治する土地である。彼はその空間を「イスラームの国（Bilād al-Islām）」と認識していた。「ハザルのイスラームの国への侵入」[23]のように、ときに「イスラームの国」という言葉そのものも使用されている。その場合の「イスラームの国」は明確に定義されているわけではなく、前後の文脈から考えて「ムスリムの政治権力が支配する領域」というほどの意味である。イスラーム法が施行されている地域とはっきりと記されているわけではないが、これは、序論で整理した「イスラーム世界」の用法のうちの(4)と同じだと考えてよい。

タバリーの場合は若干の留保をつけたが、イブン・アスィールの歴史書は、間違いなく、「イスラーム世界」史を叙述している。このことは、逆に、彼が「イスラーム世界」と認めない地域の歴史は無視されるということである。例えば、中国やラテン・キリスト教世界の人々の世界で起こった出来事は、イブン・アスィールの作品には記されない。人間の居住地域全体をムスリムの支配する地域とそうでない地域に分け、ムスリムの支配する地域の政治史だけを叙述するのが、イブン・アスィールの執筆態度なのである。

現代の世界や日本の歴史研究においては、イブン・アスィールのいう「イスラーム世界」、すなわち、ムスリムが支配する領域を一つの単位として、「イスラーム世界」史が研究され、叙述されていることをここで確認しておきたい。ただし、同じ「イスラーム世界」という空間を対象としているとはいえ、イブン・アスィールの「イスラーム世界」史と現代の世界史叙述の一単位である「イスラーム世界」史との間には、実は大きな意味の違いがある。

イブン・アスィールの場合は、上で述べたように、人間の居住地域全体が「イスラーム世界」と「非イスラーム世界」の二つに区分されている。ある場所が「イスラーム世界」でなければ、そこはすべて「非イスラーム世界」であり、ヨーロッパであろうと中国であろうとこの点は変わらない。彼にとって叙述するに値したのは、神の預言を信じるムスリムと彼らが支配する地の歴史だけだった。

これに対して、現代の歴史研究の用語である「イスラーム世界」は、「東アジア世界」「南アジア世界」さらには「ヨーロッパ世界」などと並んで複数の歴史世界のうちの一つとして理解されている。地理的な意味での世界全体の中で「イスラーム世界」の占める位置と意味が大きく異なっているのである。このことを明確に意識せず、両者を同じ「イスラーム世界」としてその歴史を描こうとしたところに、従来の「イスラーム世界」史研究の問題の一つがあったと私は考える。現代日本における研究や叙述に「イスラーム世界」史という枠組みを用いることの問題点については、第Ⅲ部でもう一度検討することにしたい。

その後のアラビア語世界史書

ブロッケルマンは、著書『アラブ文学史』の中で、七五〇―一〇〇〇年の期間については、Reichs- und Weltgeschichte（帝国と世界史）、一〇一〇―一二五八年までについては Chalifen- und Universalgeschichte（カリフと普遍史）という項目を立てて、それぞれのジャンルに含まれる作品と著者を解説している。上で検討したタバリーの歴史書は、「帝国と世界史」の項で、イブン・アスィールのものは「カリフと普遍史」の項で、それぞれ解説されている。また、一二五八年以後の場合は、地域別解説の形態をとるが、このうち、一五一七年までの期間においては、エジプト・シリアと北アフリカの部門に Weltgeschichte（世界史）という項目があり、一七九八年までの部分では、エジプト・シリアの項にだけ「世界史」というジャンルが設けられている。[24]

　このことからわかるように、限られた地域においてではあったが、イブン・アスィール以後も、世界史は書き続けられた。ブロッケルマンは、イブン・アスィールの後一二五八年までの四十年ほどの間に九人、その後一五世紀末までの間にエジプト・シリアに限定しても一八人の世界史書作者名を挙げている（初版における数）。さらに、その後一八世紀末に至るまでの時期についても、八人の著者の名が挙げられている。ブロッケルマンの書によるかぎりでは、このうちで、一六一九年にカイロで歿したスィッディキー（Zain al-dīn al-Bakrī al-Ṣiddīqī al-Taimī al-Shāfiʻī）の『情報の泉と眺望の歓喜（*ʻUyūn al-akhbār wa nuzhat al-abṣār*）』が最後の本格的な世界史書といえそうである。この著作は天地創造に始まり、著者の時代までの世界史を描いているという。[25]ただし、私はこの書を実際には見ていないので、それがアラブ世界以外に、遠くは東南アジアやインド、近くは中央アジアやイランのムスリム政権など当時の「イスラーム世界」全体の歴史を扱っているのかどうかはわからない。

一般に、アッバース家のカリフ政権が政治・軍事的な力を失い、ムスリムの政権が各地で自立するようになる一〇世紀以後は、世界史の記述はあまり行われず、地方史や一つの地域、都市の歴史に歴史記述の比重が移ったとされる。(26) たしかに、時代が下るにつれて世界史書の数は減り、内容的にも見るべきものが少なくなってくるようである。しかし、アラビア語による歴史記述の分野では、タバリーやイブン・アスィールと似た叙述スタイルを持つ年代記型の世界史書が、少なくとも一七世紀までは書き続けられたという点には十分留意しておきたい。

これらの世界史書のうちから、二人の著者の作品を簡単に検討してみよう。はじめに、一四世紀に記されたザハビー（Ḏahabī）の『イスラーム王朝の書（*Kitāb duwal al-Islām*）』を取り上げる。著者ザハビー（一二七四―一三四八）はダマスクスに生まれ、若くしてイェルサレムやヒジャーズ地方を旅し、諸学を修めたウラマーである。法学派としてはシャーフィイー派に属したが、ハンバル派的な傾向を持っており、イブン・タイミーヤとも親交があった。(27)

『イスラーム王朝の書』は、同じ著者の『イスラームの歴史（*Tārīkh al-Islām*）』の要約版である。(28) 題名からも明らかなように、この書はムハンマドの時代からヒジュラ暦七四四年（一三四三―四四年）までのムスリム諸王朝の歴史を扱っている。王朝の歴史といっても、王朝ごとにその歴史がまとめて記されているわけではなく、ヒジュラ暦の年ごとにその年に「イスラーム世界」各地で起こった出来事が順次記述されてゆく。この点は、タバリー以来の伝統的な年代記記述方法を踏襲しているといえるだろう。その一方、ザハビーがその著述をムハンマドの事績から始めていることは、注目に値する。[29] タバリーやイブン・アスィールとは異なり、彼は天地創造からムハンマドに至るまでの時代の歴史を記していない。今回私が参照しえたのは、フランス語の部分訳であり、アラビア語のテキストは検討していない。したがって、その理由は詳しくはわからないが、ここではとりあえず、アラビア語の世界史書の中には、ムハンマド時代からの出来事を記すという叙述スタイルも存在したことを指摘するにとどめたい。同じ「世界史、普遍史」の範疇に入れられている史書でも、叙述の方法は複数あった。ムハンマド以前の時代を考慮に入れないという点で、ザハビーの叙述方法は、イブン・アスィールよりもさらに現代の「イスラーム世界」通史に近いといえるだろう。

彼の生国シリアの出来事に重心が置かれているとはいえ、ザハビーが描こうとしたのは、「イスラーム世界」の歴史である。中央アジアやイベリア半島のような東西の辺境における出来事もできるかぎり漏らさず書き記している。その点においては、彼の記述態度はイブン・アスィールのそれにきわめて近いといえよう。「バレンシアは六三六／一二三八年まで「イスラーム世界（Dār al-Islām）」にとどまった」「カスティリヤのアルフォンソⅥ世は軍の先頭に立って「イスラーム世界」を包囲した。七年前からムスリムの町トレドを包囲し始め、この年（四七八／一〇八五―八六）ムスリムからこの町を奪った[30]」といった文章に見られるように、彼の用いる「イスラーム世界」という言葉の意味も、イブン・アスィールと同様に、「ムスリムが支配者である領域」だったと考えられる。ダール・アル＝イスラームという言葉が使われているが、それゆえにザハビーが、その地域でイスラーム法が施行されているかどうかということに特に関心を払っていたとは考えにくい。現実には、ムスリム支配者が統治しているかどうかだけが問題だったはずである。

次に、すでに私たちがその地理的世界像を検討したイブン・ハルドゥーンの歴史観を検討してみよう。イブン・ハルドゥーンは、『歴史序説』の著者としてあまりにも有名だが、実はこの著作は独立した一冊の書物ではない。『歴史序説』は、序論と三部からなる浩瀚な世界史『省察すべき実例の書、アラブ人、ペルシア人、ベルベル人および彼らと同時代の偉大な支配者たちの初期と後期の歴史に関する集成』という長い題の書物の第一部にすぎない。彼が『歴史序説』で論じた国家生成発展の分析とそれを基にした人間社会の総合的な把握方法、すなわち「文明の学問」が斬新で魅力的だったため、この部分だけが本体と切り離されて知られるようになったのである。

彼の著書全体の構成について、イブン・ハルドゥーンは次のように語る。

序論において、歴史学の真価を取り扱い、いろいろな方法論の評価と歴史家たちの誤りを指摘する。

第一部では、文明とそこに現われる本質的性格、すなわち王権・政府・所得・生計・技術・学問、およびそれらの理由と原因について述べる。

第二部では、アラブ人の歴史・民族・王朝について、人類の創造の始めから今日に至るまでを取り扱う。またアラブ人と同時代の有名な民族や王朝、たとえばナバタイ人、シリア人、ペルシャ人、イスラエル人、エジプト人、ギリシャ人、ローマ人、トルコ人などについて述べる。

第三部ではベルベル人およびその一派であるザナータ族の歴史を扱い、その起源や種族、とりわけマグリブ地方における王権・王朝について述べる。(31)

第一部が一種の歴史哲学、第三部は彼が生まれ育ったマグリブ（北アフリカ）の王朝史である。そして、第二部で、天地創造以来イブン・ハルドゥーンの生きた時代までの人類史が語られる。第一部の歴史序説があまりに有名となったために、第二部以下は影が薄い。「序説（Muqaddima）」で新しい歴史学を提唱したが、本文はイスラム史学の伝統をそのまま踏襲し、特に東方イスラム世界についてはあくまで二次史料の域にとどまる」という否定的な評価もある。(32)しかし、史料としては価値がなくても、本書の観点からは、第二部の叙述の枠組みを調べてみる必要がある。イブン・ハルドゥーンは、人類史をどのようなスタイルで記しているのだろうか。(33)

ムハンマド以前の時代に関しては、タバリー以来の伝統を引き継ぎ、『クルアーン』に描かれた天地創造以来の歴史が扱われている。ムハンマド以後の時代については、タバリーらとは異なり、政治的な事件がヒジュラ暦の年ごとには記述されない。出来事ごとに題名が付され、ほぼ年代順に叙述される。ただし、地域ごとにある程度まとめて叙述されるため、出来事はときに時代が前後する。

イブン・ハルドゥーンはムスリムの居住する地域全体の政治的事件を出来る限り網羅的に記そうとしている。マッカ巡礼の際に、東方のペルシア人支配者やトルコ人王朝についての歴史的情報を補い、これをすでに書いていたものの中に付け加えたということを彼自身が記していることからもその姿勢は明らかである。[34] ムスリムを脅かすチンギス・カンやモンゴル人の動静にもそれなりに注意を払っている。その一方で、フランクやスラブと呼ばれた地中海の北側に住むキリスト教徒やインド、東南アジア、中国の人々の歴史はまったく扱われない。「モンゴル（原文では Tatar）によるイスラーム諸王国（al-mamālik al-islāmīya）の征服」という表現が見られることからもわかるように、[35] 彼はムスリムの支配者たちが統治する地域を一つの空間としてとらえている。彼のいう「イスラーム諸王国」は、彼より前に世界史を記した著者たちのいう「ダール・アル＝イスラーム」「ビラード・アル＝イスラーム」などとほぼ同じ意味だと考えてよいだろう。

地理的な世界像を語る場合には、「イスラーム世界」と「非イスラーム世界」の間を区別しなかったイブン・ハルドゥーンだが、歴史を記すに際してその態度は変化し、「イスラーム世界」の歴史だけを語るのである。もっとも、彼がラテン・キリスト教世界の歴史についてまったく知らなかったわけではない。例えば、『歴史序説』の中には「キリスト教における「教皇」と「総主教」、ユダヤ人によって使われる「祭司」の語についての説明」という章が設けられ、そこでユダヤ教徒やキリスト教徒の事績が簡単に紹介されている。イブン・ハルドゥーンにとって、非ムスリムの歴史は書くに値しなかったということなのだろう。

以上、アラビア語の世界史書の内容を検討してきた結果、明らかになった主要な論点は、以下の三つである。

(1)タバリーが確立したアラビア語世界史書の叙述方法は、イブン・アスィールによって完成された。それは、まず天地創造からムハンマドの時代までの主要な出来事をテーマ別に記し、ヒジュラ元年以後はヒジュラ暦に従って年ごとに政治・軍事的な出来事を叙述するというスタイルだった。ただし、すべての作品がこのパターンに従ったわけではない。ムハンマド時代から歴史叙述を始める書もあったし、出来事はまとめて叙述し、ヒジュラ暦の一年単位では記述を行わない書もある。また、ムハンマドの宗教的な事績にはほとんど関心を示さない書もあった。アラビア語による世界史叙述の方法として、タバリー――イブン・アスィール型しか存在しなかったというわけではない。

(2)アラビア語世界史書の大半は、「イスラーム世界」の歴史を記している。この空間概念は、史書によって「イスラームの王国」「イスラームの国」「イスラームの家」「イスラームの諸王国」などとさまざまに呼ばれた。その場合の「イスラーム世界」とは、基本的に、ムスリムの支配者が統治する領域のことを指した。序論で整理した「イスラーム世界」の定義のうちの(4)の意味にほぼ等しい。彼らの歴史観では、「イスラーム世界」の歴史のみが記録するに価するものだった。また、地理的な世界全体はいくつかの文明圏に分かれるのではなく、「イスラーム世界」と「非イスラーム世界」に二分される。当然、世界史書の記述には、「イスラーム世界」対「ヨーロッパ」という対比は存在しない。

（3）アラビア語の世界史書は、一〇世紀から一三世紀頃に一番多く記される。その後も、少なくとも一七世紀までは書き続けられた。しかし、次第に地方史や王朝史、人物伝のような別のジャンルの歴史書が記されることが多くなり、一四世紀以後については、世界史書の著者として名が知られている人はほとんどいない。

2　ペルシア語世界史書の歴史観と叙述方法

アラビア語に比べると、ペルシア語で世界史が記されるようになるのは、かなり遅い。ペルシア語が行政や文学などのための文章語として使用されるようになるのは、タバリーの歴史書が記される九世紀後半から一〇世紀にかけての時期である。世界史書に関しては、当初はペルシア語で独自の作品が記されることはなく、タバリーの歴史書のペルシア語訳が作られ、これが人々に大いに利用されていた。

ストーリーの『ペルシア文学』では、一九世紀に至るまでの期間で、九一人（ブリュゲールによるロシア語増訂版では、一二七人）の人物が、「一般史」の著者の範疇に区分され時代順に紹介されている。最初の「一般史」としてはタバリーのペルシア語訳が挙げられているので、ペルシア語で記されたはじめての「一般史」書は、実質的には一一世紀半ばの人ガルディーズィーによる『情報の装飾（*Zayn al-akhbār*）』ということになる。次いで、一二世紀前半に『歴史の概略（*Mujmal al-tavārīkh*）』、一三世紀半ば過ぎに『ナースィリーの講話（*Ṭabaqāt-i Nāṣirī*）』と『歴史の秩序（*Niẓām al-tavārīkh*）』が記される。

何をもって「一般史」とするか、ストーリーは必ずしもはっきりとは記していないが、これら四つの作品に共通しているのは、話を天地創造から始め、古代の諸預言者やペルシアの諸王朝について記した後、ムハンマドの時代からアッバース朝カリフ政権までの歴史を記すという、人類史叙述のスタイルである。著者の生きた時代の支配王朝や都市の歴史といった限定された時空だけが扱われているわけではない。このことから、ペルシア語「一般史」書は、前節で検討したアラビア語世界史書と同じ範疇に属するものと考えてよいだろう。

ただし、それまでアラビア語で記されていた歴史書がなぜペルシア語で記されるようになるのかについては、一考する必要がある。『歴史の概略』の序文には、この書執筆の重要な目的の一つが、タバリーが簡単にしか触れていないアジャム（非アラブ）の諸王の事績をより詳しく叙述することであると記されている。大塚修は、アラビア語圏で定着したタバリー型世界史に対抗する意図でペルシア語による世界史叙述が試みられたとするが、有力な意見だと思う(36)。

また、『歴史の概略』には、アラビア語世界史書で用いられたのと同じ「イスラームの国」という表現があらわれる。全ての「イスラームの国（Bilād-e Islām）」において、金曜礼拝がセルジューク朝のスルタン・サンジャルの名で執り行われたというのである。[37] 前後の文脈や他史料の記述から判断して、ここでいう「イスラームの国」がエジプト以西の領域を含んでいたとは考えられない。サンジャルが公正で強力な君主であるということを象徴的に表現するために、この言葉が用いられたのだろう。

ラシードゥッディーン（一二四七―一三一八年）『**集史**（*Jāmi' al-tavārīkh*）』

初期の四つの作品に続いて「一般史」の五番目に位置するのが、モンゴル人の政権であるイルハン朝の宰相、ラシードゥッディーンによる『集史』である。一二七人中の五番であるから、『集史』はペルシア語で書かれた世界史書のなかでは相当早い時期の著作だと言える。それでは、この作品における歴史認識の特徴を検討してみよう。

著者自身の言によると、この歴史書は、以下のような三巻構成をとる予定となっていた。

第一巻（モンゴル史）……トルコ・モンゴル部族史、チンギス・カン家の歴史

第二巻（世界史）……アダム以降の族長・預言者伝、古代ペルシア王伝、ムハンマドとカリフ史、ガズナ朝・セルジューク朝・ホラズムシャー朝・サルグル朝・イスマーイール派などのムスリム諸王朝史、オグズ・ハン史、ヒタイ史、ユダヤ史、フランク史、インド史

第三巻……地理編

このうち第三巻は、未だにその写本が発見されておらず、おそらく計画のみがあって、実

際には執筆されなかったものと考えられている。したがって、現在私たちが手にすることができる『集史』は二巻からなっている。

第一巻をモンゴル史として特に独立させて記すことは、『集史』以前のアラビア語やペルシア語の世界史書にはまったく見られない。これは間違いなく『集史』の大きな特徴だといえる。これ以前の世界史書の中では、イブン・アスィールの『完史』のように、「イスラーム世界」への侵入者として「タタル（Tatar、イブン・アスィールによるモンゴルの呼び名）」に触れるものはあったが、モンゴルの歴史自体を記したものはなかったからである。とはいえ、『集史』がモンゴル人のイルハン朝君主の宮廷で執筆され、モンゴル人君主に献呈されたという事情を考えれば、その冒頭にモンゴル史が置かれたことは、十分に理解できるはずである。

第一巻にもまして特徴的なのは、第二巻「世界史」の内容構成である。アラビア語の世界史書と同様、『集史』も天地創造から叙述を開始する。天地創造からムハンマドの時代に至る前イスラーム期、さらにムハンマドからアッバース朝カリフ政権時代までの期間については、細部は別として、描き方それ自体は前節で検討したアラビア語年代記のそれと変わらない。しかし、アッバース朝カリフ政権以後の叙述については、以下に挙げるような三つの大きな特徴に注目せねばならない。

①アッバース朝カリフ政権後期の政治史と並んで、ガズナ朝をはじめ一〇世紀以来イラン高原とその周辺で成立したムスリム諸王朝の歴史が、「王朝史」という枠組みで順に別々に

記述されている。これは、複数の政権が存在するとしても、ムスリムが政治権力を握る地域での出来事はすべてヒジュラの年ごとにまとめて順に述べるというイブン・アスィール型アラビア語世界史書の叙述方法とはまったく異なっている。『集史』では、各王朝の成立、発展、衰退の歴史が並列的に記され、同じ年に起こった出来事であっても、それが異なった王朝の治下で生じれば、記述される場所は異なる。したがって、アラビア語世界史書に見られるような、ヒジュラの年ごとに「イスラーム世界」の出来事をまとめて記すという叙述の方法は採用されない。清水宏祐によれば、この時代までにペルシア語歴史記述の中に「王朝史」という新たな範疇が成立していたために、このような記述方法が可能となったとのことである。(38)

『集史』以前の世界史書について調べてみると、一三世紀半ばの『ナースィリーの講和』と『歴史の秩序』は、『集史』と同様の王朝史並列型の叙述方法を採用している。つまり、まずムハンマド以来アッバース朝カリフ政権に至るまでの諸カリフ政権の政治史を時の流れに沿って直線的に記述し、その後に一〇世紀以後に成立した諸地方王朝の歴史を独立させて平行に並べて記すのである。ラシードゥッディーンは、ペルシア語文化圏で彼より少し前の時代に成立した先例を採用したことになるだろう。

②アッバース朝と同時代の「王朝史」として別に立項されて歴史が記述されるのは、イラン高原とその周辺に成立した政治権力に限られる。例えば、アイユーブ朝やマムルーク朝など、北アフリカに存在したムスリム諸政権の歴史は、『集史』では扱われない。このよう

に、「王朝史」の部分では、ラシードゥッディーンの時代までに存在したすべてのムスリム政権の歴史が叙述されているわけでは決してない。この点もアラビア語世界史書とは異なる『集史』の大きな特徴である。

③中国やインド、それにフランクなどの非ムスリムの政治権力者についての章が設けられ、簡略だとはいえ、彼らの歴史が述べられている。前近代に記されたアラビア語やペルシア語の文献のうちで、非ムスリムについての何らかの情報を含むものはきわめて少ない。その点で、『集史』はきわめてユニークな存在である。

二つめと三つめの点から明らかなように、ラシードゥッディーンは決して「イスラーム世界」の歴史を書くことを意図してはいなかった。彼が著したのは、彼が仕えたモンゴル人の住むイラン高原やイラク平原を中心として、モンゴル人たちが接触した世界に関わる歴史である。『集史』は、「人類史上で最初にあらわれた文字通りの世界史」(39)と高い評価を与えられているが、それは中国とヨーロッパの歴史をその叙述の中に含む史上ほとんどはじめての歴史書という意味においてである。「イスラーム世界」史の書物という観点でこの著作を見た場合、そこには明らかな欠陥が存在する。それは、シリア以西、北アフリカ、さらにはイベリア半島のムスリム諸政権に関する記述が含まれていないという点である。『集史』は世界史書ではあっても、「イスラーム世界」史書ではない。

しかし、翻って考えてみて、はたしてラシードゥッディーンに「イスラーム世界」史を描くことはできただろうか。私はそうは思わない。アッバース朝カリフ政権を滅ぼした異教徒モンゴル人の歴史を含まざるをえない以上、彼の歴史書は「イスラーム世界」史とはなりえなかったからである。たとえ、ラシードゥッディーンが「イスラーム世界」という空間認識を持っていたとしても、その空間の歴史だけを記すことは、イルハン朝政権に仕える彼には不可能だった。モンゴル人の諸政権を人類の歴史上に無理なく位置づけることこそ、彼に課された任務だった。アラビア語世界史書の著者たちとは、置かれた環境がまったく違うのである。

なお、ラシードゥッディーンより少し前に、彼と同じようにモンゴル人の政権に仕え歴史書を著した人物に、ジュワイニーがいる。彼の歴史書『世界征服者の歴史』は、モンゴル人による征服活動の記録であり、ここでいう世界史書ではない。しかし、その記述の中に、以下のように「ビラード・アル＝イスラーム（イスラームの国）」という表現があらわれる。「トルキスターンの境界からシャーム（シリア）の果てまでのビラード・アル＝イスラーム[40]」。この文章では、「ビラード・アル＝イスラーム（イスラームの国）」という語が、ペルシア語地理書の著者モストウフィーがいう「イーラーン・ザミーン（イランの地）」とほとんど同様の意味で用いられている。これをそのまま受け取れば、彼の意識の中ではエジプトやマグリブなどの西方諸地域は「イスラームの国」には含まれていなかったことになる。ペルシア語歴史書における「イスラームの国」ないし「イスラーム世界」という術語については、なお慎重な検討が必要だが、ジュワイニーの用法は、すでに述べた『歴史の概略』の場合とともに、ペルシア語においては「イスラームの国」という地理的概念が、必ずしもムスリムの居住地域全体を指したわけではないという事実を明確に示している点で貴重である。

ミールホンド（一四三三―九八年）**『清浄の園』**（*Rawḍat al-ṣafā*）』

ラシードゥッディーンの『集史』に見られる世界像や歴史意識は、モンゴル支配期という時代に特有の例外的なものだったのだろうか。このことを確認するために、『集史』以後のペルシア語年代記が具体的にどのような歴史叙述の方法をとったのかを検証してみよう。結論からいうと、『集史』の叙述スタイルのうちで、異教徒の歴史も含む「世界史」としての側面はその後の著者たちには引き継がれなかった。他方、イラン高原やその周辺の諸王朝の歴史を別々に順に記してゆくという特徴は、それ以後のペルシア語世界史書が受け継いでゆく。『集史』以後のペルシア語世界史書の代表として、一五世紀末にティームール朝の都ヘラートで記されたミールホンドの『清浄の園』を取り上げて、このことを説明してみよう。[41]

この作品は、次の七つの章から構成されている。①天地創造からヤズデギルド（古代ペルシア、サーサーン朝の王）までの期間、②ムハンマドと最初の四人のカリフの時代、③十二イマームとウマイヤ朝、アッバース朝カリフ政権、④アッバース朝と同時代のムスリム諸王朝、⑤チンギス・カンとその後継者たち、⑥ティームールとその後継者たち（アブー・サイード〔一四六九年歿〕まで）、⑦スルタン・フサインの統治とその息子たち[42]（九二九／一五二二―二三年まで）。

この内容構成を見ると、十二イマームの扱いが大きくなっていることなど、この書独自の特徴と見られる点がないわけではないが、第四章までは基本的に『集史』の歴史記述方法と変わらないことが分かるだろう。まず、天地創造からムハンマドの現れるまでの期間についての出来事がまとめて述べられた後、ムハンマドからアッバース朝カリフ政権までの時代については、ムスリムの征服活動とカリフ政権の政治、軍事史が時系列的に記述され、それとは別にアッバース朝時代の地方諸政権の動向が王朝ごとにまとめて述べられているからである。タバリーのようなアラビア語世界史書とは異なり、出来事はヒジュラ暦の一年単位にまとめられてはいない。

『集史』では特別に独立して扱われたモンゴルの歴史は、「チンギス・カンとその後継者たち」という一章となって、アッバース朝と同時代の諸王朝の章の次に位置している。モンゴル時代（イルハン朝）の歴史は、ペルシア語世界史書の中に定まった位置を与えられたのである。そして、その後に、ミールホンドが仕えたティームール朝の王朝史が新たに付け加わっている。この部分は二章に分かれ、ほぼ同時代の出来事として詳細に記されている。ミールホンドのオリジナリティーが発揮されるのは、主としてこの部分の記述となる。このように、ミールホンドは、モンゴル時代以前の歴史記述についてはラシード・アッディーンの『集史』の方式を踏襲し、その後に、新たにイルハン朝、ティームール朝という二つの王朝史を継ぎ足すという叙述方法を採用したのである。

また、ミールホンドは、シリア以西のムスリム諸政権、具体的には同時代のマムルーク朝やオスマン朝王家の歴史やこれらの王朝の支配領域における出来事にはまったく言及していない。西方のムスリム諸政権の歴史のみならず、『集史』が触れていた中国やインド、フランクなど、非ムスリムの王や居住地に関する叙述も含まれていない。つまり、アッバース朝カリフ政権の統一が破れて以後の時代についてミールホンドがその書に記録しているのは、モンゴル時代も含めてイラン高原とその周辺の中央アジアやイラクで興亡した王朝の歴史だけなのである。このことから、ミールホンドが「イスラーム世界」史を記そうとは考えていなかったことは明白である。

それでは、ミールホンドはどのような世界認識に基づいて彼の「世界史書」を記したのだろうか。ラシードゥッディーンの『集史』以後の時代について、彼が歴史を記した王朝は、イルハン朝とティームール朝である。この二つの王朝は、イラン高原とその周辺（イラクやアフガニスタン、中央アジアなど）を領有した。そしてこの二つの王朝の統治下で主として使用された言語はペルシア語だった。つまり、彼の年代記は、アッバース朝滅亡後の時代については、イラン高原とその周辺でペルシア語が政治や文化の用語として使用された王朝の領域を一つのまとまった単位と認識し、この領域の政治史だけを記そうとしたといってよいだろう。彼が重視し、叙述しようとした空間は、「イスラーム世界」ではなく、「ペルシア語文化圏」だった。

ペルシア語文化圏では、その後も一九世紀に至るまで、このミールホンド型の年代記叙述方法が継承されてゆく。一六―一七世紀にイラン高原を支配したサファヴィー朝の時代には、ミールホンドの叙述内容にさらに同時代のサファヴィー王朝史を付け加えた作品が著され、一八世紀末からのカージャール朝時代になると、サファヴィー朝時代の作品の内容にさらにカージャール朝の王朝史が付け加えられた。ペルシア語によるこれらの世界史型年代記では、西方アラブ地域の諸王朝の歴史、さらには、オスマン朝の歴史がその中に含まれることはまったくなかった。ムスリム諸王朝の歴史をまとめて述べることが「イスラーム世界」史の条件だとすると、そのような歴史書は、ミールホンドの時代である一五世紀末以前にも、以後にも決して書かれることはなかったのである。

以上、ここで検討したペルシア語世界史書の特徴をまとめると、次の三点が挙げられる。

①ペルシア語世界史書も、大部分のアラビア語世界史書と同じく、天地創造から叙述を始めている。

②ペルシア語世界史書では、ムハンマド登場以来アッバース朝カリフ政権の時代までを単線的な歴史として時系列順に叙述した後、アッバース朝中期以後はイラン高原とその周辺に成立した諸王朝の歴史をこれと並行する形で記す。さらに、モンゴル時代以後については、イラン高原とその周辺のペルシア語文化圏を領域とした王朝の歴史だけを順に記してゆく。その叙述の内容は、王朝政権の政治史を主とする。

③ペルシア語世界史書は、アラビア半島、シリア、エジプト、マグリブ、アンダルスなどアラブ諸地域の歴史に言及しない。また、オスマン朝が大勢力となってからも、イラン高原の王朝とオスマン朝の歴史を一体のものとして描くことはなかった。ペルシア語世界史書に

は、現代の私たちが使用する「イスラーム世界」という枠組みを設定し、その歴史を記そうとする態度はまったく見られない。

本章では、アラビア語とペルシア語の代表的世界史書の叙述方法を検討したが、その結果を比較して考えると、次の五点を指摘できるだろう。

(1) アラビア語やペルシア語を使うムスリムの歴史家の基本的な歴史認識は、『クルアーン』の提示する世界と人類の歴史に基づいている。この歴史認識では、世界は天地創造とともに始まり、最後の審判まで続くと考えられた。したがって、「世界史」の基本的な叙述方法は、原則として、天地創造に始まり、最後の預言者ムハンマドの登場を経て、著者の時代まで続く形をとる。この点では、アラビア語、ペルシア語の世界史書に大きな違いはない。

(2) 本章では同じ「世界史書」という語を用いたが、アラビア語世界史書とペルシア語世界史書の間では、ヒジュラ以後の歴史の描き方に大きな違いがある。多くの場合、アラビア語世界史書の著者たちには、たとえ現実には複数の政権に分裂しているとしても、ムスリムが政治的に支配する地域は一体の「イスラーム世界」だとの認識があった。その場合、人間の居住する世界全体は、「イスラーム世界」と「非イスラーム世界」という二つの部分に分かれることになり、歴史が叙述されるのは「イスラーム世界」についてだけだった。

ペルシア語の世界史書の場合は、ムハンマド以後アッバース家カリフ政権の時代までをひとまとめにして述べた後、アッバース朝が政治的実権を失う一〇世紀以後については、イラン高原とその周辺に興亡した地方王朝の歴史をカリフ政権の歴史と並列的に記す。さらに、カリフ政権の滅亡する一三世紀半ばのモンゴル時代以後は、それより前の時代の歴史に継ぎ足す形で、モンゴル人のイルハン朝、ティームール朝など、イラン高原とその周辺のペルシア語が主に使用された地域に成立した王朝の歴史が付け加えられた。「イスラーム世界」全体の出来事を横並びに記すという叙述方法は採用されなかった。

（3）アラビア語世界史書には、ムスリム政権の支配する領域である「イスラーム世界」全体の歴史を叙述しようとする傾向が見られるが、ペルシア語世界史書の場合には、アラビア語文化圏までも含めて一体の「イスラーム世界」を想定し、その全体史を描こうとする試みはなされなかった。ペルシア語の世界史書は、アッバース家カリフ政権までの時代を別とすれば、原則として、イラン高原とその周辺のペルシア語文化圏の政治史、王朝史にしか関心を示さなかった。

（4）これらのことから、ムスリムの支配領域を一体のものとみなす「イスラーム世界」という空間概念は、ムスリムの歴史家のうちの一部に採用されたにすぎないことは明らかである。ムスリムの歴史観、世界認識は決して一つだけしか存在しなかったというわけではない。「イスラーム世界」という考え方は、イブン・アスィールに代表されるアラビア語文化圏の歴史家に特徴的な歴史の描き方だと言えるだろう。

（5）歴史書の場合も、地理書と同じく、ヨーロッパを特別視する姿勢は見られない。「イスラーム世界」対ヨーロッパという対比は見られない。

第Ⅰ部　結論

第Ⅰ部では、前近代のムスリムによってアラビア語とペルシア語で記された地理書と世界史書に見られる世界像や歴史認識を検討した。その結論は次のようにまとめられる。

（1）アラビア語の地理書や世界史書の一部には、確かに「イスラーム世界」という表現が見られた。それは、史料によって「イスラームの国（Bilād al-Islām）」、「イスラームの王国（Mamlakat al-Islām）」、「イスラームの家（Dār al-Islām）」などとさまざまに呼ばれている。これらの言葉が指し示す空間は厳密に定義されていたわけではなく、おおよそ「ムスリム統治者が支配する領域」というほどの意味だったと考えてよい。その場合、人間の居住する世界全体は「イスラーム世界」と「非イスラーム世界」という二つの部分に分かれて理解される。

前近代ムスリムの一部が持っていた「イスラーム世界」という認識は、序論で整理した現代における「イスラーム世界」の定義(4)である「ムスリム支配者がイスラーム法に基づいて統治する空間」という意味とほぼ同じである。したがって、地理的な領域を持つ空間である。ただし、そこでイスラーム法が正しく施行されていたかどうかについて、文献ははっきりと示してはいない。

（2）世界史書のいう「イスラーム世界」は、必ずしもムスリムが多数を占める空間ではない。正統カリフやウマイヤ家カリフ政権の時代、ムスリムはその支配領域で明らかに少数派だったからである。その意味で、序論で整理した定義(3)「ムスリムが多数を占める空間」は、ここでいう「イスラーム世界」にはあてはまらない。
（3）ペルシア語の地理書や世界史書の場合には、そのごく初期を除いて、「イスラーム世界」という枠組みを用いて地理や歴史を記すことはなかった。多くの書物は、イラン高原とその周辺だけの地理や歴史を叙述している。このことから考えて、前近代にペルシア語で著作を行ったムスリムにとって、「イスラーム世界」という概念がそれほど重要だったとは考えられない。
（4）（1）と（3）から、世界全体を「イスラーム世界」と「非イスラーム世界」という二つの部分に区分し、「イスラーム世界」だけの地理や歴史を記そうとするのは、一部のアラブ系ムスリム、それも比較的早い時代の著者に特徴的な態度だと言える。
（5）現代の私たちが有している世界認識や世界史観では、「イスラーム世界」は数多くある地域世界のうちの一つだが、前近代ムスリムの文献に現れる「イスラーム世界」は二項対立的である。同じ言葉で表されてはいるが、この二つの概念の意味は相当異なっている。

以上から、現代私たちが知っている「イスラーム世界」の四つの語義のうちで、(4)の「ムスリム支配者の統治する空間」という意味だけが、ムスリムの手になる地理書や歴史書の一部で用いられていたことが明らかとなった。では、単純で分かりやすいこの語義が、なぜ現代の複雑な意味へと変化したのだろうか。舞台はここで大きく回り、話は一七―二〇世紀のヨーロッパへとうつる。

（1）歴史という言葉に「存在としての歴史」と「記録・叙述としての歴史」という二つの意味があること、および、人類が、古代オリエントではじめて「記録・叙述としての歴史」を生み出したことに関しては、蔀勇造『歴史意識の芽生えと歴史記述の始まり』山川出版社、二〇〇四年を参照。
（2）世界のいくつかの国の歴史教科書はシリーズとして日本語に翻訳されている。例えば、『世界の教科書＝歴史』（一九八一―八五年、ほるぷ出版）シリーズは、エジプト、トルコ、フランス、ドイツ、ポルトガル、韓国、ブラジルなどの歴史教科書の翻訳である。各国の歴史教育については、第Ⅲ部であらためて述べる。
（3）Carl Brockelmann, *Geschichte der Arabischen Litteratur*, 2 vols., Leiden (second edition), 1943, 1949, Supplementbande, 3 vols., 1937-42.
（4）C. A. Storey, *Persian Literature*, 1927-39, reprinted in London, 1970, pp.61-158.
（5）前近代にムスリムが執筆したアラビア語やペルシア語の歴史書に見られる歴史観については、清水宏祐がすでに概観を行っている。清水宏祐「十字軍とモンゴル」。本章でもその成果は随所で利用している。また、林佳世子「イスラーム史研究と歴史史料」（林佳世子・桝屋友子（編）『記録と表象――史料が語るイスラーム世界』東京大学出版会、二〇〇五年）は、最新の史学史概説。同書には、本章の内容と関係する論文である佐藤次高「歴史を伝える」も含まれる。
（6）タバリーの著書は、一九世紀末から二〇世紀初めにかけて、デ・フーイェによってはじめて校訂出版された。M. J. de Goeje, *Tarīkh al-rusūl wa al-mulūk*, 3 ser., Leiden, 1879-1901. ここで用いるのは、この版をもとにした以下のカイロ版である。al-Ṭabarī, *Tārīkh al-rusūl wa al-mulūk*, ed. Muḥammad Abū al-Faḍl Ibrāhīm, 10 vols., Cairo, 1969-71. ただし、第十巻の大半は索引である。

（7）岡崎勝世『聖書vs.世界史』講談社現代新書、一九九六年。ほかに同氏の『キリスト教的世界史から科学的世界史へ——ドイツ啓蒙主義史学研究』勁草書房、二〇〇〇年、『世界史とヨーロッパ』講談社現代新書、二〇〇三年もこの問題を部分的に扱っており、参考になる。

（8）この用語自体は後世のものであり、タバリー自身はこの語を用いてはいない。

（9）清水宏祐「十字軍とモンゴル」二五頁。

（10）それぞれをどのように定義するかについては、法学者の間で多くの議論がある。また、この二つの中間的形態として「共存の世界（ダール・アッ＝スルフ）」を想定する考え方もある。それぞれ短い説明ではあるが、*Encyclopedia of Islam* の "Dār al-Islām", "Dār al-ḥarb", "Dār al-ṣulḥ" の項目を参照のこと。また、ルイス『ムスリムのヨーロッパ発見（上）』六一—六四頁にもこのことに関する説明がある。鈴木董『オスマン帝国とイスラム世界』東京大学出版会、一九九七年、五〇—五三頁、後藤明「ダール・アルイスラーム」『歴史学事典12　王と国家』弘文堂、二〇〇五年、四五六—四五七頁も参照。

（11）清水は「イスラーム化」という言葉を使っているが、これをある地域の人々の大半がムスリムとなったこととするなら、タバリーの時代にすでに「イスラーム化」されていた地域は相当限定されるはずである。

（12）ルイス『ムスリムのヨーロッパ発見（上）』九—一〇頁。

（13）Stephen Humphreys, "Ta'rikh. II. Historical Writing. 1. In the Arab world", *Encyclopedia of Islam*, new edition.

（14）Franz Rosenthal, *A History of Muslim Historiography*, E.J. Brill（Leiden）1968, p.135.

（15）Rosenthal, *A History of Muslim Historiography*, p.141.

(16) Rosenthal, *A History of Muslim Historiography,* p.141.
(17) イブン・アスィールの著作は、スウェーデン人の東洋学者、ヨハン・トルンベルク（一八〇七―七七）によって、一八五一―七六年にかけて全十四巻として校訂出版された。ここで、用いるのは、それをそのままコピーしてベイルートで出版された十三巻本である。Ibn al-Athīr, *al-Kāmil fī al-tā'rīkh,* 13 vols., Beirut, 1965-66.
(18) このテーマに関しては、やや古いが以下の文献が参考になる。Franz Rosenthal,"The Influence of the Biblical Tradition on Muslim Historiography", in Bernard Lewis and P.M. Holt (eds.), *Historians of the Middle East,* Oxford University Press 1962. また、L・ハーゲマン著、八巻和彦・矢内義顕訳『キリスト教とイスラーム――対話への歩み』知泉書館、二〇〇三年も有用。
(19) Ibn al-Athīr, vol.8, p.24.
(20) Ibn al-Athīr, vol.7, pp.187, 279.
(21) Humphreys,"Ta'rīkh".
(22) Humphreys,"Ta'rīkh".
(23) Ibn al-Athīr, vol.6, p.163.
(24) 他の地域の場合には、単に歴史叙述（Geschichteschreiben）という項目があるだけである。
(25) Brockelmann, *Geschichte der Arabischen Litteratur,* vol. II, p.388.
(26) 佐藤次高「アラブ（後期）」五六五頁。
(27) al-Ḏahabī, *Kitāb duwal al-Islām,* traduction annotée des années 477/1055-6 à 656/1258, introduction, lexique et index par Arlette Négre, Damas, 1979, pp.X-XI.
(28) 佐藤次高「アラブ（後期）」五八〇頁。
(29) al-Ḏahabī, *Kitāb duwal al-Islām,* p.XV.
(30) al-Ḏahabī, *Kitāb duwal al-Islām,* pp.32, 62.

(31) イブン・ハルドゥーン『歴史序説』1、二九―三〇頁。

(32) 佐藤次高「アラブ（後期）」五八一頁。

(33) 本書で用いたのは、次のテキストである。Ibn Khaldūn, *Kitāb al-ʿibar*, 7 vols., Beirut, 1971.

(34) イブン・ハルドゥーン『歴史序説』1、三〇頁。

(35) Ibn Khaldūn, vol.5, p.515.

(36) 大塚修『「セルジューク朝史」の創成――イラン・イスラーム世界史叙述（一一―一六世紀初）の中で』二〇〇四年度東京大学大学院人文社会系研究科修士論文、一一頁。

(37) 大塚修『「セルジューク朝史」の創成』一三頁。

(38) 清水宏祐「十字軍とモンゴル」三七―三八、四二頁。

(39) 杉山正明『逆説のユーラシア史』日本経済新聞社、二〇〇二年、二四八頁。

(40) ʿAlā al-Dīn ʿAṭā Malik Juvaynī, *Tārīkh-i Jahān-gushā* (E.J.W. Gibb Memorial Series, XVI), ed. by Mīrzā Muḥammad Qazvīnī, Leiden, 1912, p.17. この用例の存在も、大塚修氏のご教示による。記して謝意を表する。

(41) Mīrkhwand, *Rawḍat al-ṣafā fī sīrat al-anbīyā wa al-mulūk wa al-khulafā*. 一八四五年ボンベイで石版テキストが出版されて以来、多くの部分校訂、翻訳、復刻書が出版されている。ここでは、一三三八―三九（一九六〇―六二）年にテヘランで出版された十巻本を用いる。

(42) 最後の第七章は、ミールホンドの孫のホンダミールが加筆したため、一六世紀初頭の出来事も含まれている。

第Ⅱ部　近代ヨーロッパと「イスラーム世界」

第一章　マホメット教とサラセン人（一八世紀以前）

1　マホメット教とイスラーム

七世紀にアラビア半島でイスラームが勃興して以後近代に至るまでの間、今日ヨーロッパと呼ばれる地域、とりわけその西北方地域（今日の英・仏・独を中心とする）で、イスラームがどのように認識されていたのかという問題に関しては、すでに多くの研究、論著が存在する。「中世ヨーロッパ」に関して言えば、手近なところで、サザーンの『ヨーロッパとイスラーム世界』[1]、樺山紘一の『異境の発見』などの著作を読めば、私たちはラテン・キリスト教世界の人々が、自らが発想し生み出した世界像を前提にして、その枠組みの中でイスラームという異教のイメージをどのように造形していったのか、という点について、多くの知見を得ることができる。彼らにとって、イスラームのイメージを作り出すことは、それとは対照的な自らを規定することであり、自らが拠って立つ基盤を確認しようとする試みでもあった。

ただし、ここで指摘しておかねばならないのは、中世以来のラテン・キリスト教世界によるイスラーム認識を解説するこれらの論者が、「イスラーム」ないし「イスラーム世界」という言葉を既知の超時代的な概念として使用しているという点である。[2] 実際のところ、これらはあくまでも現代における用語や概念であり、一八世紀以前の人々が、私たちと同じようにこれらの言葉を用いて人間の居住地域全体を認識し、記録を残していたと考えてはならない。今日私たちが「イスラーム」と呼んで理解している宗教体系が、もしそのまま同じ形で存在していたとしても、前近代ラテン・キリスト教世界の諸文献では、それは、マホメット教、マホメットの宗教などと、教祖ムハンマドの名とともに語られるのが通例だった。また、以下でも述べるように、イスラームという宗教を信仰する人々をすべて一体としてとらえ、これらの人々が住む空間を「イスラーム世界」と認識することも、ある一つの地理的な空間を呼ぶ表現としてこの言葉が用いられることもなかった。

近代以前の「ヨーロッパ」における「イスラーム世界」という概念を過去に投影し、過去の文献のうちから「イスラーム」や「イスラーム世界」という概念を過去に投影し、過去の文献のうちからそれに相当すると思われる部分を「イスラーム」ないし「イスラーム世界」として切り取ったりつぎ合わせたりして、当時の人々のそれらに対する態度や言説を「イスラーム」ないし「イスラーム世界」認識として語るのである。このように、ある時代にはまだ存在しなかった概念に対する当時の人々の認識の是非を現代の時点から論じることは、果たしてどれだけ学問的に意味があるのだろうか。現代思想に大きな影響を与えたサイードの『オリエンタリズム』について、このような方法論が見られる典型的な一節を抜き出し、検討してみよう。

イスラムを別とすれば、ヨーロッパにとってのオリエントは、十九世紀に至るまで歴史的に一貫して、西洋が揺るぎのない支配を及ぼしてきた領域であった。（中略）

確かに、イスラムは多くの点で、まことに気にさわる挑発的存在ではあった。（中略）七世紀末以来、一五七一年のレパントの海戦に至るまで、イスラムは、そのアラブ的・オスマン的・北アフリカ的・スペイン的形態をとりながら、ヨーロッパのキリスト教世界を支配し、あるいはそれに対して効果的な脅威を与えてきた。イスラムがローマ帝国を凌駕し、その顔色無からしめたという事実は、過去現在のいかなるヨーロッパ人の念頭からも消え去ることがなかったのである。[3]

ここでサイードは「イスラーム」という語を、あたかも七世紀以来ヨーロッパで知られている語であるかのように使用しているが、実際には「イスラーム」という語そのものは、一七世紀に至るまで、英語でもフランス語でも用いられなかった。[4] イスラームが「アラブ的・オスマン的・北アフリカ的・スペイン的形態」をとりながら、ヨーロッパ・キリスト教世界を支配したと考えるのは、ほかならぬサイード自身なのである。

アラブのムスリムはサラセン人、オスマン帝国のムスリムはトルコ人、北アフリカやスペインのムスリムはベルベル人、ムーア人と通常は呼ばれた。[5] 彼らすべてがムスリムないしマホメット教徒であったことは知られていたにしても、全体をまとめて「イスラーム」、ないし「イスラーム世界」ととらえるのは、当時のヨーロッパ諸語文献の発想ではない。もちろん、一方に「われわれ」を置き、他方にこれと正反対の「彼ら」を対置するという思考の方法自体は、その「彼ら」が「オリエント」であれ「イスラーム世界」であれ変わらないということもできるだろう。しかし、その「彼ら」が宗教性を帯びた言葉で表現されているという点を、私たちはもう少し強く意識する必要があるのではないか。

この文章に続いて、サイードは、『ローマ帝国衰亡史』の著者ギボンさえも、「イスラムがローマ帝国を凌駕し、その顔色無からしめた」ことを強調しているとして、ギボンの大作の一節を引用している。ここで引用されるギボンの文章には、東ローマ帝国とサーサーン朝の両大国が、アラビアのカリフらによって侵略されたこと、サラセン族が異教徒の教会または殿堂四千を破壊し、マホメットの教えを遵奉するために千四百の寺院を建立したことは記されている。しかし、「イスラーム」という語はどこにも現れない。アラビアのカリフやサラセン族を「イスラーム」と読み替えて認識するのは現代人サイードなのである。ギボンにはその認識はない。予見を交えずに、その当時の人々の考え方や意識をありのままにとらえて叙述しようとすれば、サイードの表現には問題があると言わざるをえない。

ヨーロッパにおける「イスラーム世界」という語は、決して超時代的な不変の概念ではないのである。この点を具体的に示すために、以下、一七―一八世紀に記され、オリエント（東方）やイスラームに言及する代表的な文献をいくつか取り上げてみよう。

2　デルブロ『東洋全書』とフュルティエール『フランス語辞典』

まず、サイードが一九世紀初めに至るまで、ヨーロッパにおけるオリエントに関する標準的な参考文献としての地位を保ち続けた文献として紹介しているデルブロ（一六二五—九五）の『東洋全書』を検討してみよう。(6) デルブロは、若くして古典語、ヘブライ語、シリア語、カルデア語を学び、さらにアラビア語、ペルシア語、トルコ語を習得した語学の天才である。(7) この書の序論で、千夜一夜物語のフランス語訳者として有名なアントワヌ・ギャランは、「東方（Levant）」の歴史の要約が本書であるとする。(8) しかし、実際の内容は「東方」の人名や地名、術語がアルファベット順に並べられた百科事典の一種である。デルブロは本書を草するにあたって、数多くの東方の文献、とりわけペルシア語の文献にあたり、数多くの固有名詞を抜き出して、それに解説をつけた。一七世紀末としては間違いなく画期的な業績である。この事典の数多い項目の一つとして「イスラーム」(9)が立てられており、それがフランス語の出版物の中でのこの言葉の初出である。以下にその説明を訳出してみよう。

〈イスラーム〉

イスラミスム（Islamisme）またはムスルマニスム（Musulmanisme）。イスラーム（Islam）とも発音する。ムスルマーンまたはマホメット教徒（Mahometan）は彼らの宗教をそのように呼ぶ。この語は神とマホメットが顕現したものへの肉体と霊魂の完全な服従を意味する。彼らはさらに、マホメットの宣教以前に神の唯一性を信じていたすべての者はムスルマーンないし信徒と考える。彼らはすべての人間はイスラミスムの中で生まれるとまで言う。彼らによると、両親が子を道から外れさせ、教育によってマギの宗教やユダヤ教、さらに別の宗教へと導くとのことである。（中略）

ムスルマーンないしマホメット教徒が所有する地域（le pays）をアラビア語でビラード・アル＝イスラーム（イスラームの国、またはイスラーム世界）という。イスラーミアート（Eslamiat）、イスラミスム、ムスルマニスムともいう。これは、キリスト教徒によって居住され、所有されるものすべてを我々がキリスト教世界（Chrétienté）と呼ぶのと同様である。アラブ地理学者でヒジュラ暦三八五年、西暦九九五年に生きていたアブド・ル＝アルディー（Ebd Aluardi）の頃のイスラミスム、ムスルマニスムの範囲は、トランスオキシアナ地方のフェルガーナの町から、あるいはジフーンないしオクサス川の向こうに位置するザガタイ川（le Zagathay）の向こうから、アデンの町の近くの大洋に面したイエメンないし幸福なアラビアの海岸までである。隊商がまる五ヵ月かかる距離である。その横幅は、ルームの国、すなわちアナトリアから、インドのデカン王国のマンスラト、ないしスラトまでである。これは四ヵ月かかる。

この版図の中には、エジプトからスペインに至るアフリカ沿岸の西方部分は含まれない、と同じ著者は言う。衣服の袖のようなイスラミスム（「イスラーム世界」

Islamisme）のこの部分は、北は地中海、南は黒人の国によって区切られる。黒人の国はまだマホメットの宗教を受け入れていない。(10)

この引用文において注目すべきは、デルブロがマホメット教徒の所有する地域を「ビラード・アル＝イスラーム（Bilād al-Islām）」といい、それはキリスト教徒によって居住され、所有されるものを「キリスト教世界」と呼ぶのと同じだと紹介している点である。この記述から、一七世紀末の時点では、フランス語には、「イスラーム世界」を意味する特別な語はなかったことが明らかとなる。デルブロは、このアラビア語は Islamisme とも訳せるというが、この語は現代語の Islam と同義であり、特にはっきりと「イスラーム世界」という空間を意味するわけではない。もし、現代フランス語で使われる“le monde musulman”という概念が当時存在したなら、「マホメット教徒の所有する地域」という回りくどい表現で「ビラード・アル＝イスラーム」を説明する必要はなかったはずである。また、この語を「キリスト教世界」と対比させる必要もなかっただろう。デルブロが「ビラード・アル＝イスラーム」という表現を古典アラビア語地理書によって知った点にも留意しておこう。彼の時代には、これはあくまでも、一部のムスリムの空間概念なのである。

この当時、ヨーロッパの人々は、地中海東岸より東の土地を漠然と「東方（オリエント）」と認識していた。「東方」の中で特にムスリムの居住地域、ないし、ムスリム君主の支配地域だけを切り取って、「イスラーム世界」と呼ぶことはなかった。(11)

デルブロの書が出版される七年前に刊行されたフュルティエール（Antoine Furetière）のフランス語辞書（一六九〇年刊）には、「イスラーム（Islam, Islamisme）」という項目は立てられていない。一七世紀末の時点では、この言葉は、フランス語を母語とする人々の間ではまだ知られていなかった。ただし、この辞書に「ムスリム（musulman）」という項目はあり、「マホメット教徒（Mahometans）が不当に用いる語で、彼らの言葉で「真の信仰者」を意味する。トルコ人はMusulmanと呼ばれることを非常な名誉とする。この語は（中略）はじめサラセン人を指した」と誤解を含んで説明されている。一七世紀末の段階では、ヨーロッパの知識人は、「イスラーム」や「イスラーム教徒」とはいわず、中世と同様、「マホメット教」、「マホメット教徒」という表現を使うのが普通だった。ところが、この二つの言葉さえもフュルティエールの辞書には立項されていない。イスラーム、ないし、マホメット教は、特に東方との関係を持たない当時のフランス語圏の人々一般の視野にはほとんど入っていなかったのではないだろうか。

その一方で、トルコ人（turc）という項目を見ると、「マホメットの宗派を信仰する東方（Orient）の皇帝の臣民」と定義され、「トルコの宗教」「トルコ風の衣装」などの用例が紹介されている。また、「トルコ人は元来トルキスタン（Turquestan）、ないしトゥルコマニ（Turcomanie）からやってきた」とも説明されている。当時のフランス語圏の知識人にとっては、二百年以上にわたって軍事的な圧力を受け続けてきたトルコ人やその帝国の方が、イスラーム、ないし、マホメット教よりもはるかに強く意識せねばならず、またそれなりの像を結ぶ存在だった。

フュルティエールが「大トルコ（le Grand Turc）」と呼ぶオスマン皇帝の支配する地の向こうにはペルシアがあり、今日「サファヴィー朝」という名で知られる王朝（一五〇一―一七三六）が統治していた。ペルシアの王はフランス語や英語でしばしば「ソフィー（Sophi, Sophy）」と呼ばれる。試みにフュルティエールの辞書で「sophi」の項を引くと、この語の語源についていくつかの説が紹介されている。一つは、sophi がアラビア語で羊毛を意味し、イスマーイール以来のペルシア王が、新しい宗教（nouvelle Religion）に従って赤い安物の布で頭を覆っているため、トルコ人が侮蔑を込めてこう呼んだというもの、もう一つは sophi とはその宗教において純粋であることを意味するとある。いずれにせよ、そこではペルシア王の宗教が「マホメットの宗派」とは明記されていない。「新しい宗教」という言葉が使われているところから考えると、ペルシア人の信じる宗教（実際には、イスラーム教シーア派）は、トルコ人の信じる「マホメットの宗派」と同一だとはみなされていなかったかのようだ。フュルティエールには、東方の帝国（オスマン帝国）とペルシアを合わせて、両者がともにムスリムの支配する共通の「イスラーム世界」に属しているとする発想が見られないのである。ヨーロッパでトルコと呼ばれたオスマン帝国とペルシア、さらにその東方のインドに位置したムガル朝は、それぞれ個別に把握されていた。すべて「東方（オリエント）」に属するとはいえ、この三つの王朝がイスラームないしはマホメット教という要素によってまとめられ一つの特徴的な空間を構成するとは見なされていない。

3　シャルダン『ペルシア旅行記』

一七世紀後半、二度にわたってオスマン帝国領からペルシアを経てインドまで旅したフランス人の宝石商人ジャン・シャルダンは、一六八〇年にパリへ帰還し、ユグノという自らの宗教のゆえに、カトリックしか認めないルイ一四世のフランスを捨てて、ロンドンへ移住した。[12] 彼が旅行中に書きためていたペルシア旅行記の草稿に手を入れ、その一部を出版したのは一六八六年。全体が出版されるのは、彼の死の二年前の一七一一年のことである。シャルダンは中東からインドにかけての諸地域を実際に旅し、その事情に相当程度通じていた。また、インドのスラトでは、一七世紀の前半に日本の平戸でオランダ東インド会社の商館長を務めたフランソワ・カロンと出会い、インドより東方の日本にまで至る諸地域に関する情報を仕入れて、それらをしばしば旅行記に挿入している。その結果、彼の旅行記は、当時のヨーロッパの知識人が東方について語る際に、まず参考にする権威ある文献となった。

当時のラテン・キリスト教世界では、オスマン帝国の領域についての情報はある程度知られていた。しかし、そのさらに東に位置するペルシアについての正確な知識はまだきわめて限られており、シャルダンの著書は東方の情報を求める人々に大いに歓迎された。モンテスキューの『ペルシア人の手紙』に、シャルダンとタヴェルニエの旅行記の権威を盾に、あるフランス人が本物のペルシア人に反駁するという件が記されているのをはじめ、[13] ヴォルテール、ディドロ、ルソーら啓蒙の世紀の思想家たちは、こぞってシャルダンの名をその作品中に引用している。[14] シャルダンの著書が、当時のヨーロッパ知識人の東方観に大きな影響を与えただろうことは、容易に想像できる。では、シャルダンは、その著作の中でイスラームをどのように語っているのだろうか。

彼は、その旅行記の中でしばしば自らの帰属する「ヨーロッパ」に対して「東方（Orient）」または「アジア（Asie）」という言葉を使用する。彼が旅したオスマン帝国からインドに至る地はすべて「東方」または「アジア」に属するが、「東方」または「アジア」はインドでは終わらず、日本にまで達する。彼の世界認識によれば、オスマン帝国の領域から日本に至る広大な地域がすべて「東方」または「アジア」なのである。その中で、オスマン帝国からインドのムガル朝の領域までが区別され、「イスラーム世界」という特別な名称で呼ばれることはない。彼は、イスラームを基準にして世界の地域を区分してはいない。東方諸地域を区分する際には、トルコ、ペルシア、インド、中国、日本といった国名、ないし、民族名が用いられている。

もちろん、「マホメット教徒（Mahometans）」という単語も用いられる。しかし、彼はマホメット教徒が全体として一つの世界を形作っているとは考えなかった。「アジアのほぼ全域にイスラーム教徒が広がり、アジアの大部をしめる国々で彼らの宗教が優位に立っているとはいえ、彼らイスラーム教徒がアジアの最大の商人というわけではない[15]」という文章は、そのことをよく示していると言えるだろう。シャルダンは「アジア」にムスリムが数多く居住していることは十分に承知していたが、彼らが居住している地を「イスラーム世界」と呼んでひとくくりにするという発想を知らなかったのである。

すでに述べたように、一六九七年のバルテルミ・デルブロによる『東洋全書』がイスラームという語をフランス語で紹介した最初の書だとすると、そのわずか十四年後に出版されたシャルダンの旅行記のイスラームに関する説明は、当時のヨーロッパでは最先端を行くものだったと言ってよいだろう。彼はまず「マホメット教徒は、彼らの宗教をイスラームと呼ぶ。この語は不変化で、神の命令への服従を意味する」[16]と記した後、イスラームの一つの宗派で当時のペルシア人の多くが信仰するシーア派の宗教信条を八つに分けて詳細に解説する。そこでは、信仰告白、礼拝、喜捨、断食、巡礼のいわゆる五行や合法的な浄めの方法が説明され、アリーが神の代理とされていることが紹介される。今日の私たちから見てもその解説の水準はかなり高い。

このように、シャルダンのイスラーム観は一見客観的、公平で論理的である。とりわけ、イスラームという宗教が、異なった宗教を信じる人々に対して寛容である点は繰り返し強調される。これは、母国フランスでカトリックによるプロテスタント弾圧を経験したシャルダンが、どうしても記しておきたかったことなのである。しかし、そのシャルダンといえども、彼の生きた時空の制約による偏見から自由だったわけではない。日本の政治体制について論じた次の文章は、人間の歴史の進歩を当然視し、オリエントの政治体制はヨーロッパに比べて遅れているという点を指摘している。一九世紀において時代のキーワード[17]となる歴史の「進歩」という概念が先取りされていることに注目しておきたい。

政治を行う権限は預言者かその代理に属すること、一人の人間が宗教、世俗両面の長であるべきこと、王はこれら預言者やその代理の大臣に過ぎないこととするマホメット教徒の意見は、太古世界（les premiers âges du monde）で一般的な意見だった。中国や日本のように我々から遠く離れた国々やその近辺の王国の偶像教徒の間では、まだその（古い）形態がよく残されている。彼らの宗教と政府は、他と同様の転変（révolution）を経験せずに、はるか昔から存続してきたので、彼らの行動基準や習慣から、過去に起こったことがどのようなことであったのかを知ることができる。彼らの国では、過去においても、現在も、大祭司（le grand-prêtre）が国の最高権力者である。だからこそ、日本や中国では、皇帝が大祭司に臣下の礼をとるのである。[18]

この文章の直後には、身近なところではグラティアヌス帝（在位三六七―三八三）までのローマ帝国や旧約聖書の教えるユダヤ的政府がこのような体制をとっていたと記されている。新教徒シャルダンは、ローマ教皇の強大な世俗的権力を相対化する宗教改革を経験したヨーロッパ・キリスト教世界の先進性を、ここで強調しているのである。ヨーロッパ・キリスト教世界と直接対比されているのは、中国・日本という東アジアの国だが、これらの国の政治体制は「マホメット教徒」の意見をよく反映しているともいう。彼が、政治体制の点で、東方諸地域全体がヨーロッパに後れをとっていると考えていたことは間違いない[19]。

4　ギボン『ローマ帝国衰亡史』

一七七六―八八年にかけて刊行されたギボンの大著は、あらためて紹介するまでもなく、古代ローマ時代からビザンツ帝国の滅亡に至るまで千数百年にわたるローマ帝国史を大きなスケールで描いた歴史書の傑作である。この作品を読めば、二百数十年前に、地中海周辺諸地域の古代から近世までの歴史が、すでにここまで統一的な視点から記されていたことにあらためて驚かされる。個々の出来事についての叙述や解釈に議論の余地があるとしても、古代から近世に至る西洋政治史の基本的な構図はすでにあらかたそこに書き込まれているといってよいほどである。

中野好夫らによる新訳日本語版全十一巻のうちの最後の三巻では、アラブ人の勃興やトルコ人の興隆など、西アジアの歴史にも多くの頁が割かれている[20]。この部分を読んで、ギボンが「イスラーム世界」という概念を使用して記述を行っているかどうかを検証してみよう。

彼の著作は全部で七十一章からなり、章のタイトルが簡潔にその章の内容を説明している。そこで、この七十一章のうちで、いわゆる「イスラーム世界」史に関係しそうな章のタイトルを以下に列挙してみる（引用はママ）。

第50章　アラビアとその住民の概況／マホメットの生誕、性格、教義／彼のメッカでの説教

第64章　シナからポーランドへかけてのチンギス・ハーンとモンゴル人の征服／コンスタンティノポリスとギリシア人の無事／ビテュニアにおけるオスマン・トルコの先祖／オスマン、オルハン、ムラート一世、バヤジット一世の治世と戦勝／アジアとヨーロッパにおけるトルコ王国の創始と発展／コンスタンティノポリスとギリシア帝国の危機
第65章　ティムール別名タメルランのサマルカンドの帝位就任／彼によるペルシア、グルジア、タタール、ロシア、インド、シリアそしてアナトリアの征服／彼のトルコ戦争／バヤジットの敗北と捕囚／メフメット一世によるトルコ王国の再興／ムラート二世のコンスタンティノポリス攻囲
第68章　メフメット二世の治世と性格／トルコ人によるコンスタンティノポリスの攻囲、攻撃と最終的征服／コンスタンティヌス・パラエオログスの死／ギリシア国民の隷従／東ローマ帝国の滅亡／ヨーロッパの驚愕／メフメット二世の征服事業と死去

この目次を一覧すればわかるように、ギボンは歴史上の事件を説明するのに、イスラームという言葉を用いない。西アジアの歴史を動かす主要な要素は、アラブ人またはサラセン人やモンゴル人、トルコ人である。これにビザンツ帝国のギリシア人や十字軍としてやってきたフランク人が加わる。人々をくくる単位は宗教ではなく、「民族」である。「ギリシア人、サラセン人そしてフランク人という世界の三大民族はイタリアを舞台に互いに遭遇した」（十巻、三頁）という文章はギボンによる歴史の基本的な捉え方をよく表している。「三大民族」のそれぞれを東方正教、イスラーム、カトリックと言い直すと、今日の私たちの歴史理

解に近くなるが、彼は宗教名ではなく、民族名を使っている。

ギボンは「イスラーム世界」という言葉も用いない。彼が地理的な地域を指示する際にもっとも頻繁に使用するのは、「ヨーロッパ」と「アジア」である。「内訌や外戦の終了とともにヨーロッパにいたアジアのムスリムたちは全員撤退した」（十一巻、二五頁）という文章に見られるように、この二つの言葉は基本的に地理的な地域名として使用される。モンゴル人によってアッバース朝カリフ政権が滅ぼされたことを記述して、彼は次のように言う。「彼ら（モンゴル人）の野蛮な司令官はマホメットの現世の相続人たるカリフとして五百年以上アジアに君臨してきたアッバース一族の高貴な近親者の最後の人物ムスタアスィムの死刑を命令した」（十一巻、一二頁）。現代なら、「アジア」の代わりに「イスラーム世界」という語が用いられそうなところである。

いわゆる「アラブの大征服」については、「彼（ムハンマド）がメッカから逃亡して百年後に彼の後継者の武力と統治はインドから大西洋にまで拡大し、その多様で広汎な地域は一、ペルシア、二、シリア、三、エジプト、四、アフリカ、五、スペインという項目のもとに分類してよいであろう」（九巻、八〇頁）と記す。ここも、現代ならこれら全体をまとめて「イスラーム世界」という語が必ず用いられる場所である。しかし、ギボンは「多様で広汎な地域」というだけで、全体を「イスラーム世界」とは表現しない。

もちろん、ギボンがイスラームやムスリムについて知らなかったわけではない。随所で、この二つの言葉にあたる単語、すなわち、「マホメット教」や「マホメット教徒」は用いられている。しかし、イスラーム（ないしマホメット教）という宗教を単位としてイスラーム教徒（ないしマホメット教徒）全体を一つにくるという発想は見られないのである。

例えば、アラブの大征服後の世界を記した次の文章を見てみよう。

アラブの帝国はウマイヤ王朝の最後のカリフの時代には東西二百日行程、つまりタタールとインドの辺境から大西洋岸に至る距離にまで拡がった。われわれがもしもアラブ史家のいわゆる上衣の袖たるアフリカの長くて狭い領地を切り落すならば、フェルガナからアデンまで、タルソスからスラトまでの一枚岩の緊密な支配権は東西南北にわたって隊商による四、五ヶ月行程の距離へと拡大するだろう。われわれが往昔のアウグストゥスや両アントニヌスの統治に浸透していたあの不壊の統一と自発的な服従を求めることは無駄かもしれない。しかしマホメットの宗教の進展はこの広大な範囲に風俗と思想の全体的類似を拡散した。コーランの言語と法律はサマルカンドとセビリヤで同じように熱心に研究され、ムーア人とインド人はメッカ巡礼に際して同国人および兄弟として抱擁し合い、アラビア語はティグリス河以西のすべての属州で民衆の話し言葉として採用された。（九巻、一五一―一五二頁）

「われわれがもしもアラブ史家のいわゆる上衣の袖たる……へと拡大するだろう」の部分が、先に検討したデルブロの著作からの借用であることは明白である。サイードが言うように、確かにデルブロの書の後代への影響は大きかったようである。

後半の「マホメットの宗教の進展は」以下で強調されている信仰、法、言語の一体性と巡礼の重要性は、のちに「イスラーム世界」の特徴としてしばしば強調される点であり、そこに「イスラーム世界」的な概念の芽生えを見て取ることはできる。しかし、この広大な範囲をひと言で言い表す表現は、ギボンによれば「アラブの帝国」であり、「イスラーム世界」ではない。以上から、ギボンが「イスラーム世界」という空間概念を明確な形で持ってはいなかったことがわかる。

ギボンの著作については、もう一つ、今後の本書の議論の展開に関わる重要な点を指摘しておこう。それは、この本の中でアラブ人やトルコ人などのムスリムが果たす役割である。上の目次一覧からもわかるように、彼らについての叙述は比較的詳細であり、歴史的事実の描写という点ではその精度も結構高い。この書が記されてから二百数十年、この間あまたの研究者が多くの研究を発表したはずだが、彼らはイスラーム研究全体の進展や人々のイスラーム観の是正にどれほどの貢献をしたのかと思うほどである[21]。

しかし、ギボンの書においては、アラブ人やトルコ人の役割は脇役的である。ちょうど伝統的な中国史叙述における北方遊牧騎馬民族の役割に似ている。主役はあくまでも古代ローマ帝国とそれに連なる諸国家の領域に生きる人々であり、ムスリムの行動はそれが主役と関わる限りにおいて記録されるにすぎない。アラブ人ないしサラセン人の政権は、東ローマ帝国を脅かしたからこそギボンの書に記される。東方から移動してきたトルコ人がこの書に登場するのは、十字軍や東ローマ帝国との敵対関係のゆえなのである。ローマ帝国を中心に置く限り、東方地域の歴史は主体的には描かれえない。

ギボンに典型的に見られる古代以来の西洋世界の歴史のこのような描き方は、少なくとも、ムスリムに関連する東方諸地域の部分については、かなり長くそのまま受け継がれたようである。それについては、後にあらためて論じることにしよう。

以上、一七―一八世紀に記されたいくつかの著作を検討した結果、これらの書物が「イスラーム世界」という地域概念、ないしは空間概念を用いて東方地域をとらえ叙述してはいないという事実が確認された。少なくとも一八世紀後半頃までは、ヨーロッパ諸語で記された文献においては、東方地域を漠然と「アジア」または「オリエント（東方）」と呼ぶのが通例だったのである。デルブロによる「ビラード・アル゠イスラーム」という概念の紹介以後も、「イスラーム世界」という単語がそれほど一般的に用いられなかったことは確実である。

（1）先に第Ⅰ部第一章の注（1）で述べ、この後でも再び触れるように、私は「ヨーロッパ」という空間の今日的な意味は、一九世紀になって形成されたと考えている。したがって、「中世ヨーロッパ」という表現はありえないと思うが、ここではとりあえず通例に従って記しておく。

（2）このような見方は、ヨーロッパ―イスラーム関係史を概観した最新の研究成果であるカルディニの書においても変わらない。Franco Cardini, *Europe et Islam: Histoire d'un malentendu*, Seuil (Paris), 2000.

（3）エドワード・W・サイード著、板垣雄三・杉田英明監修、今沢紀子訳『オリエンタリズム』平凡社、一九八六年、七四―七五頁。

(4)『オクスフォード英語辞典』によると、英語で“Islam”という語が用いられるのは、一六一三年、Purchas の *Pilgrimage* という書におけるのが初めてである。そこでは、この語が“Catholike”、すなわち、正しい信仰を持つムスリムの意味だと記されている。これは後述するようにフランス語における初出例であるデルブロの示す意味と同様である。

(5)この点については、工藤庸子も同意見である。「(絶対王政の時代)地中海における敵は、あくまでも「トルコ人」だった。つまり、イスラームが邪宗として断罪されることはいっさいないのである。」工藤庸子『ヨーロッパ文明批判序説――植民地・共和国・オリエンタリズム』東京大学出版会、二〇〇三年、三五四―三五五頁。また、「モーロ人」「アラブ人」「トルコ人」が区別されていたことについては、同書、三五七頁。

(6)サイード『オリエンタリズム』六三―六四頁。

(7)デルブロとその作品について、邦文で簡単には、ヨーハン・フュック著、井村行子訳『アラブ・イスラム研究誌』法政大学出版局、二〇〇二年、八二―八五頁参照。

(8)アントワヌ・ギャランによる序を参照。Barthelemi d'Herbelot, *Bibliothèque orientale, ou Dictionnaire universel*, La Haye, 1777 (édition originelle en 1697), tome 1, p.VII.

(9)原文では、ペルシア語発音の“Eslam”とされている。デルブロはおそらくペルシア語によってこの言葉の存在を知ったのだろう。

(10)Barthelemi d'Herbelot, *Bibliothèque orientale*, p.656.

(11)一八世紀中葉に出版された『百科全書』によれば、「オリエント」とは、ユーフラテス川よりも東の土地を指し、この川より西側の地中海沿岸地域は「レヴァント」と呼ばれた。

(12)シャルダンの伝記としては、日本語では、羽田正『勲爵士シャルダンの生涯――十七世紀のヨーロッパとイスラーム世界』中央公論新社、一九九九年、フランス語では、Dirk Van der Cruysse, *Chardin le Persan*, Fayard (Paris), 1998 がある。

（13）モンテスキュー著、大岩誠訳『ペルシア人の手紙』二巻、岩波文庫、一九五〇—五一年、下、一七頁。

（14）佐々木康之「解説」シャルダン『ペルシア紀行』岩波書店、一九九三年、六一六—六一七頁。

（15）J・シャルダン著、岡田直次訳注『ペルシア見聞記』（平凡社東洋文庫）一九九七年、二九二—二九三頁。ここでは「イスラーム教徒」と意訳されているが、原文をそのままの形で訳せば、「マホメット教徒」となる。Jean Chardin, *Voyages du Chevalier Chardin, en Perse, et autres lieux de l'Orient*, éd. L. Langrès, 10 vols., Paris, 1811, vol.4, pp.160-161.

（16）Jean Chardin, vol.6, pp.174-175.

（17）工藤庸子『ヨーロッパ文明批判序説』二四四頁。

（18）Jean Chardin, vol.5, p.222.

（19）バーナード・ルイスは、イスラーム社会（Islamic society）についてはじめて意味のある一般化を行ったヨーロッパ人観察者として、シャルダンとも交流のあったフランス人医師で、インドで一二年を過ごしたフランソワ・ベルニエの名を挙げ、次のように述べる。「イスラーム社会について描写するだけではなく、ベルニエは（ヨーロッパと比べて）その芸術、科学、農業が貧しく、遅れている原因を分析しようとしている。彼は私有地の欠如と支配者による土地の占有にその理由を見いだした」Bernard Lewis, *Islam in History*, New edition, Chicago, 1993, pp.14-15. 詳しい文献情報が記されていないので、ベルニエのテキストのどの部分からルイスがこのような判断を下したのか必ずしも明確ではないが、ベルニエの日本語訳で該当すると思われる部分を読むと、ベルニエがこのように解説しているのは、ムガル朝をはじめとする「アジア諸国家」のことである。「トルコ、ペルシア、ヒンドゥスターンという三つの国家」という言い方は現れるが、彼は決して「ムスリム諸国家」や「イスラーム社会」といった表現は用いていない。「アジア諸国家」を「イスラーム社会」と読み替えているのは、ルイスなのである。私は、現代の視点を持って過去を読み替えることの問題点をすでに本章の第一節で指摘した。この点で、サイードとルイスの立場に差はない。ベルニエ著、関美奈子・倉田信子訳『ムガル帝国誌』岩波書店、一九九三年、一八六―一九七頁。

(20) ギボンの書の和訳としては、村山勇三訳（岩波文庫版、十巻、一九五一―五九年）と中野好夫・朱牟田夏雄・中野好之訳（筑摩書房版、十一巻、一九七六―九三年）がある。本書では、中野好夫他の新訳を用いる。

(21) 例えば、ギボンがすでに以下のように記しているにもかかわらず、イスラーム教徒の狂信性を指摘する言説（例えば、「コーランか剣か！」）が生産され続けているのはなぜなのだろう。「剣の力で他のすべての宗教を絶滅する義務があるとの有害な宗旨はイスラム教徒のものだ、と従来主張されてきた。無知と頑迷にもとづくこの非難はコーランの記述とムスリム征服者の実際の歴史そして彼らによるキリスト教礼拝の公的な法制上の寛容という実績で反駁される」（十巻、八三頁）。

第二章　「イスラーム世界」の創造

1　ルナンとアフガーニー

ルナンのイスラーム批判

　ある統計によれば、一九世紀後半のフランスでは、国民的作家として有名なヴィクトル・ユゴ（一八〇二―八五）の『レ・ミゼラブル』が八年間に十三万部の売れ行きだったのに対し、エルンスト・ルナン（一八二三―九二）の『イエスの生涯』は四年間で百三十万部を売ったという(1)。イエスを一人の人間として描き、そのためにいったんはその職を失うほどの激しい攻撃をキリスト教会から受けたこの書物の著者は、その発言が当時のフランス、さらにはヨーロッパ社会にきわめて大きな影響力を持った思想家だったといえる。

　サイードは、『オリエンタリズム』の中でルナンのオリエンタリスト的言説を厳しく批判しているが、彼は「オリエンタリスト」という狭い範疇におさまるような人ではない。工藤庸子の表現を借りれば、「「非宗教性」の時代にふさわしいキリスト教のあり方を考究し、セム語の文献学的知識の集大成として、セム対アーリアという対立軸のうえにオリエンタリズムのモデルを構築し、その結果、人種イデオロギーの理論化にも荷担して、さらにアーリア的なヨーロッパ文明の普遍性を信じ、民主主義・自由主義・個人主義のフランスを称え、そうしたことすべてを、奔流のように力強いフランス語で、ときには攻撃的な雄弁をもって語りつづけた一人の思想家[2]」なのである。

このルナンが一八八三年三月二九日にパリのソルボンヌで、「イスラームと科学（L'Islamisme et la science）」と題する講演を行っている。Islamisme という語は、Christianisme と対になる古風な表現で、現在であれば、Islam という語が使われるはずである[3]。まずはその講演の内容を以下に簡単に要約してみよう。

講演の最初に、一般論としてルナンは口を極めて「イスラーム諸国」の後進性を批判する。

少しでも現代の世の中について知っている人なら、ムスリム諸国家（les pays musulmans）の現在の劣等性、イスラームに統治された諸国家（les Etats gouvernés par l'Islam）の頽廃、この宗教だけをよりどころとする文化と教育に支えられた人種の蒙昧をはっきりと見てとることができるだろう[4]。

続いて記される次の文章は、私たちの問題関心に照らしてきわめて重要である。

教育や個人の資質に関係なく、神がよいと思う人に幸運と権力を授けると信じ込んでいるため、ムスリムは教育、科学、ヨーロッパ精神を形成するものすべてを深く侮蔑している。イスラームの信仰によってたたき込まれたこの癖は非常に強力で、人種や国籍の違いはイスラームへの改宗によってすべて消失してしまう。ムスリムとなったベルベル人、スーダン人、チェルケス人、マレー人、エジプト人、ヌビヤ人は、もはやベルベル人、スーダン人、エジプト人、その他ではなく、ムスリムなのである。ペルシアだけが唯一の例外で、自らに固有の能力を保持する方法を知っている。ペルシアはムスリムというよりもシーア派である。[5]

ルナンはここで、人種や国籍に関係なく、ムスリムとなった者はみな近代ヨーロッパの精神を侮蔑すると断言する。前章で明らかにしたように、一八世紀以前のラテン・キリスト教世界では、人々は宗教よりも国や民族を基準にして人間集団を把握しようとするのが通例だった。その考え方とルナンの主張との相違は決定的である。ルナンは「イスラーム世界（le monde musulman）」よりは「ムスリム諸国（les pays musulmans）」という表現をより頻繁に使うが、[6]それにしても、彼の頭の中には、イスラームという宗教によって一つにまとまった人々の住む空間概念がはっきりと形成されていた。この点にまず注目しておこう。

このように、まずイスラームやムスリム諸国を断罪した後、ルナンは本題に入り、おおむね以下のような根本的な疑問を提出する。

今日かくも低調なイスラーム文明は、かつて光輝に満ちていた。イスラーム文明は多くの科学者や哲学者を擁し、キリスト教西洋のはるか先を行っていた。しかし、よく考えてみると、そもそも「イスラーム科学」、あるいは少なくともイスラームによって認められ許された科学というものは存在したのだろうか。(7)

この問いかけに対する彼自身の解答が彼の論説の中心部をなす。以下でまとめてみよう。この問題を解明するためには歴史的な考察が必要であり、八世紀半ばから一三世紀半ばまでの前期とそれ以後現代までの後期に分けて考える必要がある。前期には、ムスリム諸国にすぐれた知識人や思想家が数多く現れた。しかし、それは一種の「ペルシア・ルネッサンス」の結果なのである。ファーラービーやアヴィケンナの著作はアラビア語で記されているゆえにアラブ哲学と呼ばれるが、実際はギリシア＝サーサーン朝哲学である。ベーコン、スピノザらがラテン語で作品を著したからと言って、それらをすべてローマに帰すことができないのと同様、アラビア語で著作を行ったアヴェロエス、アヴィケンナ、アルバテニ（バッターニー）らもアラブ人だとはいえない。キンディーを唯一の例外として、いわゆるアラブ哲学者・知識人の中でアラビア半島出身者はいない。

このように、前期の輝かしい学問的達成が「アラブ哲学」でないことは明らかだとすると、それは「イスラーム哲学」なのだろうか。答えはもちろん否である。なぜなら、いわゆる「イスラーム哲学」の大半は、ゾロアスター教徒、キリスト教徒、ユダヤ教徒や異端とされたムスリムの宗派の人々の手になる仕事だからである。イスラームという宗教自身は、常に科学や哲学を弾圧する側だった。

それにもかかわらず、前期に科学の発展が見られた理由は、この時期には、多くの宗派的反乱、ムータズィラ派の運動などのために、正統派イスラームがまだ十分に組織化されず、あまり狂信的に振る舞えなかったからである。それゆえに、本当のアラブではなく、正統派ムスリムではない人々の手によって、科学や哲学が発展したのである。

これに対して、後期には野蛮な人種（トルコ人を指す）の支配下で、正統派が力を持つようになった。専制的な教条主義の時代が始まったのである。ムスリム諸国は知性の面で頽廃期に入り、これ以後、イブン・ハルドゥーンを希有な例外として、イスラームはその内に存在する科学や哲学を抹殺するようになる。同じ時期に科学的な真理を探求する道へと進む西ヨーロッパとは対照的である。イスラームが専制的に支配する場では、精神と世俗の分離はありえなかった。自由な思索の場は失われ、科学の発展は阻害された。宗教が市民生活を支配する社会以上に自由が傷つけられる場所はない。このような例は、ムスリム諸国と世俗権力を握っていたかつての教皇国家だけである。イスラームは弱体なときには寛容であり、強くなると暴力的となるのである。

西洋の神学者も正統派イスラームと同じように弾圧者だったが、両者の違いは、西洋の神学者が近代精神を破壊することができなかった点にある。科学は理性である。科学は軍事的優越、産業的優越を生み出し、やがて社会的優越を作り出す。イスラームは科学を抹殺することで自らを亡き者とし、世界において自らをきわめて劣等的な立場に置く羽目に陥ったのである。[8]

以上がルナンの講演の概略である。言葉の激烈さや主張の当否はここでは問わない。肝要なことは、ルナンが科学（自然科学だけではなく、人文社会科学も含む広義の科学）の貢献によって人間の社会は進歩すると考えていること、イスラームは科学を弾圧し、そのために「イスラーム世界」は現代においてヨーロッパに大きく遅れをとっていると見なしているという二点である。世俗化、工業化が進み、人々が自信に満ちあふれていた当時のヨーロッパにおいては、十分に説得力を持つイスラーム観だったに違いない。

ルナンがイスラームに対してこのように否定的な見方を披露するのは、これが初めてではなかった。すでに一八六二年に、コレージュ・ド・フランスにおける名高い開講講義『文明史におけるセム人の寄与について』において、彼は、「現在の時点において、ヨーロッパ文明が広く伝播するために欠かせぬ条件は、（中略）イスラミスムの神権的な権力を破壊すること、要するにイスラミスム自体を破壊することです。（中略）イスラームとはヨーロッパの完全否定なのであります。イスラームとは狂信であります。（中略）イスラームとは科学の蔑視であり、市民社会の抹殺であります」と、イスラームを厳しく弾劾している。[9] 生涯のかなり早い時期から、ルナンはイスラームをまったく評価していなかったのである。[10]

アフガーニーの反論

ルナンの講演が行われた一八八三年、のちに「パン・イスラーム主義者」として知られるようになるジャマールッディーン・アフガーニーがパリに滞在していた。講演に先立ってルナンとアフガーニーは知人を通じて直接面会し、大いに意見を戦わせたようである。ルナンは、自分がソルボンヌでの講演の主題として科学的精神とイスラームとの関係を選んだのは、アフガーニーとの会話によって触発されたからだった、と語っている。[11] ルナンの講演記録が掲載された『論壇（*Journal des débats*）』の翻訳を読んだアフガーニーは、同じ雑誌の五月一八日号に、この講演についての長文のコメントを寄せている。碩学ルナンの慧眼を賞賛したあとではじまるコメントの内容は、以下の四点にまとめられる。[12]

①現代のヨーロッパを観察すれば、厳格で不寛容なキリスト教の教えに従ってきた社会が、これを克服し、自由で独立し、進歩と諸科学を重視する道を歩んでいる。キリスト教よりも何世紀か遅れて生まれたイスラームに同じような可能性がないとは思えない。これはイスラームという宗教の大義のためではなく、野蛮と無知の中で生きてゆかねばならないかもしれない何億かの人々の立場のために発言しているのである。

②ルナンは、純粋のアラブ人学者はキンディーだけだというが、イブン・バーッジャ、イブン・ルシュド（アヴェロエス）、イブン・トゥファイルをアラブ人といわないわけにはいかない。もし、彼らをアラブ人といえないのなら、イタリアはマザランやボナパルトはフランス人ではないといい出すだろう。ヨーロッパ人はすべて同じ一門に属しているというなら、セム系の人々はみなアラブ人だといえる。

③イスラームという宗教が科学の発展を阻害したことは事実だが、同じことはキリスト教についても起こった。宗教はみな同じである。決してイスラームだけが例外ではない。④宗教と科学（彼はここで「哲学」という語を用いている）との間に和解は存在しない。人類が存在する限り、教条と自由な思索、宗教と科学との間の葛藤は続く。その争いは、必ずしも科学の勝利へとは向かわないだろう。大衆は理性を好まず、少数のエリートの知性によってしか理性の教えるところを理解できないからである。

アフガーニーのコメントを読んで第一に気づくことは、彼があくまでもルナンの設定した議論の枠組みに従って反論を行っているということである。彼は、科学が人間社会の進歩にとって決定的な意味を持っているということを認める。その上で、イスラームが科学を抹殺したことも認める。しかし、それはキリスト教も同じではないか、というのが、アフガーニーの反論のポイントである。彼はまたイスラームを信仰する人々を一体としてとらえ、彼らが将来的に無知蒙昧から救われるかどうかを問題にする。キリスト教よりも何世紀か遅れて誕生したイスラームには、いずれ科学を受け入れる可能性があるというのも、ルナンの論理を認めた上での反論である。

一般にパン・イスラーム主義者と理解されているアフガーニーが、「イスラーム世界（le monde musulman）」という概念を用いて議論を行っていることは当然といえば当然である。また、彼がフランス人ルナンに対して、フランス語で反論している（たとえそれが翻訳であるにせよ）、ということも考慮しなければならない。それにしても、「イスラーム」や

「イスラーム世界」という言葉を用いた二人の議論は見事にかみ合っている。そのことは、アフガーニーのコメントが掲載された翌日の五月一九日、ルナンが同じ『論壇』紙上にすぐに回答を寄せていることからも証明されるだろう。以下にルナンによるアフガーニーへの回答を要約してみよう。[13]

ルナンはまず、アフガーニーと彼との間に意見の完全な不一致は認められないという。両者は認識を共有しているというのがルナンの基本的な考えである。彼は自分がイスラームと科学の関係だけを強調し、すべての宗教が科学に敵対的であるという点を強調しなかったために、アフガーニーから批判されたとする。しかし、キリスト教についてあまり触れなかったのは、彼の仕事をよく知っている聴衆に同じ話を聞かせたくなかったからで他意はない、キリスト教もイスラームと同じく科学に敵対的であることは言うまでもないともいう。つまり、ルナンは、宗教は皆同じだというアフガーニーの主張を受け入れているわけである。しかし、だからといって、キリスト教徒がキリスト教を、ムスリムがイスラームを捨てねばならないということではない、とルナンは言う。重要なことは、宗教的信条が攻撃的でなくなることである、と彼は論を続け、大略次のように回答を締めくくる。

中世の圧制的教会を破壊することでいわゆるキリスト教諸国が発展しはじめたように、ムスリム諸国の再生は、イスラームの弱体化によってなされるだろう。ムスリムはイスラームという宗教の第一の犠牲者である。狂信は、ほんの一握りの危険な人々が恐怖によって他の人々を宗教的実践にしばりつけていることから来ている。ムスリムをその宗教の軛から解放することが大事である。

もちろん、ルナンとアフガーニーの間には、イスラームそのものについて、大きな評価の違いがある。この回答からわかるように、ルナンが考える「イスラーム世界」とは、弱体化させるべき対象、すなわちマイナスの価値を持つものである。一方、アフガーニーが帝国主義に抗するための広範な連帯を呼びかける際に、イスラームという宗教を統合の絆にしようとしたことはよく知られている。彼にとって、イスラームや「イスラーム世界」は決して否定されるべきものではない。宗派や民族を超えた共存や協力を可能にするイスラームの理念は、むしろプラスの価値を有していた。このように、その評価は正反対だとはいえ、二人はともに「イスラーム世界」という空間の存在を疑っていなかった。そして、それに大きな意味を見出していた。だからこそ、二人の議論がかみ合っているのである。

栗田禎子によると、現代のイスラーム主義者[14]は、アフガーニーやその弟子のアブドゥフを、イスラームを「西洋の磁場」に引き入れ、ムスリムの能動性を麻痺させてしまった、と批判しているという。科学と宗教の関係についての二人の論争を読む限り、確かに、アフガーニーはルナンの設定した枠組みの中で議論を行っており、その限りにおいてはイスラーム主義者の意見は当を得たものだといえるだろう[15]。また、すでに第I部で検証したように、前近代においては、西アジアのムスリムは「イスラーム世界」に対してとりたてて「ヨーロッパ」を二項対立的に意識していたわけではなかった。その点でアフガーニーの議論は、「近代」的だと言える。

このように一九世紀後半に行われたルナンとアフガーニーの論争の経過を追ってみると、時代を代表するこの二人の知識人は、「イスラーム世界」という概念を当たり前のように用いて議論を行っている。これよりおよそ百年前、一八世紀の後半に生きたギボンが、「イスラーム世界」という語や概念をまったく用いなかったことを思い起こせば、両者の間の相違は決定的である。一八世紀の後半から一九世紀の後半までの百年の間に、ヨーロッパ知識人の世界像やそれに基づく思想、さらにそれらの影響を受けたムスリム知識人の世界認識はかくも大きく変化したのである。

2　「ヨーロッパ」と「イスラーム世界」

プラスの「ヨーロッパ」とマイナスの「イスラーム世界」

ここまでにすでに何度か引用した工藤庸子の著書『ヨーロッパ文明批判序説――植民地・共和国・オリエンタリズム』は、主として一八―一九世紀のフランス語文献を批判的に読み直し、一八七〇年代までに「ヨーロッパ文明」のアイデンティティーが確立する過程を明らかにした野心的できわめて刺激的な作品である。流麗な語り口で綴られた文章のそこここに、著者の深い洞察に基づく鋭い指摘がちりばめられている。次の一文は、さしずめその代表的な例といえる。

ヨーロッパが「文明化の使命」を唱えるときに、自明のこととして「文明」とは「キリスト教文明」を指していた。その大きな流れにひと言だけふれておくならば、「狂信」と「独裁」と「野蛮」の温床であるイスラームという定式は、十九世紀初頭、ナポレオンのエジプト遠征あたりから、徐々に流通しはじめたものである。(16)

確かに、前章で述べたように、一八世紀以前には、「ヨーロッパ」と対比される空間概念は、通常「アジア」や、「オリエント（東方）」だった。一九世紀に入ると、新たに「ヨーロッパ」と「イスラーム」という二項対立の図式が浮かび上がってくる、という工藤の指摘は間違いなく正しい。それは上で述べたルナンとアフガーニーの論争からも明らかである。それでは、一九世紀になると、なぜヨーロッパの人々の世界認識にこのような大きな変化が起こったのだろうか。

この問題に十分な解答を与えるには、当時ヨーロッパ諸語で記された万巻の書を繙いて、その内容を比較しながら慎重に検討し、変化の具体的な道程を正確に明らかにしなければならない。膨大な時間とエネルギーを必要とするこの作業は、正直に言って私個人の手に余る。それは一九世紀ヨーロッパの歴史、文学、思想を研究する専門家が協力してようやくなしうる大きな仕事である。しかし、これまでにすでに個別に発表された研究成果を総合すれば、一九世紀のヨーロッパ社会の全体的な状況と、それを背景とする世界認識の変化について、おおよそ次のような見通しを語ることは許されるだろう。

一八世紀の末にフランス革命を経験したヨーロッパでは、社会に対するキリスト教会の絶対的な力に翳りが見られるようになった。革命がカトリック教会の宗教的・世俗的権力に徹底的に挑戦したからである。一九世紀の西ヨーロッパ社会に特徴的な思想の一つは、「世俗化」への志向である。[17]世俗化する西ヨーロッパ社会は、たとえその実体が「キリスト教文明」であるとしても、フランス革命を経てその内部での革新が進み、宗教は個人の信仰の領域へと後退していった。前章で検討した一八世紀初めのシャルダンの記述の中にすでに人類社会は進歩するという考え方が見られたが、この世紀にはそれを人々が確信するようになった。宗教の分野を例にとれば、古代の多神教時代の後に一神教であるキリスト教が採用され、カトリック教会の全盛期を経験したあと、宗教改革を経てフランス革命に至り、そこから「世俗化」が始まった。宗教と人間社会の関係は、このようによりよい方向へと「進歩」していると考えられた。一九世紀に入ると、産業革命の成果や新しい科学技術の発展などによって人々の生活水準が急激に向上した。人々は自らの社会とそれが生み出した諸価値に大きな自信を持つようになった。フランス革命の標語である「自由」や「平等」、アメリカの実現した「民主主義」、それに「科学」や「進歩」がプラスの価値を持つと考えられ、それらを実現した彼らの社会、すなわち「ヨーロッパ」自体がプラスの世界として意識されるようになった。フランス語で「ヨーロッパ風の（à l'européenne）」という表現がはじめて使用されるのは一八一六年のことである。[18]

その一方で、自らの周囲を取り巻くムスリムの居住地に赴きその社会を観察した「ヨーロッパ」の人々は、そこに「自由」や「平等」は尊重されず、「科学」が評価されないために「進歩」のない「専制」的な社会を見いだした。[19]この世界に生きる人々は、その考え方や行動のすべてをイスラームという宗教によって縛り付けられている。そこにあるのは、イスラームがすべてを規定し停滞したままの「宗教的」な社会、すなわち「世俗化」からもっとも遠い「イスラーム世界」である。プラスの価値を持つ「ヨーロッパ」に対して、マイナスの属性を持つ「イスラーム世界」が、この時点ではじめて人々に意識され、「創造」されたのである。

最近出版されたベイリーの『近代世界の誕生 1780-1914』は、主として欧米における人文社会科学研究の成果を総合して記述された最新の一九世紀史で、多くの新しい歴史解釈が示された力作である。この本は、一九世紀に起こった社会の「世俗化」についても興味深い説を提示する。すなわち、社会が世俗化し、宗教が個人の領域に追いやられたと考えるのは、一九世紀の知識人の思いこみであり、現実にはこの世紀に宗教はむしろ新しい教義や儀礼を確立し、ダイナミズムを獲得してその影響力を拡大しているというのである。ベイリーが語るのは、カトリックやプロテスタントといった西方ヨーロッパのキリスト教についてだけではない。イスラームやヒンドゥー教、それに仏教や儒教の信徒による革新運動をも考慮に入れた上での意見である。[20]

ここで詳しく紹介することは控えるが、挙げられている事例はきわめて説得的であり、全体として大変魅力的な学説だと思う。いわゆる宗教「原理主義」が勢力を築いている現在の時点に立てば、一九世紀を宗教の衰退した時代ととらえるのは間違った歴史解釈であるとの主張も首肯できる。それにしても、当時のヨーロッパ知識人が世俗化をプラスととらえ、彼らの社会における宗教の影響力の低下を感じていたことは事実である。イギリスの思想家、ジョン・スチュアート・ミルが、政治の領域から宗教を取り除き、それを家族の世界に移すべきこと、信仰の自由、さらには無信仰の自由さえもが保障されるべきだと考えていたことを、ベイリー自身が記述している。[21] したがって、上で述べたような世俗化と社会の進歩を結びつける考え方、そして、「イスラーム世界」がその対極にあるとする見方は、少なくとも当時の知識人の言説としては大きな意味を持っていたといえるだろう。

一八世紀までは、「ヨーロッパ」と対峙する概念は、「アジア」または「オリエント」だった。では、「イスラーム世界」という語は、その「アジア」や「オリエント」にただ取って代わっただけなのだろうか。そうではない。一九世紀になる頃には、アジアに複数の異なった「文明」が存在することは十分に知られるようになっていた。その中で、インドは、フリードリッヒ・フォン・シュレーゲルが「ここ（インド）にはあらゆる言語の、あらゆる思考の、そして人間精神の歴史全体の源泉がある。あらゆるものが、インドを起源としている」と記し、ヴィクトル・クザンが「人類の揺籃たるこの地が、もっとも高度な哲学の生地であると認めたくなる」と述べたように、文明の生誕地として十分な敬意を持って遇せられた。現実のインドには、イスラーム教徒が多く住んでいたのだが、彼らの存在はまったく顧慮されることがなかった。インド哲学を学ぶことは、一九世紀前半のヨーロッパにおけるファッションとまでなったのである。[22]

インドのさらに東方に位置する中国や日本の社会について、一九世紀前半までのヨーロッパの知識は限定されていた。もちろん、中国の文明がきわめて古い歴史を持つことはよく知られていたし、衣類、陶磁器、浮世絵のような質の高い日本の製品は人々を魅了し、ジャポニスムと呼ばれるブームを巻き起こしもした。しかし、「極東」の地についての理解はなお皮相的で、その社会の基盤としての古代以来の多神教も十分に理解されてはいなかった。一九世紀前半の時点では、中国も日本もまだヨーロッパから遠く離れた異境にすぎなかった。「オリエント」や「アジア」の一部ではあっても、人々の頭にくっきりとした一つの像を結ぶには至っていない。

これに対して、「イスラーム世界」は、ヨーロッパのすぐそばに存在していた。その宗教は、キリスト教と同じく、神の預言に基づく一神教を標榜している。あらためて考えてみれば、一八世紀までアラブ人やトルコ人としてキリスト教徒と対峙していた人々は、すべてイスラーム教徒ではないか。これが当時のヨーロッパ知識人の新「発見」だった。再び工藤庸子の鋭い指摘を引用するなら、「一八三〇年のアルジェリア侵出は、宗教の対決となる。フランスは、「アラブ」と「イスラーム」が不可分のものとして立ちあらわれる現場に身をおいたのである」。[23]

こうして人々はごく自然に、「オリエント」全体から宗教としてのイスラームが力を持つ地域を切り取って、そこを新たに「イスラーム世界」と認識するようになった。そこでは、アラブもトルコも変わらない。すべての人はイスラーム教徒なのである。この地域の特徴は何よりもイスラームという宗教に見出された。一九世紀になっても、「アジア」や「オリエント」という言葉は依然として使用され続ける。「イスラーム世界」はこれらの語と並行して、人々の頭により具体的な像を結ぶ言葉として使われるようになるのである。

バーナード・ルイスは、一八世紀までのキリスト教世界の人々が、彼らの隣人を民族名ではなくまず宗教名でとらえており、一般にトルコ人やムーア人という民族名も「ムスリム」と同義の宗教的な意味で使われていたと述べている。そしてその証拠として、ヨーロッパ人がイスラームに改宗したときに使われる「トルコ人になった」という表現をあげている(24)。確かにそのような側面があったことは間違いない。キリスト教徒はイスラーム教徒を自らとは区別していた。しかし、だからといって、一八世紀以前のキリスト教世界の人々が、トルコ人やムーア人に加えて、例えばペルシア人やマレー人が住む領域も含めてすべてを一体の「イスラーム世界」ととらえるという発想を持っていたと考えられるだろうか。また、七世紀から一三世紀までの歴史に登場するサラセン人が、トルコ人やペルシア人と同じムスリムであると考えられていただろうか。すでに上で検討したように、答えは否である。イスラームという宗教を重視し、その信徒であるムスリムすべてを単一の集団としてとらえる発想は、あくまでも一九世紀になってから生まれたものなのである。

このときに創造された「イスラーム世界」という概念が地理的にはっきりとした境界を持っていたとは考えにくい。この空間は地球上に確かに存在はするが、その境界はきわめてあいまいだった。ちょうど当時の人々の頭の中で形成された「ヨーロッパ」が、スラブ系の人々の住む地域をも含む地理的なヨーロッパと一致しなかったのと同様である。ある地域が古くからムスリムの支配者によって統治され、そこに多くのムスリムがいてイスラームが影響力を有していると見なされれば、そこが「イスラーム世界」となった。当時のヨーロッパの人々は、彼らのすぐ隣に実際に存在する空間である地中海沿岸のムスリム居住地域を、漠然と「イスラーム世界」として意識したに違いない。こうしてまず同時代の「イスラーム世界」が生まれた。そのとき、この空間の歴史はまだ存在していない。

一九世紀に生まれた科学的な歴史学が、「ヨーロッパ」と「イスラーム世界」というこのような二項対立的世界観を強化することに大いに貢献したことも指摘しておきたい。よく知られているように、厳密な史料批判に基づいた近代歴史学研究の方法を確立したのは、ドイツの歴史家、レオポルド・フォン・ランケである。岡崎勝世によれば、ランケの「科学的歴史学」の特徴は、人類全体の中でラテン風ゲルマン風民族にだけ内在化された偉大な史的発展の諸要素が存在し、段階から段階へと発展する世界史的運動は、ただ一つ、この住民体系においてのみ実現したと考える点にある[25]。それゆえ、この考えに従って彼が著した『世界史概観』は、ほとんど西ヨーロッパ史と変わらない内容となっている。その目次を以下に記しておこう。

序　章　出発点及び主要概念

1　歴史における「進歩」の概念をいかに解すべきか

2　いわゆる歴史における指導的理念をいかに解すべきか
第1節　ローマ帝国の諸基礎　キリスト紀元最初の四世紀間の概観
1　普遍的世界文学の建設
2　法の発展
3　君主制体制および周到なる行政組織の樹立
4　世界宗教の樹立
第2節　ゲルマン人侵入およびアラビヤ人来征によるローマ帝国の変化
第3節　カロリング期およびドイツ帝政時代
第4節　教権時代（一一世紀から一三世紀まで）
1　法王権の皇帝権からの解放
2　十字軍
3　法王権による俗権の圧服
第5節　第五期（一四世紀および一五世紀）
第6節　宗教改革および宗教戦争の時代（一五世紀末より一七世紀中葉まで）
第7節　列強の成立発展の時代（一七、一八世紀）
第8節　革命の時代
1　君主制的傾向の形成
2　北アメリカの革命

3　フランス革命
4　ナポレオン時代
5　立憲的時代

これが世界史なのである。ランケにしてみれば、人類諸社会のうちで発展した部分だけが書くに値するものだった。言うまでもなく、ラテン風ゲルマン風民族としては、具体的にはイギリス、フランス、ドイツ、それにイタリアやスペインといった西ヨーロッパ諸国の人々が想定されている。人類史上で、この人たちだけが他とは異なり発展を遂げたと考えられたのだ。この歴史観は、当時の西ヨーロッパの人々の自尊心を満足させ、発展した自分たちと停滞したままの他者を区別するという意識を助長したに違いない。あるいは逆に、そのような意識がランケ的世界史観を生み出したというべきなのかもしれない。フュックによれば、ランケはイスラームをキリスト教ヨーロッパの最大の敵対者とみなしていたという(26)。

このように、人々の間で、進歩し、世俗化し、文明化したプラスの「ヨーロッパ」という考え方が強まるにつれて、そこから除外されたその周辺のムスリム居住地域が、マイナスの「イスラーム世界」として、あぶり出されるように姿を現した。「ヨーロッパ」と「イスラーム世界」はその意味で正に双子の概念だった。

正確にいつ誰がどこではじめて「イスラーム世界」という語を用いたのかを特定することは、現在のところ難しい。

サイードによれば、ナポレオンがセント・ヘレナ島で口述筆記させたエジプト遠征の回顧録では、一七八二年から一七八五年にかけてエジプト・シリアを旅したヴォルネー[27]の旅行記（一七八七年に出版）や『露土戦争に関する考察』が参照されている。ヴォルネーの判断では、フランスの「オリエント」制覇には三つの障害があり、フランス軍は必ず三つの戦いを遂行しなければならない。その第一はイギリスとの戦い、第二がオスマン帝国政府との戦い、そして第三がもっとも困難なイスラーム教徒との戦いであるという[28]。この考え方は、イスラーム教徒全体を一つのものと見なしているようにも見える。しかし、彼の『シリア・エジプト紀行』には、「イスラーム世界」という表現はあらわれない。この本では、宗教としてのイスラームの影響についての一節は、シリアの政治状況という章の中に含まれる。サイードはその部分を「宗教および政治制度の体系としてのイスラムに対し、教条主義的な敵意を示すものであった[29]」と批判しているが、そこに記されているのは、あくまでもシリアという限定された空間におけるムスリムとキリスト教徒の関係である。この旅行記をざっと読んだ限りでも、ヴォルネーは、彼が出会った現地の人々をトルコ人、アラブ人という伝統的な語彙で呼んでいる[30]。イスラームという宗教についての彼の基本的な認識は、一九世紀のルナンとそれほど変わらないとは言えるが、彼の文章では「イスラーム世界」という一般化はまだ明示的にはなされていない。「イスラーム世界」という概念が意味を持ち、知識人がその意味を理解して使用するようになるのは、やはり、フランス革命の後、「世俗化」を人々がはっきりと意識するようになる一九世紀はじめになってからではないだろうか。

いずれにせよ、著名な自由主義者で『アメリカの民主主義』の著者アレクシス・ド・トクヴィルが、一八四三年に友人のアルチュール・ゴビノに宛てた次のような手紙の文面を読むと、すでに一九世紀前半の段階で、マイナスの属性を持った「イスラーム世界」が、ヨーロッパの知識人によってはっきりと意識されるようになっていたことがわかる。

ぼくは腰をすえてコーランを勉強してみた。とくに、アルジェリアやオリエント全域でのムスリム住民にたいするわれわれの姿勢のためだ。世界にはいろいろな宗教がある。しかし、率直にいって、あらゆる点を勘案しても、この世でマホメットの宗教ほど、人間にとって忌まわしい宗教はほとんどないという確信をこの学習から得たというものだ。ぼくの感じでは、今日では誰の目にも明らかなイスラーム世界（le monde musulman）の没落の主な原因は、この宗教そのものにある。それは、古代の多神教のように愚にもつかない宗教ではない。しかし、ぼくの考えでは、その社会や政治の傾向は多神教などよりはるかに恐ろしいものだ。そこで、ぼくは異教自体と比べてみても、イスラームを進歩として考えるよりも、むしろ退廃としてとらえている。（一八四三年一〇月二三日付、アルチュール・ゴビノ宛書簡）[31]

「イスラーム世界」という言葉が使われているわけではないが、他にも、トクヴィルと同様のイスラーム認識は、一九世紀半ば頃のヨーロッパ諸語文献の中で、数多く見つけることができる。いくつか例を挙げておこう。

最後に私はひとことだけつけ加えておきたい。アフリカの害悪の多くはイスラームからきている。われわれの今日の植民地においても、将来のそれにおいても、たとえそれがセネガルにおいてしばしばそうであるようにもっとも魅力的な美名のもとにあらわれてこようとも、イスラームに力を貸すことは断じてあってはならない。それに対して公然と戦いを挑むことは、おそらく若干の不都合をもたらすであろう。しかしそれに手を貸すことは、その何倍かの害をもたらすはずである。（ユジェーヌ・マージュ『西スーダンへの旅（1863-1866）』）[32]

イスラームの専制主義がいかなる社会的進歩の種ももっていないこと、その革命とその支配が支払わせつづけている血と犠牲が、キリスト教徒のばあいのような社会の状態の進歩によってはけっしてあがなわれないことを述べておこう。（ガッリエニ『フランス領スーダンへの旅』）[33]

トクヴィルの手紙から読み取れるイスラーム世界認識の延長線上に、ルナンのイスラーム観があったことは間違いない。ルナンの思想は彼とともに突然現れたわけではない。工藤が言うように、「近代ヨーロッパの文明と呼ばれるものが、宿命的に、そのような思想家（ルナンのこと）を生んだ」[34]のである。

以上の検討から、「ヨーロッパ」と「イスラーム世界」という二つの用語によってユーラシア西方を区分し、この二つの空間を対照的に捉えるという発想が、一九世紀「ヨーロッパ」に淵源を持ち、近代という時代に特有の世界認識であることが了解されるだろう。

このマイナスの属性を持つ「イスラーム世界」という空間概念を、私は序論では説明しなかった。現代の私たちから見れば、それはあまりに単純でバイアスがかかりすぎている。それに、少なくとも、日本のイスラーム研究者でこのような意味の「イスラーム世界」という語を用いて議論を行う人はいないからである。しかし、実はこの一九世紀ヨーロッパ的な概念こそが、欧米の知識人や一般の人々の意識の中にしっかりと定着し、今日までイスラームやムスリムに関連して何か事件が起こるたびに繰り返し持ち出されているのではないだろうか。

むろん後で述べるように、欧米でもムスリム諸社会を研究する東洋学者や地域研究者がこのように単純な見方をとっているわけではない。しかし、“Yes or No”という二項対立的な思考方法に慣れ親しんだ欧米の一般の人々にとって、自分たちの社会をYesとする限り、その基準に適合しない社会はすべてNoとなってしまいがちである。ある地域を専門に研究する研究者とその地域についてほとんど何も知らない一般の人々との認識の差は、欧米においては日本以上に大きい。欧米のメディアの報道や解説に見られるこの単純な「イスラーム世界」論は、しばしばそのままの形で日本のメディアにも持ち込まれ、日本人一般の思考や世界認識にも大きな影響を与えていると私は思う。

プラスの「イスラーム世界」

一方、アフガーニーの考えるようなプラスの属性を持った「イスラーム世界」の起源も、実は近代ヨーロッパ思想に負うところが大きかった。すでに第I部で見たように、一五世紀以前にも、ムスリムの支配者が領有する土地という意味での「イスラーム世界」という語が、アラビア語世界史書や地理書の一部に見られた。しかし、それは必ずしもすべてのムスリムにとって重要な世界認識というわけではなかった。とりわけ、時代が下り、ムスリム居住地が政治的に分裂して、互いに争うようになると、それらをまとめて一体の地域と見なす考え方は、現実には通用しなくなっていった。また、一般に人間が自らのアイデンティティーを強く意識するのは、社会的に弱者や少数派となったときである。一八世紀以前の段階では、中東地域に住む大部分のムスリムはまだ自分たちが世界の中心に位置していると考えており、そのような感覚を持つに至らなかっただろう。

ところが、一九世紀半ばすぎになると、オスマン帝国領内にあらわれた啓蒙家、立憲主義者である「新オスマン人」が、「イスラームの統一（Ittihād-i Islām）」、すなわち「パン・イスラミズム」という考え方を打ち出す。新井政美によると、オスマン語ではじめてこの言葉が使用されるのは、一八六八年一〇月のことだという[35]。その後、一八七〇年代に入ると、この考え方はオスマン帝国の領域で大きな影響力を持つようになった。「イスラームの統一」を主張する人々は、イスラームを中核にしてオスマン帝国の住民をまとめ、たがゆるんだ帝国の再興を成し遂げようと試みたのである。「イスラームの統一」論は勇ましい主張ではあるが、そこには帝国住民の中に多数存在した非ムスリムへの配慮がまったく欠けている。このため、帝国領内での非ムスリムの扱いに敏感なヨーロッパ諸国の世論を気にしたオスマン政府が、「イスラームの統一」という言葉の使用を禁じるといった事態も生じた。

このパン・イスラミズムという思想や運動が、オスマン帝国社会の内部で単独で突然発生したとは考えにくい。むしろ、当時のヨーロッパで国民統合の理念が大きな力を持ち、パン・スラヴィズムやパン・ゲルマニズムといった考え方が盛んに喧伝されていたことと大いに関係していたはずである。ヨーロッパの知識人の間でイスラームがマイナスの価値を付与されていったちょうどその時期に、ムスリムの中でその同じ言葉にプラスの意味を持たせようとする人々が現れたわけである。当初の「新オスマン人」による「イスラーム世界」の語義は、スラブの統一、ゲルマンの統一という考え方と同じレベルにとどまっている。むしろ、オスマン帝国という政体を維持するための言説とも考えられ、必ずしも植民地主義に対抗するイデオロギーとして用いられたわけではない。

アフガーニーの思想の独創性は、この考え方を一歩進め、ヨーロッパ列強がムスリム居住地域に進出することに対抗するイデオロギーとして、オスマン帝国という国家の国境を越えた「イスラームの統一」を持ち出したところにある。新オスマン人の主張とアフガーニーの思想には、このように相当な相違がある。しかし、後者が前者からその発想を得たことは間違いないだろう。その意味で、アフガーニーの考え方は新オスマン人たちの主張の延長線上に位置しているといってよい。とすれば、アフガーニーの目指すプラスの「イスラーム世界」は、たとえそれが「ウンマ」すなわちムスリムの共同体的な側面を強調したとしても、やはり一九世紀ヨーロッパにおける社会変動や思潮の影響によって創造されたと考えてよいのではないだろうか。

ムスリムの統一をうたうアフガーニーの「イスラーム世界」が、序論で整理した現代の「イスラーム世界」の意味のうちの(1)、すなわち「理念的なムスリムの共同体」にあたることは言うまでもない。これは、第I部で明らかにした前近代ムスリムの世界観・歴史観における「イスラーム世界」（序論の定義(4)、すなわちムスリム支配者が統治する空間）とは直接結びつかない。後者は現実に存在した空間として理解されていたのに対して、前者はあくまでもイスラーム主義者の頭の中で想定された理念的な空間だからである。日本で今日に至るまでしばしば見られる「イスラーム世界」という語をめぐる言説の混乱の多くは、この二つの「イスラーム世界」を結びつけて考えるところから生じているように思える。この点については、後に再び述べることにしよう。

（1）工藤庸子『ヨーロッパ文明批判序説』二六九頁。
（2）工藤庸子『ヨーロッパ文明批判序説』四一五頁。
（3）現に、最近再版されたテキストの題名は、Islam に修正されている。Ernest Renan, *L'Islam et la science. Avec la réponse d'Afghānī*, Archange Minotaure (Montpellier), 2003. ここではこのテキストを使用する。
（4）Renan, *L'Islam et la science*, p.10.

（5）Renan, *L'Islam et la science*, p.11.
（6）"le monde musulman" という表現ももちろん使用している。例えば、p.12.
（7）Renan, *L'Islam et la science*, p.12.
（8）Renan, *L'Islam et la science*, pp.12-33.
（9）工藤庸子『ヨーロッパ文明批判序説』三二七頁。
（10）私のこの意見は、加藤博のルナンに対する好意的、肯定的な評価とはまったく異なっている。加藤が引用している宮崎市定訳のルナンの文章の原文を私は見ていないが、これはあるいは次に全否定する前に一旦対象を肯定した部分だけを翻訳したものではないだろうか。いずれにせよ、『イスラームと科学』という講演の原稿を読んだ限りでは、私は、ルナンがキリスト教よりもイスラームを先進的だと評価していたとは思えない。加藤博『イスラム世界論』一八―二二頁。
（11）Renan, *L'Islam et la science*, p.50.
（12）Renan, *L'Islam et la science*, pp.35-47. この論争については、中西久枝が簡単に紹介している。「アフガーニーのパン・イスラミズムの思想と反帝国主義闘争」『アフガーニーと現代』（「イスラーム地域研究」刊行のシンポジウム報告）、二〇〇〇年、二八―三〇頁。のちに、同『イスラームとモダニティ――現代イランの諸相』風媒社、二〇〇二年、二四―二五頁に再録。ただし、まとめ方については、私の解釈とはやや違いがある。
（13）Renan, *L'Islam et la science*, pp.49-56.
（14）「イスラーム主義」とは、「イスラームの理念を掲げ、最終的には、イスラーム法によって秩序づけられた国家（ウンマ）を建設しようとする政治（時として社会、文化）運動、およびそのイデオロギー。とりわけ近代以降に生れたものをさす」（大塚和夫「イスラーム主義」『岩波イスラーム辞典』）。大塚和夫『イスラーム主義とは何か』（岩波新書、二〇〇四年）は、イスラーム主義の要点をわかりやすく解説した良質の参考書である。

(15) 栗田禎子「アフガーニーと批判者たち」『アフガーニーと現代』一四頁。なお、この栗田論文は、アフガーニーが、西洋のオリエンタリストとイスラーム主義者の両方から「不信心者」として批判されている現状を分析し、オリエンタリストとイスラーム主義者の共犯関係を指摘したもので、非常に興味深い。

(16) 工藤庸子『ヨーロッパ文明批判序説』一二九頁。

(17) 現代フランスのスカーフ問題を見ても、「世俗化」は、近代ヨーロッパや現代世界を理解するためにきわめて重要な研究テーマだと思われる。しかし、管見の限り、我が国のヨーロッパ史研究ではこのテーマを扱った研究は多くない。工藤『ヨーロッパ文明批判序説』、谷川稔『十字架と三色旗』山川出版社、一九九七年を参照。ヨーロッパでは、フランスを中心にこのテーマについて一定の蓄積がある。Jacques-Olivier Boudon, Jean-Claude Caron, Jean-Claude Yon, *Religion et culture en Europe au 19e siècle*, Armand Colin (Paris), 2001, Jean Baubérot, *Histoire de la laïcité en France*, Presses Universitaires de France (Paris), 2000, Jean Baubérot et Séverine Mathieu, *Religion, modernité et culture au Royaume-Uni et en France*, Editions du Seuil (Paris), 2002 などを参照。

(18) Jacques Le Goff, *L'Europe est-elle née au Moyen Age?*, Seuil (Paris), 2003, p.13. なお、Europe の形容詞形である european, européen は、一五世紀頃から使用されはじめるという。Denys Hay, "《Europe》 et 《Chrétienté》", Yves Hersant, Fabienne Durand-Bogaert, *Europes. De l'Antiquité au XXe siècle. Anthologie critique et commentée*, Robert Laffont, 2000, pp.54-55.

(19) もちろん、世俗化が一方的にプラスの価値を持ち、ヨーロッパの社会が雪崩を打つようにそちらの方向へ進んだわけではない。一九世紀を通じて、世俗主義と宗教は対立、妥協を繰り返していた。社会の世俗化が本格的に進むのは、むしろ二〇世紀になってからとも考えられる。しかし、少なくとも、世俗化という現象が起こっている「ヨーロッパ」から見て、そのような動きがまったくみえない「イスラーム世界」がきわめて宗教的に見えたことは間違いないだろう。

(20) Christopher Alan Bayly, *The Birth of the Modern World. 1780-1914,* Blackwell Publishing (London), 2003, pp.325-365.

(21) Bayly, *The Birth of the Modern World,* p.327.

(22) 工藤庸子『ヨーロッパ文明批判序説』二九九―三〇一頁。同「「アーリアの叡智」を求めて――ロティ／1900年／インド」石井洋二郎・工藤庸子（編）『フランスとその〈外部〉』東京大学出版会、二〇〇四年も参照のこと。

(23) 工藤庸子『ヨーロッパ文明批判序説』三二四頁。

(24) Bernard Lewis, *Islam in History*, p.11.

(25) 岡崎勝世『世界史とヨーロッパ』一八六頁。

(26) J. W. Fück,"Islam as an Historical Problem in European Historiography since 1800", Bernard Lewis and P. M. Holt (eds), *Historians of the Middle East,* p.307.

(27) 一七八〇年代に長崎のオランダ東インド会社商館の商館長だったツェンベリは、ヨーロッパ帰還後、ヴォルネーと知り合い、その日本見聞録のフランス語版を出版するように勧められている。シリア・エジプト研究者のヴォルネーと日本研究者のツェンベリは同じ学問を専攻する学者であったことがわかって興味深い。横山伊徳（編）『オランダ商館長の見た日本――ティツィング往復書翰集』吉川弘文館、二〇〇五年、三一一、三一八―三一九頁。

(28) エドワード・W・サイード『オリエンタリズム』八二頁。

(29) エドワード・W・サイード『オリエンタリズム』八二頁。

(30) Volney (Constantin-François Chassebeuf), *Voyage en Egypte et en Syrie,* publié avec une introduction et des notes par Jean Gaulmier, Mouton & Co. (La Haye), 1959.

(31) Alexis de Tocqueville, *Oeuvres complètes,* tom. 9, 1959, p.69. 山内昌之『帝国と国民』岩波書店、二〇〇四年、六五頁の訳文を転用。

(32) 竹沢尚一郎『表象の植民地帝国――近代フランスと人文諸科学』世界思想社、二〇〇一年、六四頁から引用。
(33) 竹沢尚一郎『表象の植民地帝国』七四頁。
(34) 工藤庸子『ヨーロッパ文明批判序説』四一五頁。
(35) 新井政美「オスマン帝国とパン・イスラミズム」『アフガーニーと現代』三六頁。

第三章　東洋学と「イスラーム世界」史研究

1　東洋学の成立

地中海東岸より東方に位置するオリエント（東方）、ないしアジアに関して、ラテン・キリスト教世界の人々は中世以来少なからず関心を抱いてきた。その理由は大きく二つに分けて考えられる。一つは、オリエントがキリスト教発祥の地、聖書の物語の舞台であったため、もう一つは、現実の政治、通商の交渉相手としてオリエントを知る必要があったからである。このような関心のあり方に対応して、すでに一七世紀には、東方を訪れて実際に古代の遺跡に触れ、そこに記された未解読の文字について報告する旅行者が現れ、それほど体系的とはいえないにしても、アラビア語やペルシア語、トルコ語といった中東の諸言語が、ヨーロッパ各地の教育機関で教えられるようになっていた。

偉大な古代文明の遺産である難解な文字で記されたテキストの意味を解明すること、東方の風俗習慣を知り、その言葉を読み書き話すこと、さらにそれらを通して東方諸文明を総体として理解しようとする知的営為が、いわゆる「東洋学」という学問体系として人々にはっきりと認識されるようになるのは、ほぼ一八世紀末頃のことである[1]。その頃には、各国東インド会社の精力的な商業活動がもたらした文物によって、ヨーロッパの人々の東方への関心はさらに遠方にまで拡がっていた。それまで地中海東岸地域からせいぜいイラン高原あたりまでを漠然と指していた「オリエント」の範囲は、南アジアから東アジアにまで拡大し、それにともなって「東洋学（Oriental Studies、あるいは、Orientalism）」は、中東だけではなく、インドや中国、日本に関する人文学的研究をも包含することとなった。この広大な地域全体を指す言葉として、「オリエント」と並んで「アジア」がしばしば使われ、一七八四年にはカルカッタで「ベンガル・アジア協会（Asiatic Society of Bengal）」、ヨーロッパでも一八二二年パリで「アジア協会（Société Asiatique）」、翌年ロンドンで「王立アジア協会（Royal Asiatic Society）」が組織されるなど、一九世紀前半には東方諸地域に関する研究の成果を発表し情報を交換するための学会が欧米各国で続々と誕生するようになった。シャンポリオンによるエジプト神聖文字の解読が、フランス・アジア協会設立と同じ年の出来事であることは決して偶然ではない。

東洋学ではしばしば古い時代の文献を扱うため、多くの研究は必然的にオリエントの過去を論じることになる。その点で東洋学の関心や手法は、今日私たちが歴史学と呼ぶ学問のそれと重なる部分がある。しかし、文献を解読しそこに記された感情や思想などを理解把握しようとする点では、文学や宗教学、哲学と、文献を徹底的に批判し厳密に解釈しようとする点では、言語学、文献学（philology）とも大いに関わっている。東洋学者は、言語、宗教、哲学、歴史、文学など、東洋に関する人文学的知識を広く有し、そのうえで各自が特に専門とする分野を持つことが期待された。その意味で、東洋学は、いわば一九世紀人文学的な地域研究であったということもできよう。私たちは、中東や「イスラーム世界」の歴史を研究する過程で、一九世紀から二〇世紀にかけての欧米の研究者の業績をいまなおしばしば参照するが、彼らはあくまでも歴史に詳しい「東洋学者」なのであり、「歴史学者」ではなかったことに注意しなければならない。

ところで、ウォーラーステインは、一九世紀後半から二〇世紀前半におけるヨーロッパの学問体系成立の前提となった諸条件やこの学問体系自体の有する今日的問題を論じた著作の中で、人文社会科学系の諸学問を以下のように三つに分類している。(2)

①一九世紀以前からすでに存在した学問……神学、哲学、法学
②進歩し普遍性を持つヨーロッパ世界を理解するための学問……政治学、経済学、社会学、歴史学
③不変で特異な非ヨーロッパ世界を理解するための学問……東洋学、人類学、民族学

この分類は、今日存在する諸学問の系譜を知る上できわめて興味深い。本書との関係でとりわけ重要なことは、東洋学と歴史学はそもそも異なったカテゴリーに属する学問だったとされている点である。東洋学は、文字資料の少ない「未開」地域を理解するための学問とされる人類学とならんで、非ヨーロッパ世界を理解するための学問とされるのに対して、歴史学はヨーロッパの起源を探り、その歩みを明らかにするための学問と位置づけられているのである。(3) 前章で触れたランケの『世界史概観』を見る限り、ウォーラーステインの指摘はた

しかにあたっている。

主として文献資料を批判的に用いて過去を解釈し、政治・社会・経済・文化などの転変を合理的に説明しようとする点で、歴史学の基本的な研究手法は、過去について記した文献さえ存在すれば世界のいずれの地域についても適用が可能なはずである。しかし、ヨーロッパで成立した近代歴史学の主眼は、段階を経て進歩してきたヨーロッパの過去を理解することに置かれていた。したがって、ヨーロッパ世界の起源や成立、展開に関して多くの議論が行われ、膨大な研究業績が積み重ねられてきた。その一方、停滞したままで進歩しないヨーロッパ以外の地域は基本的に歴史学者の関心の外に置かれた。そこは、東洋学者や人類学者、それに民族学者らの活躍する領域だったのである。

2　東洋学への「イスラーム世界」概念の導入

前章で述べたように、一九世紀半ば頃までには、世俗化がすすみ、科学技術が進歩した自らの居住するプラスの空間を「ヨーロッパ」と認識した知識人が、これと対比する形で、宗教が人間生活のすべてを規定し停滞したままのマイナスの空間である「イスラーム世界」という概念を形成しつつあった。しかし、「イスラーム世界」と一括して枠をはめられることになった時空で記された文献を研究対象とする東洋学の研究者たちは、必ずしも当初からその枠組みに従って研究を行っていたわけではない。

フランス東洋学の場合

例えば、一九世紀ヨーロッパにおける東洋学の最大の拠点だったパリでは、一八二二年以来アジア協会が学術雑誌の『アジア雑誌（*Journal asiatique*）』を発行するが、この雑誌に掲載された論文の題名を第一巻から順に見てゆくと、“le monde musulman”という単語を使った論文は、一九世紀前半にはまったく現れない。アジア協会の有力メンバーだったモールが、一九世紀半ば頃この協会のそれまでの活動に関する回想録を著している。これを見ると、協会で発表された論文や報告は、アラブ、ペルシア、トルコという民族別に区分されている。(4)「イスラーム」ないしは「イスラーム世界」研究というカテゴリーは彼の回想録には存在しない。つまり、一九世紀半ばまでの段階では、「イスラーム研究」、「イスラーム世界研究」または「イスラーム学」という学問は、フランスではまだ成立していなかったと考えてよいだろう。

それからおよそ半世紀を経た一九二二年、創立百周年を迎えたフランスの「アジア協会」は、それを記念して一冊の書物『百年記念誌（一八二二―一九二二）』を出版した。(5)この本の第一部ではアジア協会の歴史が、第二部ではフランスにおける東洋学（Orientalisme）の各分野の主要な業績が紹介されており、二〇世紀初めの時点で東洋学がどのようなテーマを研究する学問だと理解されていたのかがわかって興味深い。この本の第二部で取り上げられている東洋学の十三の学問分野を次に抜き出してみよう。

1　エジプト学（L'Egyptologie）、2　アッシリア学（L'Assyriologie）、3　ヘブライ語文献学、聖書注釈学、パレスチナ考古学、セム語碑銘学（La philologie hébraïque, l'exégèse biblique, l'archéologie palestinienne et l'épigraphie sémitique）、4　アラム学（Les études araméennes）、5　エチオピア学（Les études éthiopiennes）、6　イスラーム学（Islamisme）、7　アルメニア学（Les études arméniennes）、8　古代イラン学（Les études iraniennes anciennes）、9　インド学（L'Indianisme）、10　インドネシアとインドシナ（Indonésie et Indochine）、11　中国学（La Sinologie）、12　日本学（Les études japonaises）、13　地理学（La Géographie）

六番めに「イスラーム学」という学問分野が挙げられている。したがって、フランスでは、一九世紀半ば以後二〇世紀初めのこの時期までの間に「イスラーム学」が認知されたと考えてよい。

この一覧を見れば確認できるように、全部で十三の学問分野のうちで、半数以上の七つ（1、2、3、4、6、7、8）が今日の中東地域に関わっている。そして、その多くは、アラム学やアッシリア学に典型的に見られるように、東方地域の古代文献や遺跡に関する研究分野である。東洋学の中で今日の中東地域についての研究の占める重要性がわかるとともに、東洋学が東方諸地域の過去を扱う学問であることがよく理解できる。

地理学を除く十二の学問分野について見ると、これらの大部分は、「中国学」「インド学」「日本学」のように、一つの言語（インド学の場合は、サンスクリット語）とそれに対応する地域を基準として分類されている。これに対して、「イスラーム学」は、その研究分野に複数の言語、具体的には、アラビア語、ペルシア語、トルコ語、を含んでいる点に注目したい。この学問だけは、単純な地理的地域ではなく、イスラームという宗教を基準にして学問の枠組みが作られているのである。この枠組みを採用したため、イラン（ペルシア）地域で記された文献を扱う学問的営為は、古代イラン学とイスラーム学の中の一部とに引き裂かれることになった。両者は、使用される文字が違うとはいえ、ともに広義のペルシア語文献を研究対象とするにもかかわらず、である。

それでは、ここでいう「イスラーム学」とはどのような内容を持つものなのだろうか。この本の「イスラーム学」の項目では、クレマン・ユアールによってフランス・アジア協会過去百年の業績が詳しく紹介されている。それは、「時間と空間においてかくも多様なイスラーム世界」(6)を理解するため、きわめて多岐に亘っている。アジア協会創設の立役者となったシルヴェルトル・ド・サシによるアラビア語文法や選文集に始まり、アラビア語、ペルシア語、トルコ語の辞書類、文学、地理、歴史関係の文献の校訂や翻訳、これらの文献を用いた各種の研究、イスラーム各宗派の思想研究、モスクなどの宗教建築の壁面に記された碑銘研究、考古学や建築史研究、古銭研究、それに、植民地における軍人や植民者用の実際的なアラビア語口語習得用テキストやアラブ人用のフランス語文法書なども紹介されている。

まず注目すべきなのは、サシの研究がイスラーム学の一部と考えられていることである。サシ自身は、東洋学者としてアラビア語やペルシア語の文献を研究したのであって、イスラームを研究するという意識は持っていなかったはずである。実際、一九世紀半ば頃には、モールが彼の業績を、アラビア語、ペルシア語という項目の下で紹介している。一九世紀後半から二〇世紀初めの五十年の間に、「イスラーム世界」を一つの空間として把握する世界認識が東洋学者の間でも一般化すると状況は大きく変化し、二〇世紀にはサシの研究はイスラーム学の範疇にあると見なされるようになったのだ。

イスラーム学の項目で紹介されている業績の内容をさらに具体的に紹介してみよう。以下に十点の研究題目をその著者名、引用頁とともに挙げる。指の関節で数を数える方法（Sylvestre de Sacy, p.142）、ユークリッドの失われた著作二点のアラビア語訳（François Woepcke, p.154）、『選史（Tārīkh-i Guzīdah）』というペルシア語歴史書によるカズヴィーンの町の描写（Barbier de Meynard, p.164）、スィーディー・アフメド・ベン・ユースフによる風刺的諺（René Basset, p.175）、イェルサレムのアラビア語方言についての研究（M. A. Barthélemy, p.178）、ドクルドマンシュ（Decourdemanche）のイスラーム写本（manuscrits musulmans）コレクションの目録（E. Blochet, p.182）、マグリブの人々による干ばつの際の雨乞い儀式について（Alfred Bel, p.183）、サン・プリスト伯によるオスマン帝国駐在フランス大使館と地中海東部（Levant）におけるフランス人の貿易（Charles Schefer, p.186）、ハールーン・アル＝ラシードの息子ムウタシムのサーマッラーにおける宮殿とあまり知られていないメソポタミアのアラブ建築（M.H. Viollet, p.195）、三人のアラブ人音楽家の生涯（Clément Huart, p.204）。

私はこれら十点の研究業績を意図的に持ち出したわけではない。無作為に頁を開いて、そこで目についたテーマをそのまま取り上げただけである。もちろん、これら以外に、ドゥルーズ派やスーフィー教団についての研究、イブン・タイミーヤの思想についての研究など、宗教としてのイスラームに関わる研究も紹介されている。しかし、大部分の業績は、ここに見られるように宗教としての狭義のイスラームとはほとんど無縁である。これらが「イスラーム学」の業績としてひとまとめで説明されるためには、どこかに共通点がなければならない。それは何か。言うまでもなく、すべての研究が何らかの形でムスリムやムスリムの居住する地域に関わっているという点である。日本やインドを一つの地域と考えて、日本学、インド学が成立するように、「イスラーム世界」という地域を想定し、それに関連する研究はすべて「イスラーム学」と見なすからこそ、この一見雑然としたテーマが同じ範疇に入るのである。その背後に、イスラームは単なる宗教ではなく、信徒の生活全般を規定するという考え方が確固として存在していたことは疑いない。

イスラーム、ないし「イスラーム世界」研究は、フランスでは一九世紀後半に社会的な認知を受けた。これは、アルジェリア植民地で社会におけるイスラームの影響力の大きさが認識され、それをいかに植民地行政の内部に取り込んでゆくかが真剣に考え始められた時期と一致する。アルジェリアでは多くのイスラーム研究組織が創設され、それが「アジア協会」を中心とするパリの学術研究組織と結びついた。(7) 一八八五年にはパリのフランス高等研究院(Ecole Pratique des Hautes Etudes) にイスラーム研究の講座が開設される。研究者自身も「イスラーム世界」という空間認識を持ち始め、一九〇七年には、学術雑誌として『ムスリム世界通覧（*Revue du monde musulman*）』の刊行が始まっている。「ムスリムは、人種や国籍に関係なくムスリムである」という先に紹介したルナンに代表される思想は、この頃までにはフランスの東洋学者の間でも完全に受け入れられていた。

もっとも、フランス東洋学に限っていえば、「アジア協会」が百周年記念誌を出版した一九二二年の時点では、「イスラーム世界」全体を対象とする歴史はまだ記されていない。「イスラーム世界」自体が一九世紀になって新しく創造され、主として現代に関わる空間概念であったうえ、アラビア語文献研究、ペルシア語文献研究、トルコ語文献研究などのように言語別に対象地域の人文学的研究を行うことが多かった東洋学者にとって、複数の言語を駆使し広大な地域と長いタイムスパンを対象とせねばならない「イスラーム世界」史を叙述することは相当に難しかったのである。

イギリス東洋学の場合

イギリスの東洋学についても、簡単に一九世紀の状況を説明しておこう。イギリス人が主導するアジア研究組織としては、一七八四年にすでにインドのカルカッタに「ベンガル・アジア協会」、一八〇四年にボンベイに「ボンベイ文学協会（The Literary Society of Bombey）」が作られていた。これらに加えて本国ではじめてアジア研究の学会ができるのは、フランスより一年遅く一八二三年のことである。この年、ロンドンで「王立アジア協会」が設立された。創立時の規約によると、この協会が研究の対象とするのは、アジア全域の歴史、政治、組織、風俗習慣、言語、文学、科学などだった。興味深いのは、この協会のいう「アジア」が地理的な意味のアジアに限定されず、マホメット教（Mohammedanism）の広がった西アジアにつながる部分も含むとしている点である。「西アジアにつながる部分」として想定されていたのは、言うまでもなくオスマン帝国領のバルカン半島や地中海南岸の北アフリカのことだろう。[8] イスラームの拡がっている地域は自分たちの属する場所ではなく、研究の対象となるのだという暗黙の前提があったことがはっきりと読み取れる。ただし、これだけから、イスラームが拡がっている地域が一括して「イスラーム世界」と認識されていたとまでいうことはできないだろう。

「王立アジア協会」もパリの「アジア協会」と同様、創立百年を経た一九二三年に記念誌を出版している。この本には、協会百年の略史とこの間協会が刊行した雑誌類[9]に掲載された論文の題目索引が含まれている。この索引によると、この協会の雑誌類に掲載された論文のおよそ半数がインド関係である。一九世紀のイギリス東洋学にとって、植民地化を進めていたインドがもっとも重要な研究対象だったことがよくわかる。

フランスの「アジア協会」とは異なり、『王立アジア協会百年誌』の場合は、「イスラーム学」という枠組みは採用されず、あくまでも国や地域別に論文が分類されている。しかし、インドについても「インド以外」についても、イスラームが大きな意味を持っていたことは、索引の前におかれた次の文章から明らかである。

主としてマホメット教（Mohammedanism）の征服のために、西アジアの古代の状況はその近代の状況とは完全に異なっている。したがって、この勢力の勃興でもって時代を区切り、パレスチナ、シリア、メソポタミアとペルシアについては、これより前をすべて古代（ancient）、これより後をすべて近代（modern）とする。インドについても、マホメット教徒（Mohammedans）はまったく新しい時代を開いた。したがって、彼らが本格的に侵入しはじめる一〇〇〇年頃を分岐点とし、地理、ヒンドゥー教、歴史、言語については、古代と近代に分割される。[10]

なぜ、イスラーム（本文では「マホメット教」）の勃興や侵入の前後で各地域の時代が完全に区分できるのかについて説明はない。とにかく、イスラームによって、歴史は大きく変わるというのが、この文章を書いたパージターの考えなのである。

アフガニスタンとバルチスタン、アフリカ、アラビア、中央アジア、小アジア、東インド諸島、エジプト、メソポタミア（近代）、パレスチナとシリア（近代）、ペルシア（近代）、トルコなどが、「イスラーム世界」に関係する論文を含むはずの項目だが、これらを子細に調べてみると、その大半が各地の言語や文献についての業績であることがわかる。必然的に「イスラーム」や「ムスリム」という単語を題名に含む論文の数は非常に少ない。「イスラーム世界」という枠組みで記された論文は皆無である。イギリス東洋学の本山だった王立アジア協会の雑誌に発表された論文だけに限れば、二〇世紀初頭までのイギリス東洋学の「イスラーム世界」研究はフランスや次に述べるドイツと比べて相当低調だったと言わざるをえない。王立アジア協会は一八七六年に会員の数が百四十人に落ち込み、存亡の危機に立つほどだったという。[11]東方諸地域に多くの権益を有していたイギリスの場合、現地、とりわけインドで実務に携わる官僚は多数養成していたが、文献をじっくりと読んで研究を進める学者は本国でなかなか育たなかったのかもしれない。ロンドン大学に「東洋研究学院（School of Oriental Studies）」（後に「東洋・アフリカ研究学院（School of Oriental and African Studies）」に改称）が設立されるのは、一九一六年になってからである。イギリス東洋学がインド学以外の分野についても研究体制を整え、活発な研究成果を生み出すようになるのは、むしろ二〇世紀になってからのことだと考えてよい。

このような事情を考慮すれば、一九世紀にイギリスや英語圏で「イスラーム世界」通史が記されなかったのは当然だといえる。そもそも、ムスリムが居住する諸地域の歴史に関する研究成果の数も限られていた。ただし、一八九四年にレイン＝プールが『マホメット教諸王朝（*The Mohammadan Dynasties*）』という書を出版している。[12]この本は著者が大英博物館で二十年にわたって続けてきた貨幣研究の成果であり、西はイベリア半島から東はインド亜大陸までの範囲に興隆したいわゆるイスラーム王朝の略史、系図、歴代君主の統治年代を、図や表を使ってまとめた簡便な参考書である。通史ではないが、通史を記すための材料を集めた本といえるだろう。著者は「イスラームの統治（the rule of Islam）」という表現を用い、「イスラーム世界」という言葉そのものは使用していない。しかし、この書はムスリム支配者の王朝だけを扱っており、明らかに「ムスリム支配者の統治する領域」を対象とした歴史書である。世界全体の中で「ムスリム支配者の統治する領域」だけを切り取ってその歴史に関わる材料を提示しているという点で、その立場は、次に述べる「イスラーム世界」史の創始者であるドイツのミューラーと変わらないといえるだろう。アラブ年代記作者の古典的な「イスラーム世界」概念は、一九世紀末までにはイギリスの東洋学者に受け入れられていたと考えてよい。

3　「イスラーム世界」史の誕生

一九世紀のヨーロッパで、今日の私たちがいうイスラーム学研究がもっとも早く組織的に行われたのはドイツ語圏である。この地域では、一八世紀後半に文献学の研究方法が確立され、一九世紀になると東洋学においてもその方法を用いてアラビア語やペルシア語のテキストを批判的に解読することが盛んとなった。[13] ちょうど前世紀に『聖書』を歴史文献として批判的に読むことが始まったが、それと同じことが『クルアーン』についても行われるようになった。アラビア語やペルシア語、トルコ語テキストの翻訳や校訂、これらを批判的に用いたある特定の時代や民族の歴史の叙述が次々と発表されるようになった。この世紀の前半にすでに、ヨーゼフ・フォン＝ハンマープルクシュタル（一七七四―一八五六）がオスマン朝の歴史を記し、世紀の半ばには、『クルアーン』をはじめて歴史文献として批判的に用いたグスタフ・ヴァイル（一八〇八―八九）が、『ムハンマド伝』（一八四三年）と『カリフ史』（一八四六―五一年、別巻二冊、一八六〇、六二年）によって、ムハンマド時代からマムルーク朝庇護下のアッバース朝カリフの時代までのカリフ制の歴史を著した。[14]次いで、アロイス・シュプレンガーによる『ムハンマドの生涯と教説』（一八六一―六五年）、アルフレート・フォン・クレーマーによるイブン・ハルドゥーン研究や『カリフ支配下のオリエントの文化史』などの重要な研究が現れた。

このように、アラビア語の古典を用いた文献学的な研究がドイツ語で数多く記され、それらはフランスをはじめとするヨーロッパ各地の学界に多大な影響を与えた。ただし、当時のドイツ語圏は、イギリスやフランスのように言語と国家が一対一で対応していなかった。このためもあってか、ドイツ語圏でアジア研究の学会が組織されるのは、英仏より二十年以上遅い一八四〇年代になってからである。[15]

ヨーロッパ各地で東洋学が発展するにつれて、一九世紀の後半までには、ムスリム諸社会の過去のいくつかの場面が、原典史料の解読によってしだいに明らかになってきた。研究と並んで、現地語史料そのものの翻訳や校訂出版も盛んに行われるようになった。第Ⅰ部で紹介したミールホンドのペルシア語による世界史書のブワイフ朝部分のテキストと独訳が一八三五年にベルリンで、ホラズムシャー朝とサーマーン朝部分のテキストと仏訳が一八四二年と一八四五年にパリで、一二世紀のアタベク政権期の部分のテキストが一八四八年にロンドンで、ティームールの北方草原地域への遠征についての部分のテキストと翻訳が一八三六年にサンクト・ペテルスブルグで刊行された[16]。当時のヨーロッパの東洋学者が競ってテキストの出版や翻訳にあたっていたことがよくわかる。「イスラーム世界」という世界像を強く意識していたイブン・アスィールの『完史』の校訂テキストも、スウェーデンの学者ヨハン・トルンベルクによって一八五一―七六年にかけて出版されている。

集団としてのムスリムの過去が部分的に叙述され、史料そのものも出版されはじめると、これらの断片的な材料をつなぎあわせて、ムハンマドの時代から当代までの歴史を描こうとする試みが行われるようになった。イスラーム、そしてムスリムを一体のものとして見る「イスラーム世界」という認識の枠組みが受け入れられ次第に強固になってくるにつれて、その世界の過去が必要となってきたのである。それは主としてヨーロッパの歴史を再構成していた歴史学者の仕事ではなく、東方の言語や文献に通じた東洋学者にのみ可能な作業だった。そもそも、当時の歴史学者は、停滞して進歩のない「イスラーム世界」に書くべき歴史があるとは考えなかっただろう。いずれにせよ大事なことは、まず同時代の存在として「イスラーム世界」という空間概念が創造され、その歴史は後から作られたということである。まず枠組みがあり、その枠組みに合うような歴史記述が求められたのである。

管見の限り、現在にまで引き継がれる「イスラーム世界」史のひな形を作ったのは、ドイツのアウグスト・ミューラーである。彼が一八八五―八七年に出版した『東洋と西洋のイスラーム[17]』は、題名を見る限り歴史の本かどうかは判然としない。また、彼はまだ「イスラーム世界」という呼称を題名に用いてはいない。しかし、この書が実質的には史上初の「イスラーム世界」史であるといってまず間違いないだろう[18]。

この書物は三巻からなり、第一巻が「アラブ人」、第二巻が「ペルシア人、トルコ人、モンゴル人」、第三巻が「西方」と題されている。アラブ人についての部分は、ヴァイル、フォン・クレーマーらの業績、トルコ人の歴史の一部については、ハンマープルクシュタルの仕事が用いられた。また、西方については、ラインハルト・ドズィ（一八二〇—八三）の『中世スペインの政治・文学史研究』が引用されている。ペルシア人やモンゴル人の歴史は、すでに前世紀のギボン以来の蓄積があった。ミューラーはこれら先人たちの研究を何とかつなぎあわせて全体を叙述しようとしたが、フュックによると、彼が使えるそれ以前の仕事は、叙述予定の領域のかろうじて四分の一しかなかったという[19]。

以下にこのはじめての「イスラーム世界」史の目次を引用してみよう。

第一巻　アラブ人
第1部　アラブ人とイスラーム
第1章　ムハンマド以前
第2章　預言者ムハンマド
第3章　ヒジュラ。マディーナのムハンマド
第4章　預言者の晩年と彼の宗教の勝利。イスラームの教義

第2部　正統カリフ
第1章　カリフ
第2章　大征服
第3章　国家の体制と内乱
第3部　ウマイヤ朝
第1章　ムアーウィヤ
第2章　第二次内乱
第3章　王朝の繁栄と征服の第二段階
第4章　第三次内乱と王朝の没落
第4部　バグダードのカリフ
第1章　神の恩寵を受けた王朝
第2章　マンスールとバルマク家
第3章　アラブ人とペルシア人
第5部　アッバース朝とファーティマ朝
第1章　カリフと親衛隊
第2章　知事と大アミール
第3章　アリー派、イスマーイール派、カルマト派
第4章　ファーティマ朝とアッバース朝の終末

第1章　ティームールの遺産とオスマン帝国
第2章　新しいペルシアとハン国
第3章　大ムガル

第三巻　西方
第1部　スペインにおけるアラブ王国の確立と繁栄
第1章　クライシュ族の鷹
第2章　アラブ人とスペイン人
第3章　コルドバ
第4章　摂政と内乱
第2部　ベルベル人とイスラームの西ヨーロッパからの排除
第1章　セビリヤ
第2章　アフリカとシチリアのベルベル人——ムラービド朝とムワッヒド朝
第3章　グラナダ

目次からわかるこの史上初の「イスラーム世界」通史の特徴をいくつか挙げてみよう。
①扱われる時代は、ムハンマド誕生直前から一九世紀（つまり、ミューラーと同時代）までである。ミューラーやその先駆者たちが参照したタバリーやイブン・アスィールなど多く

のアラブ・ムスリム歴史家による「イスラーム世界」史叙述は天地創造から始まっていたが、ミューラーのものはムハンマドから始まっており、両者の間には大きな違いがある。その理由としては、以下の二点が考えられる。

第一に、一九世紀後半のヨーロッパでは、『聖書』の記述に基づいた天地創造に始まるキリスト教的世界史はすでにその命脈を絶たれていた。ムスリムの歴史家によるムハンマド以前の歴史の記述が、このキリスト教的世界史とよく似た構造を持っていることはすでに指摘した。天地創造以来の物語が現実の歴史とは受け取られなくなっていた当時のヨーロッパでは、ムハンマド以前の歴史の記述を「イスラーム世界」史の中に含めることは考えられなかった。

第二に、当時すでに古代エジプトやメソポタミア文明、古代ペルシアについての研究が、『聖書』の描く歴史像や古代ギリシアとの関係から始まっており、これらは基本的に「世界史」として描かれる歴史に含まれるべきものだった。そうである以上、古代オリエント史はムハンマド以後の「イスラーム世界」史とは別物として扱わねばならなかった。

②扱われる空間は、ムスリムが軍事的な征服活動を行うにつれて広がり、東のインド、中央アジアから西のイベリア半島にまで至る。イベリア半島は一四九二年以後叙述の外に置かれ、インドは主としてムガル朝の時にだけ叙述の中に含まれている。ミューラーの書では、このように原則としてムスリム支配者が統治する地域の歴史が扱われる。住民の多数がムスリムであることではなく、統治者がムスリムであることが「イスラーム世界」の条件となっ

ている。これはイブン・アスィールなどアラビア語の世界史書を著した人々の世界認識として第I部で説明した「イスラームの王国」「イスラームの家」的な「イスラーム世界」概念である。「イスラーム世界」の歴史を記そうとしたときに、その史料となる古典アラビア語の世界史書に「イスラーム世界」にあたる言葉が見られたことは、非常に都合がよかっただろう。ミューラーや彼以前の東洋学者は、アラブ・ムスリムの著者たちの古典的な世界認識を、そのまま歴史叙述の枠組みとして採用したのである。

その一方で、ペルシア語世界史書のように、「イスラーム世界」という世界像に拠らずに歴史を描いた作品もあり、ミューラーはその存在を知っていたはずだが、これらの史書の世界認識は枠組みとして採用されなかった。

③第一巻がアラブ人、第二巻がペルシア人、トルコ人、モンゴル人、となっており、現在と比較すると、民族史の組み合わせとして「イスラーム世界」史を語ろうとする傾向が強い。これら諸民族はムスリムであるという理由でひとくくりになっているが、実際の叙述内容としてはそれぞれがかなり独立した民族史であり、この著述が全体として一つの地域、ないしは世界の歴史を系統的に秩序だって叙述しているわけではない。また、これはあくまでも政治権力者に主眼を置いた歴史叙述の方法であるという点も強調しておこう。現在なら、アッバース朝の滅亡とともにアラブ人自体が消えてしまうという歴史叙述はありえない。これは、ギボンやランケなどヨーロッパの歴史を記す歴史家の著作で扱われるアラブ人の扱いと同じである。

いくつかの点で留保が必要だとはいえ、ミューラーの書の目次には私たちに馴染み深い「イスラーム世界」史の主要なテーマが並んでいる。現在の私たちにとっては当たり前の地域設定、当たり前の主題設定だが、当時としては、これはきわめて斬新な歴史叙述の方法だったに違いない。フュックやバルトリドによると、この作品は一般には好評で、ドイツ語圏では二〇世紀になっても基本文献として利用されたという。[20]ドイツ語圏だけではなく、「イスラーム世界」通史を持たなかったフランス語圏でも、この書は長く参照された。[21]

一九世紀に創造された「イスラーム世界」という空間概念は、正負どちらの属性を持つにせよ、一種のイデオロギーである。それが存在すると思う人にとってだけ意味を持つ概念だともいえるだろう。一つの空間イデオロギーはその歴史を持つことによって実体化する。この命題の正しさは、近代国民国家という「想像の共同体」を補強するナショナル・ヒストリー（国民史）の役割を思い浮かべればよく理解できるはずだ。「イスラーム世界」概念が創造された時代は、ヨーロッパで国民国家が形成されつつある時代だった。近代歴史学の誕生した時代でもあった。ヨーロッパ各国やヨーロッパそのものの歴史が次々と記されてゆく中で、「イスラーム世界」が実在するとするならその歴史を発見して叙述することがぜひ必要だったのである。

過去における「イスラーム世界」を探し求めるヨーロッパの東洋学者にとって、古典アラビア語世界史書に現れる「ダール・アル＝イスラーム」「マムラカト・アル＝イスラーム」

または「ビラード・アル＝イスラーム」などという術語は、たとえそれが一部のムスリムの認識でしかなかったとしても、その意味できわめて重要だった。これらの単語は、まさに「イスラーム世界」と翻訳できたからである。彼らにとっては、言葉が同じであることが大事だった。

一九世紀に創造された「イスラーム世界」は、こうしてその歴史を手に入れた。現代のイデオロギーとしての空間が過去と結びついたのである。しかし、よく考えてみると、この結びつきには根本的な矛盾が存在する。創造された「イスラーム世界」はあくまでも概念にすぎず、その地理的な領域はあいまいである。これに対して、過去の「イスラーム世界」ははっきりとした地理的領域を持っていた。それは、ムスリムの支配者が統治する空間である。この空間はムスリム政治権力の盛衰によって伸縮する。言葉は同じであっても、両者は本来結びつくはずのないものなのだ。それを無理に結びつけたところに、「イスラーム世界」史の大きな問題点があるのだと私は考える。

4　ロシア東洋学とバルトリド

フランス、ドイツ、イギリスなど西ヨーロッパ諸国の学者たちが、主として地中海南岸や東岸に位置するアラブ系ムスリム諸国家やオスマン帝国、それにインドとの政治的、経済的、文化的交渉を通じてそれぞれの「イスラーム世界」像を形成していったのに対して、ロシアの場合は状況がかなり異なる。ロシアがアラブ系のムスリム諸国家やインドと直接交渉を持つことは、それほど多くなかった。その一方で、一八世紀から南進を試みていたこの国は、一九世紀になると、ブハラ、ヒヴァ、コーカンドなどの都市を拠点としてトルコ系ムスリムの政権が割拠していた中央アジア地域に進出し、次第にこれらの地を政治的、軍事的に制圧して植民地化していった。そして、一九世紀後半になると、西ヨーロッパ諸国と同様に、ロシアでも「東洋学」という学問分野が成立する。しかし、その主たる研究対象は、このような現実の国際情勢を反映して、中央アジア地域だった。

一九世紀末から二〇世紀初めのロシア東洋学界を代表する学者は、ワシーリー・ウラジーミロヴィチ・バルトリド（一八六九―一九三〇）である。[22] 戦前の日本で発行されていた雑誌『月刊回教圏』には、バルトリドをはじめロシアの東洋学者による論説の翻訳が数多く掲載されており、そのうちに、バルトリドによる「イスラムの世界（一）～（五）」という論文がある。日本語では論文のタイトルは「イスラムの世界」とされているが、原文では「ムスリムの世界（musul'manskij mir）」である。[23] この論文の第一章は、「《イスラム世界》の概念規定、世界史の一部分としてのイスラム世界史」と題されており、バルトリド、ひいては、ロシアの東洋学者の「イスラーム世界」観を知るのに好都合である。原文が難解なためか訳文はきわめてわかりにくいが、私の理解するところを、以下にまとめてみよう。

①「《イスラム世界》の概念規定」という節で、バルトリドは「イスラーム世界」（ロシア語では「ムスリム世界」）という語を、ヨーロッパ、ないしは西ヨーロッパ世界と対をなす

ものとしている。また、「東洋」をギリシア・ローマ時代から当時のヨーロッパ諸国に至るヨーロッパ文化世界と対立する概念としてとらえ、「イスラーム世界」はその意味での東洋の中の一つの時代であると考えている。

②「イスラーム世界」の地理的な領域は明確には規定されていない。

③この論文の後半で、バルトリドは「イスラーム世界」史を概述しており、そこに「ペルシアとインドに新興の二大イスラーム国家が形成された後の一六世紀」という表現が見られる。また、記述をムハンマドから始め、正統カリフ、ウマイヤ朝、アッバース朝カリフ政権の政治史を記した後は、「イスラーム世界」と「ヨーロッパ」の政治・軍事・文化的対立の様相、両者の共通点、最終的に「ヨーロッパ」が「イスラーム世界」の先に行くことになった理由などが説明される。これらのことから考えて、バルトリドの想定する「イスラーム世界」史は、ミューラーの描いた「イスラーム世界」史、すなわち、「ヨーロッパ」と対になり「ムスリム支配者の統治する領域」の歴史と基本的には同じものだと考えられる。

④「イスラム世界の内部における政治的境界の移動は一時的偶然的な現象とみなされた。学者は自己が全イスラム世界の市民であり、しかじかの王朝の臣下でないのだと感じていた」「文化の主たる道具はいたるところアラビヤ文語であり、イスラム教徒のみならず異教徒たちもアラビヤ文語をもつて書いたのである」[25]。この二つの文章は、中央アジアやイランのようなペルシア語文化圏の歴史研究を得意としたバルトリドとは思えないほど、イスラーム、ないし、アラブ中心的な見地に立って記されている。私たちはすでに第Ⅰ部で、必ずし

もバルトリドの言に合致しない見方を持ったムスリムの学者たち（とりわけペルシア語を使う人たち）の存在を確認している。バルトリドが彼らの著作を知らなかったはずはなく、なぜこのような本質主義的な表現を用いたのか理解に苦しむ。とりあえずは、この二つの文章が九世紀から一三世紀頃の「イスラーム世界」のことを説明している部分のものなので、あえてこのような書き方をしたと考えておきたい。

彼の残した膨大な著作を精査してからでなければ確言はできないが、この論文を読む限り、バルトリドの「イスラーム世界」観は、西洋と東洋、「ヨーロッパ」と「イスラーム世界」の対立を基軸とし、同時代の西ヨーロッパの東洋学者のそれと基本的に変わらない。彼は西ヨーロッパの東洋学者と親密な交友関係を持っており、彼らの研究にもよく通じていた。実際、「イスラムの世界」と題されたこの論文の後半では、イスラームとその文化の歴史に関するヨーロッパの学者の業績を紹介している。これらのことから考えると、彼が当時の西ヨーロッパの学者と同じような「イスラーム世界」史観を共有していたことはおそらく間違いないだろう。

このように、フランス、イギリス、ドイツ、それにロシアなどでは、一九世紀前半から遅くとも二〇世紀の初めまでに、「ヨーロッパ」とこれと対になる「イスラーム世界」という空間概念が創造され、受け入れられて、その枠組みに従って、歴史を叙述しようとする試みが行われるようになったのである。

5　「イスラーム世界」史の完成

一九世紀末までに始まった「イスラーム世界」を単位とする歴史記述は、その後、ヨーロッパの東洋学者の間で徐々に市民権を獲得していった。おりしも、一九世紀末から二〇世紀初めにかけて、イギリス、フランス、オランダ、ロシアを中心とするヨーロッパ列強は、ムスリムの居住する地域を植民地化していた。「イスラーム世界」の社会やその過去を知ることは、植民地統治を成功させるためにもぜひ必要だった。時代の風に吹かれ、東洋学の世界でもイスラームや「イスラーム世界」を対象とする研究の数が増してゆく。東洋学の特色である古文献の正確な読解に基づく過去の史実の部分的な解明、すなわち、広い意味での歴史研究は数多く生み出された。しかし、「イスラーム世界」全体の歴史の流れを扱った書物の執筆はなかなか困難だった。

二〇世紀前半までのヨーロッパでは、進歩するヨーロッパに歴史は存在するが、停滞する他地域には歴史はないとする考え方が強く残っていた。ウォーラーステインによると、一九六〇年代になってもイギリスのある著名な歴史学者（トレーバーローバー）は「アフリカ史」は存在しないと断言したという[26]。東洋学者のバルトリドでさえ、中世から近世に移行した西ヨーロッパと比較して、「イスラム世界の古い生活を新しい生活と区別できるような鋭い境界は存しない」と述べているのである[27]。社会を覆うこのような全体的雰囲気の中で、広大な「イスラーム世界」が共通の特徴を持ち、有機的に結びついて一体としての歴史を展開してきたということをわかりやすく示すのは、並大抵のことではなかった。

第二次世界大戦前に、ブロッケルマンによる『イスラーム教徒（Islamischer Völker）の歴史』というドイツ語の書が記され、それが終戦直後に英語に翻訳された[28]。これがおそらく英語圏で最初の「イスラーム世界」通史である。英語で記された類書がなかったために、ドイツ語から英語への翻訳がなされたと考えられるからである。このように、ヨーロッパにおける「イスラーム世界」通史の起源は存外に新しい。その意味で、一九五四年に出版された『東洋学と歴史』と題する書に含まれるバーナード・ルイスの短い論文は、注目に値するだろう。「イスラーム史（Islamic History）」とは何かを語り、その概略や意味を手際よく述べているからである[29]。以下でその内容を、できるだけ著者自身の使用する言葉を忠実に用いながらまとめてみよう。

彼はまず、「イスラーム史」を叙述することがいかに難しいかを強調する。ヨーロッパの歴史学者はオリエントの言葉が読めないし、東洋学者は膨大な現地語文献の解読に忙しくその成果を総合するところまでなかなか到達しないからである。そのあとに記されるルイスの「イスラーム史」の定義は次の通りである。

「イスラーム史」とは、イスラームの信仰と法を受け入れ、それによって生きようとする人々、諸社会、諸国家の歴史である。この点から見て、ルイスの言う「イスラーム史」と私たちが「イスラーム世界史」と呼ぶものは、同一だと考えてよい。いずれにせよ、「イスラーム史」のはじまりは、七世紀初めのアラビア半島におけるムハンマドの宗教運動である。彼はマッカで布教を開始し、マディーナへ移住する。ムハンマドの活動によって、アラビア半島のアラブ人が宗教的、政治的に統一され、イスラーム暦もこのときに始まった。最初のムスリム国家はこの地に樹立され、イスラーム暦もこのときに始まった。アラブ・ムスリムによる周辺諸地域への波状的な拡大・征服運動が開始された。その結果、イスラームは東においてはペルシアから中央アジア方面、西は大西洋に至る北アフリカまで広がった。

この広大な地域には多種多様な人々が住む。アフリカの場合のように、イスラームによってはじめて文明の味を知った野蛮《ママ》人もいれば、古代文明の舞台となり、深く根を張った宗教、政治、文化の伝統を有する人々もいた。しかし、彼らは皆イスラームという共通の文明に組み入れられた。地方ごとの多様性を無視すべきではないが、イスラームはそれを受け入れた人々すべてに統一の印を捺した。

この統一性は、まずすべてのムスリムの共通の信条であるイスラームの信仰に求められる。次いで、地方によって習慣に大きな違いがあるとはいえ、全ムスリム世界に共通の理想的な信仰や実践について定めたイスラーム聖法（シャリーア）があげられる。シャリーアそのものはあるべき政治制度について明確に語らないが、古い時代のカリフ制、スルタン制の記憶やムスリム法学者の定式化によってムスリムの政治的伝統が形成された。三つめに、すべての地域の文字文化が、アラビア語の強い影響をうけている点である。ほとんどすべてのムスリムの言語がアラビア文字で記され、特に二つの分野でアラビア語から多くの借用語が用いられる。一つは精神的、知的生活に関わる宗教的、哲学的語彙、もう一つは社会的、政治生活に関わる法や政府の用語である。また、イスラーム文明の独創性と真正性は、とりわけ美術と建築の分野ではっきりと認めることができる。モロッコからジャワまで、地方ごとに違いがあるとはいえ、イスラームの文化的統一性は明瞭であり、この宗教体系への帰属意識を示す印が間違いなくすべての作品に刻されている。早くにイスラームの信仰が根絶されたスペインとシチリアにさえもこれは認められる。

イスラーム世界の内部では、国々の間を人々が活発に移動し、とりわけ年に一度のマッカ巡礼によって、信仰、法、文字、伝統が維持され、補強された。

イスラーム世界の中心は中近東である。沙漠と耕地という対照的な地理的特徴は、遊牧民と農耕民という二つの異なった生活様式を生み出した。しかし、イスラームは沙漠の宗教でも、農民の宗教でもない。イスラームは都市の宗教である。

イスラームの信仰と伝統の中で、多くの言葉で豊かな文学がはぐくまれる。広大な地域が、当初は軍事的、政治的権力によって、後には信仰、法、文化によって一体化された。ムスリムはかつては対立し、争っていた地中海世界とペルシアという二つの異なった世界を統一した。短い期間ではあったが、イスラーム世界は科学的・哲学的進歩の中心だった。そして、古代ギリシアの伝統に自らの努力とさらに東方の影響を加えた当時最高の知識を、キリスト教ヨーロッパに伝えた。中国の紙、インドの数字、アリストテレスの哲学、ガレノスの医学など、全盛期のイスラーム世界は、外部の発明や知識を積極的に吸収し、自らのものとした。

イスラーム文明を研究することは、それ自身非常に興味深く重要だが、他の多くの分野における研究の進展のためにも重要である。例えば、ヨーロッパ史の理解のために、イスラーム世界史の知識は不可欠であることは、十字軍のことを想起するだけで十分だろう。コルドバのカリフ政権やパレルモのアミール政権は、ヨーロッパ史の一部である。モンゴル時代以後のロシア史も、イスラーム世界史と密接な関係を有している。さらにオスマン帝国の動きは、ヨーロッパ史の流れに多大な影響を及ぼした。もちろん、ヨーロッパ史のためだけにイスラーム世界史が重要なのではない。インドやインドネシア史の理解に、中東イスラーム的背景は欠かせない。中国史や熱帯アフリカ史についても同様である。

このように「イスラーム世界」史の特徴と課題を示した後で、ルイスは研究のために必要な史料の解説を行い、結論として以下のように記す。

現在の状況では、西洋の学者のみがなしうることがなお多くある。そのうちで大変有意義なのは、イスラームの歴史を人類の全体史（general history of humanity）に組み込むことである。

最後に引用されるのは、西洋の東洋学研究を賞賛するエジプトの歴史家、シャフィーク・ゴルバルの次の発言である。

おそらく西洋の東洋学者のアラブ、イスラーム研究へのもっとも有用な貢献は、イスラーム史についての彼らの業績である。アラビア語史料を存分に使いこなし、熟練した批判、分析、説明の方法によって、彼らはイスラーム史を人類の歴史の根本的で分離できない一部として提示した。イスラーム史は人類史に影響を与え、また影響を与えられているのである。彼らはイスラーム諸社会を人間社会として研究している。[30]

以上のルイスによる「イスラーム史」についての説明を検討すると、次の四点をその特徴として指摘できるだろう。

①ルイスは「ヨーロッパ」と「イスラーム世界」という一九世紀に創造された二項対立的な世界認識をそっくりそのまま採用している。すべての議論はこの二つの世界の存在を既成事実として展開される。そして、彼は「ヨーロッパ」ないしは「西洋（West）」に属する人間として、もう一つの世界を眺め、その歴史を叙述しようとしている。

②ルイスが考える「イスラーム史」、すなわち「イスラーム世界」史とは、ムスリムの支配者が統治する地域、すなわち、アラビア語の古典的な史書に記された「イスラームの王国」「イスラームの家」の歴史である。これは、アラブ人ムスリムによる世界史書を主たる典拠とし、そこに見られる「イスラームの王国」やそれに類する地域概念を「イスラーム世界」ととらえその歴史を描こうとしたミューラーと同様の考え方である。そこに現地語で記

された文献を重視する東洋学者としての彼らの本領が発揮されている。
③ルイスによれば、「イスラーム世界」を「イスラーム世界」たらしめている最大の特徴は、人々の信仰と、聖法（シャリーア）の共通性、それにアラビア語の影響である。
④ルイスは自身の研究対象に対して深い思い入れと共感を持っている。
最後の四点めの特徴は、「イスラーム世界」史の性格を考える際に特に重要である。ルイスがイスラームや「イスラーム世界」に対して抱く思い入れは、あえてたとえれば、優位にある者が劣位にある者をかばい、手をさしのべるような感覚を読む者に抱かせる。ルイスの文章において常に感じられるこの感覚を鋭く嗅ぎ取ったがゆえに、サイードはルイスをオリエンタリストの典型として厳しく批判したのではないだろうか。別の角度から見れば、この態度は傲慢であり、独善的なのである。しかし、ムスリムの友人を多く持つルイス自身は、あくまでも自らの研究対象である「イスラーム世界」に純粋な愛情を注いでいるつもりに違いない。否定的にしか評価できないものを研究することは困難である。自分がそれを好きだから、一歩でもそれに近づきたいと思う。それが何かを知りたいと思う。この態度がすべての研究の基本だろう。嫌いなものを研究するために、苦労してアラビア語やトルコ語を学ぶことは、強制されない限りありえない。

したがって、たとえ元来の「イスラーム世界」という言葉がマイナスの属性を持って誕生したとしても、それであるがゆえにより一層、ルイスはその器にできるだけ肯定的な要素を盛り込もうと努力している。かくして、イスラーム文明がかつていかに偉大だったか、イスラーム文明がいかに多くの知識をヨーロッパに伝えたかが強調され、「イスラーム世界」の歴史を無視してヨーロッパの歴史を書くことはできない、人類史を書く際に「イスラーム世界」の歴史は必要不可欠な要素だといった言説が繰り返されることになる。ここに現代にまで至る西洋の研究者による「イスラーム世界」史叙述に特徴的な「意識のねじれ」の構造があらわれている。彼らは西洋の「進歩的」知識人のようにイスラームを敵視しない。かといって、イスラーム主義者のように、これを絶対視することもない。両者の間に立って、現状の「イスラーム世界」はその本来の姿ではない、ということを力説することになるのである。

共通の信仰と法をはじめ、ルイスが歴史的な「イスラーム世界」の特徴としてとりあげている要素の多くは、すでにギボンが指摘している（一三八―一三九頁）。また、ルイス以前にも、例えば、バルトリドやギブとボウェンなどの東洋学者が部分的にとりあげている[31]。とりわけ、一九五〇年に出版されたギブとボウェンによる『イスラーム社会と西洋』は、一八世紀の「イスラーム社会」の特徴と考えられる要素を、統治組織や法に着目して詳述している。ルイスは自らの論文を執筆するにあたって、この近刊書を大いに参考にしたに違いない。したがって、ルイスがその論文で述べていることは、決して彼の独創というわけではない。一八世紀以来、ヨーロッパ諸語の文献のあちらこちらで断片的に述べられてきた言説を整理・総合し、人々にわかりやすく示した点こそが、ルイスの才能といえる。

彼がこの先駆的論文で説明した「イスラーム世界」史の特徴は、現代に至るまで多くの研究者にほとんどそのままの形で受け入れられている。我が国の場合も例外ではない。序論でまとめた「イスラーム世界」史の概要は、まさにルイスの描いたままである。ムハンマドに始まり、その後のカリフ政権の下での「イスラーム世界」の領域拡大と諸地方政権の分立による政治的分裂、モンゴルの侵入とアッバース朝カリフ政権の滅亡、オスマン帝国の発展やサファヴィー朝とムガル朝の成立による「イスラーム世界」の再編成、という政治史の基本的な流れはもちろん、イスラーム文明の統一性と多様性、イスラーム法の卓越、アラビア語の優位性、イスラーム建築と美術の一体性、都市の宗教イスラーム、マッカ巡礼による一体感、他地域とりわけヨーロッパ史に与えた「イスラーム世界」史の無視できない影響などのキーワードや短文は、今日の我が国の高等学校の世界史教科書の説明にほとんどそのまま用いられている。(32)

ルイスのこの論文が出版された頃から、欧米では特に中東地域に関わる事象を「イスラーム世界」という枠組みで理解、説明しようとする傾向が強くなるように思える。例えば、「イスラーム世界」の都市を「イスラーム都市」と呼び、そのモデルを提示した論文として有名なグルーネバウムの「イスラーム都市」「ムスリム都市の構造」という二つの論文が発表されたのは一九五五年である。(33) イスラームは人間の生活のあらゆる局面に影響を及ぼすので、住民の主要な宗教がイスラームであれば、その地域は「イスラーム世界」となるという考え方は、この頃までには欧米の学界で受け入れられ定着していた。

この枠組みは、元来ユーラシア西半地域における「ヨーロッパ」対「イスラーム世界」という二項対立的な世界観に基づいて創造された。このため、「イスラーム世界」という空間を想定する以上、当然その重要な構成要素となるはずの南アジア、東南アジアやアフリカなどのムスリム居住地域をどのように扱うのかという問題は、東洋学者の間ではそれほど真剣に考慮されないままで議論が進められた。これらの地域をも含めた「イスラーム世界」という考え方は、実は皮肉にも第二次世界大戦前の日本で独自に理論化が進められていた。この点については、第Ⅲ部で述べることにしたい。

ルイスの論文が発表されてから十六年後の一九七〇年に、ルイスも編者の一人である『ケンブリッジ・イスラーム史』全二巻が出版される。早逝したマーシャル・ホジソンの遺稿をまとめた『イスラームの冒険』三巻がその四年後に出版される[34]。ともに、「イスラーム世界」を枠組みとしてその全体史を描こうとした試みである。こうして二〇世紀も後半になると、欧米で「イスラーム世界」を枠組みとする通史が確固たるものとして成立したのである。

今日、内外の「イスラーム世界」史研究者は、一九世紀後半以後に形成された「イスラーム世界」という地域枠組みをまず受け入れ、さらにその歴史を記すに当たっては、二〇世紀半ば過ぎまでに提示されたこの歴史世界のいくつかの特徴を認めたうえで、各自が専門とする細部の研究を行っている。この枠組み自体を疑問視する意見は私の知る限り存在せず、この枠組みを強化するような研究書が陸続と出版されている[35]。しかし、一九世紀のヨーロッパで創造され、明らかにバイアスのかかった「イスラーム世界」という概念と、アラビア語の古典的な歴史書や地理書の一部に見られる「イスラーム世界」という空間認識を無理に結びつけて形成された「イスラーム世界」史という考え方を受け入れ、その視点から歴史を研究し、叙述することは、果たして現代の私たちにとって意味があることなのだろうか。とりわけ、「イスラーム世界」を一つの歴史的な文明圏と考え、その歴史を組み込んだ世界史を構想することに問題はないのだろうか。この点については、後にもう一度まとめて議論することにしたい。

6　イスラーム主義者の「イスラーム世界」史と中東諸国での歴史教育

ヨーロッパの東洋学者によって「イスラーム世界」史の叙述方法が模索される一方で、プラスの「イスラーム世界」を主張するムスリムのイスラーム主義者たちも、もちろん「イスラーム世界」史について考えていた。イスラーム主義者による「イスラーム世界」史のもっとも初期の例として、サイイド・クトゥブ（一九〇六―六六）が一九五二年に発表した「イスラーム史を書き換える必要」という一文を紹介してみよう。この文章が刊行されたのは、ルイスが「イスラーム世界」史の叙述方法を具体的に示した論文を発表するより二年前のことである。両者はほぼ同じ頃の著作と考えてよい。

サイイド・クトゥブは、エジプト生まれのイスラーム主義者として著名である。ハサン・バンナーらによって組織されたムスリム同胞団の一員として活躍し、一九六六年に当時のエジプト大統領ナセルを暗殺し国家体制を転覆させる準備を進めていたという嫌疑で逮捕され処刑された。国家権力による処刑というその劇的な最期のゆえに、彼はイスラーム革命運動の伝説的英雄「殉教者」となったという。[36] この人物が英語で記した論文を邦文で紹介した前嶋信次の要約によると、[37] サイイド・クトゥブは以下のような前提の上に立ってその所説を論じている。

欧州の学者はけっきょくヨーロッパ人であるがために一般にイスラム教徒の生活と思想を理解し、正しく評価することができない。かかる本来のハンディキャップは研究の背後にある（帝国主義的）動機と相まって、その著作の科学的価値と長所を大幅に減殺している。

イスラム教徒の生活と思想には特異な性格があるから、ヨーロッパの歴史家たちが、イスラム史上のできごとを解釈しようとかかっても、けっきょく不可能である。

サイイド・クトゥブは、イスラームには「特異な」性格があり、それはヨーロッパ人に理解できないとする。そして、ヨーロッパとイスラームをまったく別の対立的なものとしてとらえようとしている。この二項対立的な考え方は、イスラームに積極的な価値を認めるかどうかという点に大きな違いがあるとはいえ、一九世紀ヨーロッパの知識人の思考方法と表裏一体をなしている。ルナンとアフガーニーの奇妙にかみあった議論に見られた構図がここでも再現されているわけである。それではサイイド・クトゥブはこの前提に立ってどのような所説を展開しているのだろうか。以下にその要点を箇条書きし、彼の文章を引用してみよう。

①ヨーロッパ人史家による「イスラーム世界」史は偏見に染まり、信頼できない。
もともと西洋人の心をもって、東洋人の生活や思想、とりわけイスラム教徒の生活や思想の本質を正しく評価することは、一般には力及ばぬことである。

現代の西洋の史学者たちの労作を見ると、イスラム史についての形而上の、または直観的の接近が欠けている。

きわめて誠実な人であっても西欧の史家は、イスラムに対する彼地の根深い偏見に染まり、その所見には色がついている。このような偏見はヨーロッパ人のほとんど大多数がイスラム教、イスラム世界、イスラム教徒の生活と思想に対して抱いているところで、イスラム教がキリスト教とことなっているというだけで嫌悪と疑惑とを心に育ててしまっているのである。

②これまでに存在する二種類の「イスラーム世界」史叙述はどちらも不正確である。
すでに存在するイスラム世界史には二種類ある。第一類はアラビア古典の一部をなす、古代アラブ史家の遺作であり、第二類はヨーロッパの学者たちの手になったものである。両者を比較すると、タバリーやイブヌル・アシールなどをはじめとするアラブ史家の著作

は、現今の科学的意味における「史書」とは称しがたいもので、当時のできごとの単なる記録、物語、ゴシップ、笑い話、奇談、伝説的物語などの集成というべきものにすぎず、多くの記録は相矛盾し、またあいまいである。第二のヨーロッパ人の述作も、大部分はアラビア語文献に材料を得ているが、すでに述べたごとく、まことに皮相的理解しか示していない。

③正しい「イスラーム世界」史は、ムスリム史家にしかわからず、彼らによって書かれるべきである。

イスラムの生活と思想はイスラム精神から判断すべきもので、それによってはじめて微細な点までを理解し、特徴を把握しうるのである。（中略）このような新研究ではアラビア語古典をまず第一の史料とし、ヨーロッパ人の業績などは、第二義的のものとして扱わねばならぬ。

イスラム史の研究には、各時代における生活と思想とを理解することが必須の条件であり、そのためには宗教としてのイスラムを十分に理解しなければならぬ。

イスラム教は、その教徒の生活の多くの面を精神的にまた社会的に支配するものである。この教えは統治組織の規範となり、教徒とその隣人との財政上その他もろもろの関係を規定し、国家にとっては立法の原則ともなってきた。要するにイスラムの教えは現世において、人と人との関係のほとんどあらゆる面をおおっている。そのためイスラム教徒の生活と思想を考える場合には、イスラム信者でないと十分には理解しえない面も多々あるので、ムスリムたる史家に大きな強みがある。いなイスラム史上のできごとを本当に正しく解釈しうるのは、ムスリム史家のみとまでいいうるのである。

④「イスラーム世界」史研究の重要なテーマとして、以下の三点が挙げられる。

・預言者ムハンマドについての綿密な研究
・「イスラーム世界」がその外部に及ぼした影響とそれがふたたび「イスラーム世界」に反射しもどってくる経路などの研究。思想・文化の交流史
・イスラームの進歩の停滞の原因、性格、その人類史への影響

第二の論点が示すように、一九五〇年代にこの論文が書かれた時点では、タバリーやイブン・アスィールなど前近代のアラブ人ムスリムが記した古典的な年代記以外には、ムスリム自身が叙述した「イスラーム世界」史はまだ存在しなかった。クトゥブは、「イスラム諸国の学校その他の研究機関では正しいイスラム史を研究しているかというと、いかんながら学生たちは、はなはだゆがめられたイスラム史と、大いに媚びかつ誇張されたヨーロッパ史とを学んでいる」とも記している。少なくとも一九五〇年代までは、中東やその周辺でムスリムが多数を占める国家においても、「イスラーム世界」史といえば、欧米の東洋学者によるものを指していたのである。(38)

もう一つ重要なポイントとして指摘すべきは、正しい「イスラーム世界」史を叙述できるのはムスリム史家だけであり、その手によって新たに「イスラーム世界」史を構築しなければ

ばならないとクトゥブが述べている点である。アフガーニーがそうであったように、イスラーム主義者だったクトゥブは、「イスラーム世界」という概念を重視する。彼が想定する「イスラーム世界」は、ヨーロッパの知識人が創造したマイナスの「イスラーム世界」ではなく、プラスの属性を持っている。その意味で、欧米の学者の偏見から「イスラーム世界」史を解放しなければならないというクトゥブの見解はよくわかる。しかし、彼の主張するムスリム史家にしか書けない「イスラーム世界」史は、あえていえば、イスラーム主義者によるイスラーム主義者のための「イスラーム世界」史でしかないのではないだろうか。

そのような歴史の解釈や叙述は、多くのムスリムにムスリムとしてのアイデンティティーを再確認させ、「イスラーム世界」の理念を強化することには貢献するだろう。だが、翻って考えてみると、ムスリム史家にしか書けない「イスラーム世界」史は果たして他地域の人々に理解され、普遍的な世界史の一部として叙述されうるだろうか。私は、それは不可能だと思う。イスラーム主義者は、基本的に世界は「イスラーム世界」と「非イスラーム世界」という二つの空間からなると想定し、最終的にはすべてが「イスラーム世界」に統一される（「タウヒード」の思想）と考えるからである。

ルナンとアフガーニーの論争について検討し、確認したように、イスラーム主義者とヨーロッパの東洋学者は、イスラームが人間社会に与える影響を絶対的だとみる点で共通している。人類全体の歴史を構想するならば、私はマイナスの属性を持った「イスラーム世界」概念に基づく「イスラーム世界」史（東洋学者の「イスラーム世界」史）に問題があるのと同じく、イスラーム主義者によるプラスの「イスラーム世界」史にも大きな問題があると考える。

中東諸国の歴史教育

イスラーム主義者の歴史観はさておき、現在の中東諸国では、歴史はどのように教えられているのだろうか。対象国のすべてにおける教育の情報が手元にあるわけではないが、これまでになされた研究の成果によって、以下に代表的な例を二、三簡単に紹介しておこう。

イランの小学校における歴史教科書の変遷を研究した桜井啓子によると、一九七九年のイラン・イスラーム革命以後に出版された歴史教科書は、その記述を大洪水とノアの方船から始めているという。そして、ムハンマド以前の諸預言者の伝記を記し、次いでアーリヤ人のイラン高原への到来について述べる。その後の歴史は、抑圧的な王や政治権力と人民の対立を基調として描かれる。アラビア半島におけるイスラームの誕生は、イラン史の一部に組込まれ、四人の正統カリフはアラブではなく、単にムスリムとして登場するという。歴史の舞台は、ムハンマドから正統カリフの時代を除いては常にイラン高原である。イランはイスラーム革命を実行し、イスラーム共和国となったが、歴史教育の現場ではアラブ人やトルコ人、それにその他多くのムスリムの歴史をも含む「イスラーム世界」史という考え方は志向されていない(39)。

トルコの場合は、一九二三年の共和国成立後、アタテュルクの提唱によって生まれた「トルコ史テーゼ」を永田雄三が詳しく検討しており、参考になる。このテーゼでは、トルコ人の故地が中央アジアにあり、トルコ人はすでにその頃から高度な文明を有していたことが強調された後、中国、インド、イラン、エジプトなど古い文明を誇る諸国の歴史でトルコ人が果たした大きな役割が叙述される。そして、中央アジアから移住したトルコ人とされるシュメール人の文明の優秀さとギリシア文明に対するアナトリアのヒッタイト文明の先行性が説明され、この二つの文明がギリシア、ローマ文明の母体となったとの主張がなされる。近代的世俗国家を目指したアタテュルクの号令により創作されたテーゼである以上当然だが、この歴史観におけるイスラームの扱いは無に等しい。むろん「イスラーム世界」史という枠組みもありえない(40)。

その後、トルコ歴史学協会やアンカラ大学言語・歴史・地理学部のように「トルコ史テーゼ」を発展強化させる組織が設立されたこともあり、この独特の歴史観はトルコ人の間に根付いた。永田によると、一九八〇年代にトルコの高等学校で使われていた歴史教科書は四冊からなり、第一冊が西ローマ帝国の滅亡までの古代、第二冊がオスマン帝国によるコンスタンティノープル征服までの中世、第三冊が一九〇八年の「青年トルコ人」革命に至る近世・近代、そして第四冊がトルコ共和国史にあてられているという。その底流をなすのは、一部改変されたとはいえ「トルコ史テーゼ」である。これとヨーロッパの歴史観による時代区分が組み合わされて、叙述が進められている(41)。このように、トルコでも、イラン人やアラブ人と自分たちを同じ範疇の人々とみなす「イスラーム世界」史は教えられていない(42)。

第Ⅱ部　結論

（1）一八世紀以前のラテン・キリスト教世界では、「イスラーム世界」という表現はほとんど用いられなかった。一七世紀までは「イスラーム」という単語自体も知られていなかった。「オリエント（東方）」または「アジア」と認識された地域に住む人々を指すために主に使用されたのは、トルコ人、ペルシア人、ムーア人、ベルベル人、中国人、日本人といった広い意味での民族名である。「オリエント」または「アジア」の中で、ムスリムが多く住む地域だけを取り出してそれを一括して「イスラーム世界」ととらえる認識方法は見られない。

（2）ムスリムが多く居住し、宗教としてのイスラームが強い影響力を持つ地域を「イスラーム世界」ととらえる世界認識は、一九世紀になって世俗化が進行する近代西ヨーロッパで生まれた。「イスラーム世界」は「ヨーロッパ」と対になる言葉で、「ヨーロッパ」がプラスの属性を持つ近代的諸価値を実現した空間として意識されたのとは対照的に、マイナスの属性を持つ前近代的な諸価値を依然として保持した空間であると考えられた。ただし、これは一つの概念であり、その具体的な地理的境界は必ずしも明確ではない。

（3）アフガーニーにはじまるプラスの属性を持った「イスラーム世界」も、一九世紀のヨーロッパにおける政治思想の展開に関連して生まれた。この「イスラーム世界」の意味は、理念的なムスリムの共同体＝「ウンマ」に近く、全世界のムスリムが一体となってヨーロッパ植民地主義に対抗するように呼びかけるイスラーム主義者が用いるところとなった。この場合の「イスラーム世界」も、地理的に明確に定義することはできない。

（4）「オリエント」ないし「アジア」についての人文学的知識を獲得するための学問である東洋学が一八世紀末頃に成立した。当初は、アラビア語、ペルシア語、トルコ語のように言語やそれを使用する民族集団単位で研究が行われていたが、一九世紀半ばすぎ頃からヨーロッパ社会で「イスラーム世界」という概念が受け入れられるようになると、それを基盤として「イスラーム学」という研究分野が誕生する。また、東洋学者によって「イスラーム世界」の過去に関する記述が断片的に行われるようになり、ドイツのミュラーは、それらを総合し、そこに自らの研究成果を付け加えて、一八八〇年代に、はじめての「イスラーム世界」通史を著した。それは、古典期のアラビア語地理書や歴史書の一部に現れる「ビラード・アル＝イスラーム」「ダール・アル＝イスラーム」などという語が示す地理的空間、すなわち、ムスリムの政治権力が支配する領域の歴史だった。したがって、歴史上の「イスラーム世界」は地理的な境界を持つ空間だった。

（5）イデオロギーとしての「イスラーム世界」は、その歴史を持つことによって実体化した。しかし、前者は地理的な領域を持たない概念であるのに対して、後者は現実に地理的な領域を持っている。両者の意味は異なっており、本来は結びつくはずのないものだった。

（6）一九世紀末から二〇世紀前半にかけての時期に、歴史的な「イスラーム世界」の特徴が多くの東洋学者によって説明され、「イスラーム世界」という単語は学術における分析概念として次第に確固たる位置を占めるようになった。現在私たちが受け入れている「イスラーム世界」史の基本的な流れとその特徴は、二〇世紀半ばすぎ頃になって欧米で成立した。

（7）二〇世紀半ば頃までに東洋学者による「イスラーム世界」史が確かな姿を現すと、これに不満を持つイスラーム主義者たちも、自分たちの「イスラーム世界」史を主張するようになる。それはイスラームを重視し、それによってムスリムを統合しようとするイスラーム主義者が必要とする「イスラーム世界」史だった。

（8）現代の中東諸国における歴史教育の主流は、国家、民族単位での歴史叙述である。「イスラーム世界」という枠組みに基づく歴史理解は、学校教育の場では必ずしも重視されていない。

（1）英語で東洋学者（orientalist）という単語が初めて用いられるのは一七七九年、フランス語では（orientaliste）一七九一年のことである。Gerhard Endress, *Islam. An Historical Introduction*, Second edition, Columbia University Press (New York), 2002, p.11.

（2）Immanuel Wallerstein, *Unthinking Social Science: the Limits of Nineteenth-Century Paradigms*, Polity Press (Cambridge), 1991, p.96. 邦訳『脱＝社会科学――19世紀パラダイムの限界』本多健吉・高橋章監訳、藤原書店、一九九三年、一三六―一四〇頁。

（3）ただし、偉大なる古代文明揺籃の地、キリスト教発祥の地としての古代オリエント研究は、東洋学の重要な一研究分野である。その意味では、東洋学はヨーロッパ文明の起源を探るために貢献していた。

ウォーラーステインの分類は、この点でやや正確さを欠いている。

（4）Jules Mohl, *Vingt-sept ans d'histoire des études orientales*, 2 vols., Paris, 1879, 80.

（5）Société asiatique, *Le livre du centenaire* (*1822-1922*), Paris, 1922.

（6）Société asiatique, *Le livre du centenaire*, p.204.

（7）この点については、二〇〇四年度に慶応義塾大学大学院経済学研究科に提出された修士論文、渡邊祥子「仏領アルジェリアにおける公認イスラーム政策（一八八〇—一九三〇年）」二九—三一頁参照。なお、この渡邊論文は、フランスが植民地アルジェリアで出会ったイスラームをどのように体制内に取り込もうとしたか、また、現地の人々がその政策にどのような反応を示したかを明らかにした力作である。新しい角度からの研究として高く評価できる。

（8）Frederick Eden Pargiter (ed.), *Centenary Volume of the Royal Asiatic Society of Great Britain and Ireland 1823-1923*, Royal Asiatic Society, 1923, p.viii.

（9）一八二七年から三三年までは、Transactions（紀要）、以後はJournal（雑誌）という形式で刊行された。

（10）Frederick Eden Pargiter (ed.), *Centenary Volume of the Royal Asiatic Society*, p.2.

（11）Frederick Eden. Pargiter (ed.), *Centenary Volume of the Royal Asiatic Society*, p.xx.

（12）Stanley Lane-Poole, *The Mohammadan Dynasties*, London 1894.

（13）バルトリド「イスラムの世界（四）」『月刊回教圏』八—三（一九四四年）、二五頁。

（14）ヨーハン・フュック著、井村行子訳『アラブ・イスラム研究誌』一四八頁。なお、イスラーム学の研究史について邦文では、『アジア歴史研究入門4　内陸アジア・西アジア』所収の佐藤次高、森本公誠、本田実信、濱田正美各氏の論文、三浦徹・東長靖・黒木英充（編）『イスラーム研究ハンドブック』栄光教育文化研究所、一九九五年、佐藤次高「西アジア・イスラーム学の継承と発展——ヨーロッパ・中東・日本」『東方学』一〇〇（二〇〇〇年）、同「アジア史研究の新地平——イスラーム研究を中心に」史学会（編）『歴史学の最前線』東京大学出版会、二〇〇四年などを参照。ただし、佐藤による研究史のまとめと私の解釈はかなり異なっている。欧文では、Jean Sauvaget, *Introduction à l'histoire de l'Orient musulman*, édition refondue et complétée par Cl. Cahen, Paris, 1961, Stephen Humphreys, *Islamic History* (revised edition), Princeton University Press, 1991 などを参照。

（15）ドイツ東方学会（Deutche Morgenländische Gesellschaft）の創設は一八四四年、学会誌『ドイツ東方協会雑誌（*Zeitschrift der Deutsche Morgenländische Gesellschaft*）』の刊行は一八四七年のことである。

（16）C. A. Storey, *Persian Literature*, vol.1, part 1, pp.96-97.

（17）August Müller, *Der Islam im Morgen= und Abendland*, 2 vols., Berlin 1885, 87.

（18）この書は、前嶋信次「ヨーロッパ人のイスラム史」『イスラムとヨーロッパ——前嶋信次著作選２』平凡社東洋文庫、二〇〇〇年（原論文の刊行年は一九八二年）の中で言及されている。前嶋は、フランスで出版された『諸民族と諸文明——世界全史』全二十巻中の第五巻『蛮族』第五版（一九四八年出版）が、それまでにあらわれたアラブ民族史の中でどれがよいのかを批評していることを紹介し、「もっとも出色の出来ばえを示しているイスラム世界史」としてミューラーのこの書を挙げている。『蛮族』や前嶋は、アラブ民族史と「イスラーム世界」史を同一のものとして記しているので、いささか正確さを欠くが、それにしても、ここで紹介されている書物の題目とその出版年代を見る限り、ミューラーの書が、最初の「イスラーム世界」史であったと考えて間違いなさそうである。また、バルトリドもヨーロッパ人のイスラーム研究史を回顧した著作の中で、ミューラーの書を取り上げ、「本書以前にはイスラム世界の主として外面的な歴史に関して、かくのごとく明晰な、首尾一貫した、物わかりのいい通論がなかった」という評価を紹介した後、「ミュルレルの書と比較しうるようなイスラム史通論は今日でもないのである」とこの本を賞賛している。バルトリド「イスラムの世界（五）」『月刊回教圏』八—八（一九四四）、六頁。

(19) フュック『アラブ・イスラム研究誌』二〇六頁。なお、フュックは、別の論考で、不満足な内容だとはいえ、ミューラーがはじめての「イスラーム世界」史の著者であると述べている。Fück, "Islam as an Historical Problem in European Historiography since 1800", p.306.
(20) フュック『アラブ・イスラム研究誌』二〇七頁、バルトリド「イスラムの世界（五）」六頁。
(21) 注（18）参照。
(22) その簡略な伝記としては、小松久男「バルトリド」尾形勇・樺山紘一・木畑洋一（編）『20世紀の歴史家たち（4）世界編下』刀水書房、二〇〇一年を参照。
(23) この論文のロシア語原文は、一九二二年に『科学と学校』という雑誌に発表されている。Cf. I.I. Umnyakov, *Annotirovannaya bibliografiya trudov V. V. Bartol'da*, Moskva, 1976, p.107.
(24) バルトリド「イスラムの世界（二）」『月刊回教圏』七―八（一九四三）、五九頁。
(25) バルトリド「イスラムの世界（二）」五二頁。
(26) Immanuel Wallerstein, *Unthinking Social Science*, p.95、邦訳『脱＝社会科学』一三七頁。
(27) バルトリド「イスラムの世界（二）」二七頁。
(28) Carl Brockelmann, *Geschichte der Islamischen Völker und Staaten*, München, 1939, *History of the Islamic Peoples*, Routledge & Kegan Paul Ltd. (London), 1949. この英訳はその後、一九五〇年、五二年、五六年、五九年と相次いで再版されている。類書がなく、需要が大きかったものと思われる。
(29) Bernard Lewis, "Islam", *Orientalism and History*, ed. by Denis Sinor, Cambridge 1954, pp.18-25.
(30) Lewis, "Islam", p.32.
(31) バルトリドについては、「イスラームの世界（一）〜（五）」『月刊回教圏』、Hamilton A.R. Gibb & H. Bowen, *Islamic Society and the West*, vol.1, part 1, London, 1950, p.276.「ムスリム文化は何よりもまず都市文化だった」。

（32）例えば、山川出版社『詳説世界史』（佐藤次高執筆）二〇〇二年版、一一二―一一五頁。

（33）G.E. von Grunebaum,“Die islamische Stadt”, *Saeculum,* 6, 1955, id.,“The Structure of the Muslim Town”, *Islam: Essays in the Nature and Growth of Cultural Tradition,* Ann-Arbor, 1955. なお、「イスラーム都市」という概念が持つ問題点については、羽田正「序章　イスラム都市論の解体」羽田正・三浦徹（編）『イスラム都市研究』東京大学出版会、一九九一年を参照のこと。

（34）P.M. Holt, Ann K.S. Lambton, Bernard Lewis（eds.）, *The Cambridge History of Islam,* 2 vols., Cambridge 1970, M.G.S. Hodgson, *The Venture of Islam,* 3 vols., Chicago, 1974.

（35）最近の代表的な業績として、例えば、Stephen Humphreys, *Islamic History* (revised edition), Francis Robinson（ed.）, *The Cambridge Illustrated History of the Islamic World,* Cambridge University Press, 1996, John L. Esposito（ed.）, *The Islamic World: Past and Present,* 3 vols., Oxford University Press, 2004, Jean-Claude Garcin et autres, *Etats, sociétés et cultures du monde musulman médiéval, Xe-XVe siècle,* 3 vols., Presses Universitaires de France, 1995-2000を挙げておく。また、一九七〇年に出版された『ケンブリッジ・イスラーム史』の新版が目下準備されており、いずれ出版される予定だと聞く（文庫版の注・*The New Cambridge History of Islam* というタイトルの下、全六巻で二〇一〇年に刊行された）。

（36）飯塚正人「ウンマと国家――国民国家を脅かすパン・イスラーム主義の論理」三一六―三一八頁。なお、サイイド・クトゥブの思想や歴史観については、湯川武「正義と秩序――サイイド・クトゥブの社会的公正論を中心として」同編『イスラーム国家の理念と現実』栄光教育文化研究所、一九九五年、一五七―一六五頁を参照のこと。

（37）「イスラム史は書き改むべきか――西欧的史観に対する批判」前嶋信次『イスラムとヨーロッパ』三四二―三六二頁。

（38）一九世紀にヨーロッパ歴史学の成果がいかにエジプトで摂取されていたかについては、Gamal el-

Din el-Shayyal,"Historiography in Egypt in the Nineteenth Century", Bernard Lewis and P.M. Holt (eds.), *Historians of the Middle East* を参照。

（39）桜井啓子『革命イランの教科書メディア』岩波書店、一九九九年、一六二―一八〇頁。

（40）永田雄三「トルコにおける「公定歴史学」の成立――「トルコ史テーゼ」分析の視角」寺内威太郎・李成市・永田雄三・矢島國雄『植民地主義と歴史学――そのまなざしが残したもの』刀水書房、二〇〇四年、一一五―一二七頁。

（41）永田雄三「トルコにおける「公定歴史学」の成立」一九七―二〇六頁。

（42）私市正年氏の口頭でのご教示によると、モロッコやアルジェリアなどマグリブ諸国の歴史教科書では、「イスラーム世界（al-ʿĀlam al-Islāmī）」という言葉が使用され、前近代におけるヨーロッパとイスラーム世界の対立抗争など私たちのよく知っている歴史記述が採用されているという。本稿執筆時点ではまだ教科書の現物を見ていないので判断は留保したいが、国史ではなく、アラブ以外にイランやトルコなども含む形で「イスラーム世界」史が描かれているとすれば、注目に値する。その理由が考究されねばならないだろう。

第Ⅲ部　日本における「イスラーム世界」概念の受容と展開

第一章　「イスラーム世界」概念の成立以前

1　江戸時代と幕末・明治初期

「イスラーム世界」という語は一九世紀のヨーロッパ思想を背景として創造され、近代ヨーロッパの進歩的知識人とイスラーム主義者のムスリムによって、方向性の異なった二つの意味を付与され、使用されるようになった。それでは、ヨーロッパや「イスラーム世界」から遠いユーラシアの東端に位置する我が国の知識人たちは、いつ頃から「イスラーム世界」という概念を知り、その言葉を使うようになったのだろうか。ここからの第Ⅲ部では、この問題を考えてみることにしよう。

杉田英明『日本人の中東発見』がすでに詳細に論じているように、ペルシア、アラビアなどの西アジア諸国に関するかなり正確な地理的情報は、一八世紀初め頃にわが国知識人に知られるようになった(1)。この時期には未だ中国伝来の古い世界像も影響力を持っていたが、これに加えて、ヨーロッパ起源の最新の地理知識が伝わり、新井白石の『采覧異言』（一七一三年成立、二五年補訂）、西川如見の『増補華夷通商考』(2)（一七〇八年）などの世界地理を本格的に扱った書物が記されたのである。

白石の『采覧異言』には、「トルカ（トルコ）」「アラビヤ」「オルムス（ホルムズ）」「ハルシャ（ペルシア）」などの国名、または地域名が採録され、『増補華夷通商考』には、「ハルシャ」「トルケイン（トルコ）」「アラビヤ」「ジュデヤ（ユダヤ）」「エジット（エジプト）」「モラコ（モロッコ）」「回回国（中央アジア）」などの地域名が項目として立てられ、それぞれの気候、物産、風俗、政情などが述べられている。

杉田はこれらの項目を「中東」諸国の情報として一括して紹介しているが、言うまでもなく「中東」とは二〇世紀になってから成立したきわめて現代的な地域認識の術語であり、これらの文献が記された当時、ここで名前を挙げられた諸国はすべて同じ地域に属しているとは必ずしも見なされていなかった。例えば、『采覧異言』の「トルカ」は巻之二のリビア（利未亜）の中で、それ以外の三国は巻之三アジア（亜細亜）の中で述べられている。また、『増補華夷通商考』は、世界を大きく漢字文化圏に属する外国と漢字以外の文字を用いる外夷に分け、「ハルシャ」「トルケイン」は東南アジア諸国やインドと同じ外夷の項で、それ以外の諸国は「外夷増附録」の中で記述している。白石と如見が世界を叙述する際に用いた地域区分は、ヨーロッパの地理的区分である「アジア」「ヨーロッパ」「アフリカ」や中国的な世界観の投影である「外国」「外夷」という言葉なのである。

「中東」という概念がないのと同様に、イスラームという要素に着目し、それを基準に「イスラーム世界」という一つの地域を設定するという考え方もこの頃には見られない。第Ⅱ部で述べたように、一八世紀はじめの段階では、ヨーロッパでもこの地域概念は成立していなかった。ヨーロッパや中東からははるかに離れた日本で、すでにこの概念が存在したとは考えられない。しかし、例えば白石がイスラーム、あるいはそれに類する宗教について何も知らなかったわけではない。白石の『西洋紀聞』（一七一五年成立、一七二四―二五年補訂）には「天下の宗とする所の教法三つ、キリステヤン、ヘイデン、マアゴメタン、これ也。そのマアゴメタンは、モゴルの教にして、アフリカ地方、トルカもまた其教を尊信すといふ。おもふにこれ漢に回回の教といふもの、或は是也」と記され、『采覧異言』の「アラビヤ」の、「天方国（マッカ）」、「メテノ（マディーナ）」の項には、「その教え、天に事うることを以て本と為すとは、即ち天主教法と源を同じうして派を異にする者なり」との文章があるからである。白石は、マホメット教、ないし回回教という名前を知っていただけではなく、その教義が同じ一神教であるキリスト教（天主教）と類似していることまで理解していた。このように、彼は後にイスラームと呼ばれることになる宗教についての知識を持ってはいたが、それを信じる人々の居住する地域を地理的に一体としてとらえる「イスラーム世界」という認識は知らなかったのである。

もし白石や如見が用いたヨーロッパからの情報が、「イスラーム世界」という世界認識を用いていれば、彼らは間違いなくそれを採用していただろう。実地に見聞することが不可能な地域の情報については、情報源をそのまま信じるしかなかったはずだからである。彼らが「イスラーム世界」という言葉を使わなかったという事実は、一八世紀ヨーロッパにはまだ「イスラーム世界」という世界認識がなかったとする第Ⅱ部の結論の一つを間接的に補強しているといえるだろう。

西アジア諸国についての情報は、その後蘭学者たちの手でヒューブナーなどのオランダ語地理書文献の翻訳が進むにつれ、より詳しく正確なものとなった。(3) 箕作省吾の『坤輿図識』(一八四五年刊)は、一九世紀前半に刊行された最新のオランダ語文献を利用した著作で、第一巻「亜細亜誌」に、トルコ、アラビア、ペルシア、第二巻「欧羅巴誌」にトルコ、第三巻「亜弗利加誌」にエジプト、ヌビヤ、チュニス、モロッコなどが含まれている。また、大量の挿絵によって読者が現実世界のイメージを抱くことを可能にした内田正雄(恒次郎)『輿地誌略』(一八七〇—七七年刊)でも、ペルシア、アフガニスタン、トルキスタン、アラビア、アジア側トルコは亜細亜州の巻に、トルコは欧羅巴州の巻に、そして、エジプト、ヌビヤ、チュニス、モロッコなどは亜弗利加州の巻に含まれている。トルコ(オスマン帝国)の地理情報がアジアとヨーロッパの両方に分かれて記されていることからも明らかなように、これらの書物でも各国の記事はすべて五大州別に分類して記されている。地理的知識に限定してみた場合、「中東」はもちろんのこと、「イスラーム世界」という用語も、この段階ではまだ用いられていない。

2　明治・大正時代

明治以後の日本政府の役人や知識人が、アラブ、ペルシア、トルコなどの中東地域の諸国にどの程度の関心を抱き、これらの国々をどのように認識していたのかという点に関しても、杉田のすぐれた研究によって、私たちは容易にその概要を知ることができる。それによると、幕末・明治初期には船でヨーロッパへ向かう途中にアラブ世界、とりわけ、エジプトを訪れる日本人が多かったが、彼らのエジプトについての反応は、①現地に進出しているヨーロッパ人の近代技術の粋を集めた仕事への讃美、②それとは対照的な現地人の生活の悲惨さを目のあたりにしての、強烈なナショナリズムに支えられた自己反省、③沙漠や駱駝などエキゾチックな風景への感動、の三点に要約できるという。(4) その後、一時的にヨーロッパ人に対抗する非抑圧民族としての共感をエジプトのウラービー運動に抱く人々が現れはしたが、日清・日露戦争を経て日本国内の近代化が進展し、大陸進出が考慮されるようになる二〇世紀初頭には、近代化の遅れた中東社会の現状を批判的にとらえ、オスマン帝国を清朝に重ね合わせたり、エジプトを朝鮮と比較したりする論調が力を増してくるという。一口で言えば、日本人が思い描く「同胞」は、中東諸国から欧米諸国へと変化したのである。

杉田の研究は、幕末から明治末期にかけて外国に関して記された膨大な量の著作のうちから、中東やイスラームに触れたものを抜き出し、その内容を紹介した労作である。この研究のおかげで、私たちは中東やイスラームに言及した文献が当時一定数存在したことを知っている。しかし、それらの大半は、自らの旅行の報告や欧文の書物からの翻訳であり、本格的な研究といえるものではなかった。(5) また、この時期には大学などの研究機関が西アジアやイスラーム研究の講座を持つことはなく、したがって、専門の研究者と呼べる人もいなかった。西アジアやイスラームに関しての知を体系的、組織的に生み出す仕組みが、まだ日本には存在しなかったのである。欧米に追いつくという目標に向かってひたすら邁進していた当時の日本にとってまず重要だったのは、欧米の政治・社会・文化や知的達成について知ることだった。西アジアやイスラームについての研究は、一部の好事家の興味を惹く程度で、あまり真剣に取り上げられることはなかったといってよいだろう。

このような全般的状況の下で、今日の中東地域やイスラームについての知識や関心を、一般の日本人はどの程度有していたのだろうか。この問題を考える際に手がかりを与えてくれるのが、学校教育で使用された教科書である。テレビやインターネット、新聞などが人々の知識形成に大きな影響力を持つ現代とは異なり、この時代、多くの人々は外国や異文化についてもっとも基礎的な知識を小中学校で身につけたはずだからである。そこで、戦前の学校教育、とりわけ、外国について学ぶ機会となる地理と歴史という科目で、中東やイスラームはどのように取り扱われていたのかを検討してみたい。

戦前の学校教育において、科目としての地理と歴史は、微妙に異なって扱われていた。外国地理が日本地理に続いて小学校高学年で教授されたのに対し、外国史は、明治初期の一時期を除いて、小学校では教えられなかったからである。歴史の場合、小学校で教授されたのは日本史だけである。生徒が外国史を学ぶのは、中学校に入ってからだった。したがって、この節で検討する教科書は、地理の場合は小学校で使用されたもの、歴史は中学生用のものである。

第二次世界大戦前の小学校での世界地理教育

地理は明治初年から教科書によって教えられ、一八七二（明治五）年の学制発布の際に独立の科目として設定された。同じ地理とは呼ばれたが、日本地理と世界地理は分けて別に教授されるのが原則だった。一九〇四年に国定教科書制度が実施されて以後、小学校の五学年、六学年で日本地理が教えられ、その後で外国地理が扱われることとなった。外国地理が具体的にどの段階から教授されるかは、学校や教師の裁量に任されていたようである。ではここで、西アジア、中東やイスラームが教科書でどのように取り扱われていたかを時代順に見てみることにしよう。

小学校教育が始まった明治初年から一〇年代には、まだ国定の教科書はなく、世界地理に関するいくつかの著作が教科書として用いられた。これらのうちでとりわけ有名なのが、福沢諭吉による『世界国尽』（一八六九（明治二）年刊）である。福沢が、この本の中で、当時のヨーロッパの人々の理解に従って、人間社会を、渾沌、蛮野、未開、文明開化の四段階に分けたことはよく知られている。中東、西アジアについて言えば、アラビヤは蛮野、トルコとペルシアは未開に分類されている。

この書物では、「巻二亜細亜洲」に、中東、西アジアについての情報が次のようにまとめられている。

「印度」の西の国々は、「阿芙賀仁須丹《アフガニスタン》」「土留喜須丹《トルキスタン》」、みなみの端の「尾留知須丹《バルチスタン》」。独立国の名あれとも、風俗粗き夷狄のみ。西に進て「辺留社《ペルシャ》」は世にも所謂古国なり。紀元以前六百年、「白洲王《キュロス》」といへる君、隣の国をほろほして武威を「亜細亜」に轟かし、次て二千有余年時代移り物かはり、一時「蒙古」に攻取られ、千五百年のころにまた政府一度改り、「富肥」の世とそ唱へける。

「辺留社」の入海へたて西のかた、砂漠広き「荒火屋国《アラビヤ》」。南の方に「荒火屋海」、北は「土留古《トルコ》」に堺して、西は「亜細亜」の陸のはて、彼岸望めば阿非利加《アフリカ》洲、中をへたつる「西紅海」。海の南の地続は「末洲《スエズ》」の地峡と名も高き、百里はかりの鉄道の北に出れば「地中海」。「亜細亜」「阿非利加」「欧羅巴」三国堺の中の海。海のひかしは「小亜細亜」「尻屋《シリヤ》」「雨仁屋《アルメニヤ》」「羽禮須多院《パレスタイン》」惣名「亜細亜土留古」とて「土留古」の国の領地なり。[6]

これらは、辺留社（ペルシア）、荒火屋（アラビア）、土留古（トルコ）のアジア側領土についての解説である。「インドの西」、「ペルシアの南」などという漠然とした表現によって地理的な位置が説明されていること、解説は国ごとに分けて記されていることに注目しておきたい。いずれの国についても、住民の宗教やイスラームに関する言及はない。もちろん、イスラームを指標として地域を区切ろうとする考え方もない。

この時期の教科書の別の例として、文部省が刊行した『萬国地誌略』（一八七四〈明治七〉年、師範学校編輯）を見てみよう。[7] この教科書は、福沢の著作に比べると、より客観的に淡々と世界各地の地理を解説している。中東、西アジアについてみると、福沢の書と同じく、比耳西亜（ペルシア）、亜細亜土耳其（アジア・トルコ）、亜剌比亜（アラビア）に分けて、面積、人口、位置、風土、首府、主な都市、産物などが説明されている。イスラームについての言及はなく、当然、「イスラーム世界」的な地域の区切り方はされていない。

このように、明治初期の小学校地理教科書には、アジアの西部に位置するペルシアとアラビア、それにオスマン帝国（トルコ）のアジア側領土についての簡単な説明が挿入されていた。たとえ、その大半がヨーロッパの知識の受け売りであったとしても、生徒は、そこから西アジア地域についての情報をなにがしかは得ることができたはずである。ところが、一九〇四年以後、文部省が国定教科書を刊行するようになると、事態は大きく変化する。まず、第一期国定教科書の内容を検討してみよう。

『小学地理』文部省著作、一九〇四（明治三七）年刊（第一期国定教科書）

この教科書は、一、二の二巻からなる。あわせて全十一章のうちわけは以下の通りである。一、総論、二、関東地方、三、奥羽地方、四、本州中部地方、五、近畿地方、六、中国地方、七、四国地方、八、九州地方、九、北海道、十、台湾、十一、地球

十一の「地球」で世界の主な国の名が挙げられるが、欧米各国についての情報が主で、アジアについては、韓、清、シャムの三国の名があるだけである。インドより西の地域の国についてはまったく触れられていない。イスラームについての言及もない。つまり、この教科書は、地球という章を設けながらも、地球上のすべての地域を解説してはいないのである。

この教科書を使う生徒が、世界に西アジアという地域があり、そこにペルシアやトルコといった国々が存在すること、その住民の大半がイスラーム教徒であるといった情報を得ることは困難だったろう。

一九一〇（明治四三）年発刊の第二期国定教科書『尋常小学地理』では、第一期よりも世界地理について多くの頁が割かれるようになった。同じく二巻からなるこの教科書では、巻一が十一章、巻二が十七章で構成されているが、このうち巻二の四章が世界地理を扱っている。世界はそれ以前の教科書と同様、五つの洲からなるとされ、このうちで「亜細亜洲」が最初に紹介されている。しかし、第一期に比べると格段に記述量が多くなったとはいえ、そこで解説されているのは、清国、シベリヤ、印度、印度支那半島、マライ群島、米領フィリピン群島だけである。第一期教科書と同様、中東、西アジア方面やイスラームについての記事は見られない。

日本が海外植民地を獲得するにつれて、日本地理と世界地理の境界は変化し、それによって教科書の記述を変更する必要が生じたが、西アジアやイスラームについての記事を欠くという事情は、一九三九（昭和一四）年に刊行される第五期国定教科書に至るまでまったく変わらない。各期の教科書で、アジヤ洲がどのように説明されているかを以下でまとめておこう。

『尋常小学地理書』一九一八（大正七）年刊（第三期国定教科書）

二巻からなり、巻二の十五章のうち、後半の八章から十五章までが世界地理を扱う。八章が「アジヤ洲」で、総論、支那、シベリヤ、印度、東南アジヤの五つの節からなる。西アジアやイスラームについての解説はない。

『尋常小学地理書』一九三五—三六（昭和一〇—一一）年刊（第四期国定教科書）二巻からなり、巻二の十四章のうち、八章から後が世界地理を扱う。八章の「アジヤ洲」は、総論、満州、支那、シベリヤ、印度、東南アジヤからなる。西アジアやイスラームについての解説はない。

『尋常小学地理書』一九三九（昭和一四）年刊（第五期国定教科書）二巻からなり、二巻後半の八章から後が世界地理を扱う。八章がアジヤ洲についての解説で、①総論、②満州、③支那、④シベリヤ、⑤印度、⑥東南アジヤ、の六つのテーマが取り上げられる。ここでも、西アジアやイスラームにはまったく触れられていない。

以上の検討から明らかなように、戦前の小学校における地理の授業では、明治初めの一時期を除けば、西アジアやイスラームについての知識はほとんど教授されなかった。とりわけ、二〇世紀初めに文部省によって国定教科書が編纂されるようになって以後は、教科書には、西アジアやイスラームについての情報はまったく掲載されていない。専門の書物として、西アジアやイスラームを扱ったものが一定数存在したとしても、その影響は一部の知識人に限られていた。小学校を卒業しただけの一般の人々は、「イスラーム世界」はもちろん、西アジアやその周辺に位置する諸国についての地理的知識をまったく有していなかったと考えてよいだろう。

第二次世界大戦以前の世界歴史教育

明治以来第二次世界大戦期まで常に小学校で教授された外国地理とは異なり、外国の歴史が小学校で教えられたのは、明治初期だけである。一八八一（明治一四）年以後は、小学校での歴史教育は、日本歴史のみに限ることになったからである。[8] このため、戦前の小学校の外国史教科書としては、それ以前に刊行された『史略』（一八七二〔明治五〕年刊行）や『萬国史略』（一八七四〔明治七〕年）などがあるだけである。十年に満たない通用期間であり、これらがどれほど一般に影響力を有したのかは疑問だが、中学校の歴史教科書を検討する前に、これらについても一応簡単にまとめておこう。

一八七二（明治五）年に文部省によって刊行された『史略』は、皇国、支那、西洋の三部から構成される。「皇国」は日本、「支那」は中国の歴史を扱っており、「西洋」は、いわゆる西洋史である。「西洋」の上古では、アッシリア、バビロニア、ペルシア、ユダヤといったオリエント世界の歴史が、ギリシア史、ローマ史と並んで解説されている。中古以下は、各国史となり、仏蘭西史、独逸史など主要な国の歴史が順に叙述される。下巻でオスマン帝国の歴史がトルコ史として紹介される。

次に、一八七四（明治七）年に刊行された『萬国史略』の内容を以下に書き出してみよう。

巻之一

亜細亜洲
漢土、印度、波斯（ペルシア）、亜細亜土児其（アジア・トルコ）
欧羅巴洲上
希臘（ギリシア）、羅馬（ローマ）
巻之二
欧羅巴洲下
人民の移転、仏蘭西、英吉利、……土児其（トルコ）、魯西亜
亜米利加洲
発見殖民、合衆国

この教科書の特徴は、世界の歴史が「亜細亜」「欧羅巴」「亜米利加」という大陸別に記されているという点である。特に面白いのは、ボスポラス海峡を挟んで地理上のヨーロッパとアジアの両方に領土を持つトルコ（オスマン帝国）の場合で、亜細亜洲と欧羅巴洲の両方でそのアジア側領土、ヨーロッパ側領土の歴史が分けて記される。記事の内容を見ると、「漢土」とされる中国の歴史は別として、それ以外の地域の歴史は、基本的に、グッドリッチ『パーレイ萬国史』という英文の歴史概説書を翻訳して使用したものである。インドより西、ヨーロッパより東の地域の歴史についても、「印度、波斯等の諸国は、亜細亜に属すといえども、其記事、皆西史より訳出する者なれば、しばらく西洋の紀元を書す」とあるように、英文の書物をそのまま翻訳してすませている。維新直後の日本の知的環境を考えれば、

それも仕方のないことだろう。

試みに、ペルシア史の項目を見てみると、波斯「カンビセズの子シリュスに始まる」という文で書き出され、古代から現代に至るまでの歴史が連続的に描かれる。「一五六〇年頃イスマニルなる者起こり、全国を一統して独立国をなす。これを現今波斯の国祖とす」という文章は、おそらく、イスマーイールによるサファヴィー朝の創建（一五〇一年）を意味しているのだろうが、年、名前の両方ともまったく不正確である。これは教科書そのものより、そのもととなったグッドリッヂの書を責めるべきだろう。

亜剌比亜（アラビア）国についての記述を以下に抜書きしてみよう。

紀元五百七十一年回教ノ祖、摩哈麦ト云フモノ、麦加ノ地ニ生レ、年、四十ニシテ、新教ヲ衆人ニ伝フ、六百二十二年ノ頃ヨリ、土人此教ニ帰スルモノ多ク、尋テ門徒数万人ニ至リ、摩哈麦ヲ奉シテ法王ト称シ、兵力ヲ以テ四隣ヲ攻略シ、次第ニ版図ヲ広メタリ、六百三十二年開祖摩哈麦没スルニ及ヒ、嗣テ法王トナルモノヲ神裔ト号シ、兵勢益サカンニシテ、隣邦ヲ侵掠シ、百余年ヲ出ズシテ、大ニ版図ヲ開キ、東北ハ印度波斯土耳其ニ達シ、西ハ亜弗利加ノ北部西班牙及ヒ伊太利ノ南部ヨリ、地中海ノ諸島ヲ合セ、威権海内ヲ振蕩セリ、八百二十年ノ頃、法王ハロン、アルアシツト氏版図ヲ三子ニ分チ与ヘシヨリ、互ニ親睦セスシテ、屢戦闘シ、邦土分裂シテ、独立スルモノ多ク、終ニ波斯土耳其ノ如キモ、叛キテ独立国トナリ、法王ノ版図、次第ニ縮小シ、威権亦随テ衰ヘ、嗣王数世相継テ

空位ヲ守リ、終ニ紀元一千二百年ノ頃蒙古ノ鉄木真ノ為ニ滅セラル。(9)

この構図は、第Ⅱ部で見たギボンの『ローマ帝国衰亡史』によるサラセン人の歴史の描き方と基本的に同じである。「回教」という言葉は使われているが、ここに見られるのはあくまでも「アラビア国」ないしは、カリフ政権の歴史である。ムハンマド以後の西アジア史を「イスラーム世界」史ととらえ、その流れを追っているわけではない。アラビア国がモンゴル（蒙古）のチンギス・カン（鉄木真＝テムジン）に滅ぼされるとしているのは、その証拠である。つまり、この教科書で言及されている西アジアの歴史は、基本的に一八世紀以来続くヨーロッパの歴史解釈を踏襲しているのである。

さて、一八八一年以後、世界の歴史が中学校での履修科目となると、どのような教科書を用いてこれを教授するかが問題になった。欧米の歴史を扱う西洋史については、当面は欧米人の著作を参照し、それを適宜まとめればよかったが、中国史をはじめとして欧米人の研究が十分とは言えない西洋以外の地域の歴史を、西洋史と同様の観点からいかに教えるかがはっきりしなかったのである。宮崎市定は当時の事情を以下のように語る。

今日のように世界を大まかに両分して、東洋・西洋とよぶ方法は明治時代の日本人の発明であり、それは学校における歴史教育の必要によって促進されたのであった。（中略）ヨーロッパ史学思想が、（中略）次第に国民の間に浸透することになると、（中略）全体の把握の仕方が重要視されてくる。それは従来の中国のような王朝の歴史であってはならず、並立する多数の民族史でなくてはならぬ。ここにおいて、従来の支那史を超えた東方の万国史、ヨーロッパを主とする西洋史に対立する東アジア中心の東洋史が成立せねばならぬ必然性が生じた。[10]

西洋以外の地域については、当初は、中国史に焦点を絞った教育が行われたようである。その過程で、那珂通世による『支那通史』四巻五冊（一八八八―九〇年）のような名著とされる教科書も現れた。

「東洋史」という学問領域の概念がはっきりと示されるのは日清戦争が勃発した一八九四年のことである。この年、高等師範学校長の嘉納治五郎が同校教授、大学教授、高等中学校教授等を集めて中等学校教科課程に関する研究調査委員会を開いた。その際、歴史科の会合の席で那珂通世が、「東洋の歴史は支那を中心として東洋諸国の治乱興亡の大勢を説くものにして西洋歴史と相対して世界歴史の一半をなすものなり。（中略）東洋歴史を授くるには、我国と東洋諸国と古より互いに相及ぼせる影響如何に注意し、また東洋諸国の西洋諸国に対する関係を説明すべし」と述べて、外国の歴史を西洋歴史と東洋歴史とに二分すべきことを提議したところ、列席者がみなこれに賛成した。これが東洋史という科目の発端であるという。[11]一八九四年七月に改正された東京高等師範学校規則には、「本邦史、西洋歴史、東洋歴史」が歴史科の科目に掲げられた。これを承けて、東洋史の教科書作成が始まるが、一八九八（明治三一）年に刊行された桑原隲蔵『中等東洋史』は、初めての本格的な中学校の東洋史教科書として注目される[12]。この書の冒頭で、桑原は東洋史の概念とこの教科が扱う地理的な範囲を次のように規定する。

東洋史とは、主として東方アジアに於ける、民族の盛衰、邦国の興亡を明かにする一般歴史にして、西洋史と相並んで、世界史の一半を構成する者なり。

今山川の形勢に因り、アジア大陸を分って、五部となすべし。東方アジア（南はヒマラヤ、西はパミール、北はアルタイの三大山脈によりて囲まれた地域、支那および朝鮮）、南方アジア、中央アジア（ヒンドゥクシュの北、パミールの西、シル河の南。露領トルキスタン）、西方アジア、北方アジア（露領シベリア）がそれである。

東洋史は主として、東方アジアに於ける、古来の沿革を明かにすれども、亦同時に之と幾多直間接の関係ある、南方アジア及び中央アジアの沿革をも略述せざるべからず。北方アジアに至りては、気候寒烈にして、人煙も亦稀少、従うて東方アジアの大勢に、大関係ある事変の舞台とならず。西方アジアは、寧ろ欧洲の大勢と分離すべからざる関係を有するが故に、共に東洋史の範囲以外に在り[13]。

桑原の所説の眼目は、東洋史とアジアの歴史を別のものとしてはっきりと区別する点にある。彼によれば、東洋史が扱うのは、中国を中心とする東方アジアであり、東方アジアと関係する限りにおいて、中央アジアや南方アジアの歴史も略述されるべきだという。具体的な事項としては、南方アジアにおける仏教の成立や発展、中央アジアにおける仏教の東漸や中国王朝との関係などが意識されていたはずである。何よりも興味深いのは、西方アジアは欧州（ヨーロッパ）の歴史の流れと分離できないので、東洋史の範囲には含めないと桑原が断定する点である。古代オリエントやギリシア・ローマの歴史が、その後の西方アジア、ヨーロッパ両地域の歴史に密接に関わることや、イスラーム勃興後も西方アジアとヨーロッパの政治的、経済的な交渉は続いたことを想起すれば、この桑原の意見はきわめて妥当である。実際、すでに見たように、西アジアの歴史は、それまでも西洋史の中で付随的に触れられていた。このように「付随的に」扱う限りは、西アジアの歴史がヨーロッパの歴史とともに述べられるべきであるとする桑原の所説は、納得のゆくものだった。

あらためて強調すべきことは、ムハンマドの登場とイスラームの勃興の歴史やオスマン帝国の興隆史は、戦前には西洋史の教科書や概説書の中で扱うのが常だったということである。いくつか例を挙げてみよう。一八七八（明治一一）年に出版された文部省刊行の『萬国史』は、ウィリアム・クック・テイラーの『古代・近世史の手引き（*A Manual of Ancient and Modern History*）』（一八六七年出版）を翻訳したものである。その名称にもかかわらず、全六巻のうちの最終巻の一部に「支那猶太米利堅聯邦」の略史を含むだけで、実際は、いわゆる西洋史の概説である。この書の第三巻は、「撒辣孫《サラセン》帝国及羅馬《ローマ》教王権ノ興隆替否ヲ記ス」とあり、ムハンマドの登場に始まるサラセン帝国の勃興を説明している。また、四巻には、「土耳其（トルコ）国勢ノ旺勢ヲ記ス」とあり、オスマン帝国の興隆についても触れられている。

一九〇四（明治三七）年刊行の瀬川秀雄『西洋通史』（冨山房）は、高等学校学生や中学校教育に従事する教員用の参考書とされる。この本の第二編中世史では、「アラビア人の勃興及びムハメット教の弘布」という節があり、ムハンマドの登場からアッバース朝、ファーティマ朝、後ウマイヤ朝で三カリフが鼎立するまでの歴史が述べられている（一二五―一三一頁）。さらにその後には、ティームールやイルハーン朝（本文ではイルカン国）、オスマン帝国（本文ではオスマントルコ）の動向にも触れている。

一九一三（大正二）年刊行の斎藤清太郎『新編西洋史教科書』（明治書院）は、一九一一（明治四四）年の文部省制定中学校教授要目に拠って編纂された中学校用の教科書だが、その叙述形態も上に述べた二つの書物とほぼ等しい。第二編中古史に、「サラセン国の勃興」「蒙古人及び土耳古人の侵入」という章が挿入されている。

すでに述べたギボンの『ローマ帝国衰亡史』がそうであったように、イスラームの勃興とカリフ政権の領域拡大やオスマン帝国の興隆は、西洋世界の歴史を説明する際に触れないわけにはゆかないテーマだった。もちろん、その取り扱いは、中国史に対する北方遊牧民族史と同じく、あくまでもヨーロッパ史の流れと関連する場合に限られていた。したがって、「西アジア通史」という形での叙述はありえなかった。その記述量も、例えばギリシア・ローマ史に比べれば極端に少なく、しばしば偏見や誤解が含まれてもいた。とはいえ、イスラーム勃興後の西アジアの歴史が、戦前は西洋史で扱われていたという事実を大いに強調しておきたい。今日では、一般に「イスラーム世界」史は東洋史の範疇にあると考えられているからである。いつこのような意識の変化が起こったのかは、後に述べることにしよう。いずれにせよ、これらの教科書や概説書には、「イスラーム世界」という表現は見られない。この時期の教科書類では、「サラヤン帝国」やアラブ人の帝国などの言葉が使用されるのが常だった。

桑原が最初に著した『中等東洋史』は、あまりに詳細で中学校では教えきれないという意見が強かったため、彼は翌一八九九年に『中等東洋史』を簡略化した『初等東洋史』を刊行する。そして、この書を基にして一九〇三年に出版された『中等教育東洋史教科書』は、以後およそ三十年間、著者の歿後に至るまで、ほとんど独占的に中学校歴史教育に君臨したという。ということはすなわち、戦前の中学生は、中東の歴史についての断片的な知識を西洋史の教科書から得ただけだったといってよいだろう。そこにムハンマドやイスラームについての記述はあったが、「イスラーム世界」という地域ないし空間概念を採用した歴史叙述はなかった。

以上の検討から、明治以来昭和初期までの一般の小中学生の西アジアやイスラームに関する知識はきわめて限られており、彼らは地理的な意味でも歴史的な意味でも、「イスラーム世界」という言葉をまったく知らなかったと考えてまず誤りないだろう。それでは、一体日本ではいつから「イスラーム世界」という言葉が使われるようになるのだろうか。結論を先に記すと、それは、第二次世界大戦直前、一九三〇年代のことである。以下で、一九三〇年代における日本の知的状況の劇的な変化について述べることにしよう。

（1）杉田英明『日本人の中東発見――逆遠近法のなかの比較文化史』東京大学出版会、一九九五年。
（2）白石の書は、イタリア人宣教師マテオ・リッチが中国で作成した世界地図『坤輿万国全図』の漢文の説明を基礎とし、これに一七〇八年に日本へ潜入したイタリア人宣教師シドーチの尋問によって得た新知識を盛り込んだもの、如見の著作は、主にイタリア人宣教師ジューリオ・アレーニの漢文地理書『職方外紀』（一六二三年）に依拠しているという。杉田英明『日本人の中東発見』五四頁参照。なお、日本近世における世界像については、荒野泰典「近世の対外観」『岩波講座日本通史・第13巻・近世3』岩波書店、一九九四年を参照。
（3）宮地哉恵子「「ゼオガラヒー」から「海国図志」へ」『歴史学研究』六二三、一九九一年。
（4）杉田英明『日本人の中東発見』一〇一頁。
（5）板垣雄三は、日本で「中東・イスラーム研究と呼ぶにふさわしい営みが見られるようになるのは、一九三〇年代後半以降のことである」としている。板垣雄三『イスラーム誤認』岩波書店、二〇〇三年、二六九―二七〇頁。後で述べるように、私は研究開始の時期はもう少し遡るのではないかと考えるが、基本的には板垣の意見に賛成である。
（6）『日本教科書大系近代編』第一五巻地理（一）、講談社、一九六五年、一四頁。杉田が指摘するように、福沢の中東諸国に対する目は厳しく、この部分の後で福沢はペルシアの歴史と現状について、次のように述べている。
「辺留社は旧国なれとも、元来人気粗く政事向暴虐にして下下の取扱よろしからざるゆへ国の力次第に衰へ当時に至ては文武ともに引立ず。千八百十三年、千八百二十八年、魯西亜と戦ひ両度とも敗北して大に土地を失へり。近来は英国と交りて、英の士官を雇ひ武備を整るよしなり」（一七頁）。
（7）この時期は、まだ文部省による教科書の検定という制度はない。検定制度は、一八八六（明治一九）年に始まり、一九〇四（明治三七）年には、国定教科書が用いられるようになる。奥田真丈監修『教科教育百年史』建帛社、一九八五年、二八七—二九三頁参照。
（8）『日本教科書大系近代編』第一八巻歴史（一）、講談社、一九六三年、七二二頁。
（9）『日本教科書大系近代編』第一八巻歴史（一）、一六七—一六八頁。
（10）宮崎市定「解説」、『桑原隲蔵全集』第四巻、岩波書店、一九六八年、七五六—七五七頁。また、山室信一『思想課題としてのアジア——基軸・連鎖・投企』岩波書店、二〇〇一年、四三四頁参照。山室によると、この提言以前にも、学習院高等科では「東洋諸国史」という科目で講義が行われ、一八九〇年に東京帝国大学を卒業した白鳥庫吉がこれを担当したという。西洋諸国史に対する東洋諸国史という考え方は、少なくとも、歴史研究者の間では一八九四年以前にもある程度意識されていたのだろう。同書、七四五頁、注一一一参照。
（11）山室前掲書、四三四頁、三宅米吉「文学博士那珂通世君伝」故那珂博士功績記念会編『那珂通世遺書』大日本図書、一九一五年、一二二頁。
（12）それ以外の主な東洋史教科書としては、藤田豊八『中等教科東洋史』二巻、文学社、一八九六（明治二九）年、羽田亨『中等東洋史新教科書』冨山房、一九二九（昭和四）年などがある。
（13）『桑原隲蔵全集』第四巻、一七—一八頁。

第二章　日本における「イスラーム世界」の発見

1　「回教圏」研究の開始

大久保幸次と「回教圏」

一九〇四―〇五（明治三七―三八）年の日露戦争の勝利によって、日本は満州への政治・経済的進出の地歩を固めた。その結果、この地に移住してきていたタタール系のムスリムとの接触が本格化した。タタール人は、すでに一八八〇年代から帝政ロシアに対抗してパン・イスラミズム運動を組織していた。満州の地に移住したタタール系のムスリムは、ロシア領内の同胞と固いネットワークで結ばれており、その意味で、彼らはロシアに対する地下工作を試みる日本の大アジア主義者や軍部には大いに利用価値があった。タタール系ムスリムの指導者でパン・イスラーム主義者のアブデュルレシト・イブラヒムが一九〇九年に日本を訪れたのも、おそらく日本の軍関係者のアプローチが功を奏したものと考えられる(1)。イブラヒムは約半年間日本に滞在し、伊藤博文や大隈重信のような政治家をはじめ、政府や軍の要人たちと面会した。また、大アジア主義者である大原武慶、頭山満、中野常太郎、犬養毅らとも会合を重ねた(2)。

坂本勉によれば、これらの会合でイブラヒムが強調して訴えたのは、ヨーロッパ人の蛮行によって家畜同然の扱いをうけ、人権をないがしろにされたうえ、生存の権利を奪われ、バラバラになったアジア諸民族の現状だった。この状況を打開するためには、アジアの人同士がたがいに手をつないで連帯し、アジアが一つにまとまらねばならない。日本がアジアの盟主としてアジア諸民族を支援し、とりわけムスリムとの関係に十分配慮することが、アジアの連帯と統一の運動を進めるにあたって何よりも必要だというのが、イブラヒムの主張だった。[3] イブラヒムは、日本人をイスラームに改宗させ、ともに手を携えて西欧帝国主義に対抗しようとの希望を持っていたようである。日本人の大量改宗は実現しなかったが、少数とはいえイブラヒムの主張に共鳴した大原武慶や山岡光太郎はムスリムとなった。そして、彼らを核としてイスラーム弘布のために亜細亜義会が結成された。

ロシア革命によってロシア帝国が滅亡した後には、革命や内戦の混乱を逃れて多くのタタール人ムスリムがハルピン方面に流入し、中には洋服地の行商に日本にまでやってくる者たちもあらわれた。また、日本に生活の基盤を移し、居を構えて満州から家族を呼び寄せる者もあったという。[4] 一九二二年頃からその数は次第に増加し、この年の四月八日には、東京在住のタタール人ムスリム百名ほどが中心になって、日本ではじめての公開礼拝が東京牛込神楽坂倶楽部で挙行されている。[5] そして、一九三〇年頃までには東京、名古屋、神戸、熊本などにタタール人のコミュニティーが形成されるに至った。これによって、身近にムスリムを知る日本人の数は確実に増加した。そして、中には、彼らの宗教であるイスラームに親近感や興味を覚え、より詳細で正確な知識を得たいと考える者も現れた。日本におけるイスラーム研究の先駆者と言える大久保幸次（一八八七―一九五〇）は、そのうちの一人である。

大久保は一九一三年に東京外国語学校ドイツ語本科を卒業した後、一九一八年東京帝国大学東洋史科選科を卒業した。(6) 帝大在学中から独協学園でドイツ語を教えていたが、彼自身が「意識的にトルコ・タタル人として最初に接した人たちは、大正八（一九一九）年の春ハルピンから訪れた Ayaz Ishaqi、Umer Tirigol、Niyaz Maqsudy の三氏であった」と記しているように、(7) 比較的早い時期からタタール人たちと接触があった。大村謙太郎の回想によれば、大久保がトルコ語を学び始めたのは一九二一（大正一〇）年前後とのことなので、(8) これらのタタール人たちとの出会いがそのきっかけとなったのかもしれない。彼は、一九二三年に「芸術保護者としてのトルコ皇帝」（『国際知識』三―五）、一九二四年に「宗教伝統と闘ふトルコ人」（『東洋』二七―五）というオスマン帝国や新生トルコ共和国に関する論考、「ハルビンに於けるトルコ民族の生活」（『東洋』二七―一二）、「日本へ来たロシアの回々教徒避難民について（一）（二）」（『国際知識』四―二、四―三）のようなタタール人についての論文を発表し、トルコ研究者としての立場を確立していった。

トルコに関する研究やタタール人ムスリムとの交流を通じて次第にイスラームへの関心を強めた大久保は、一九三二（昭和七）年二月一一日に、飯田忠純、内藤智秀、小林元らとともに、東京にイスラーム文化研究所を設立する。(9) これが日本における最初の本格的なイスラーム研究組織だと考えてよい。(10) 設立の趣意書が残されており、それによると、設立の主旨は、日本人のイスラーム文化に関する知識は、欧米人の偏見によって歪められているので、これを正しく理解するために本研究所を設立する、とある。イスラームやムスリムについての知識を、欧米経由ではなく自分たちの研究によって直接得ようとした点で、この研究所の設立目的は当時の日本にあってはきわめて斬新だった。

清新な意欲に満ち高邁な理想を掲げて出発したこの研究所は、同年一一月に雑誌『イスラム文化』を創刊する。しかし、残念ながらこの雑誌は創刊号だけしか刊行されなかった。研究所自体も長続きはしなかった。研究所設立に際して中心的な役割を果たした内藤と大久保の間が不仲となったためではないかとされる。[11] 大久保のグループは研究所を離れ、一九三三（昭和八）年一〇月、新たに「イスラム学会」を発足させる。このグループの主なメンバーは、大久保幸次、小林元、松田寿男、宮城良造、八木亀太郎だった。この学会は翌年（一九三四年）の五月から翌々年三月にかけて、トルコ語講習会を開催している。一方、イスラム文化研究所も、残された内藤智秀のグループによってしばらくは運営されていたようである。[12]

さて、数年来研究活動を共にしてきた大久保と小林元は、一九三六（昭和一一）年に『現代回教圏』（四海書房刊行）という概説書を共著として出版する。管見の限り、「回教圏」すなわち「イスラーム世界」という言葉を題名に持つ日本語図書の出版は、これが初めてである。「イスラーム世界」にあたる概念が日本人一般に知られるきっかけを作ったという点で、この本の出版が持つ意味は大きい。それは、日本人による「イスラーム世界」の「発見」だった。巻頭には、この本の出版の目的が記されているので、抜書きしてみよう。

回教圏は異国趣味の花園ではない。アジア、アフリカ、ヨーロッパに跨がり、約二億四千六百万の回教徒を抱く回教圏の現実はまさに歴史的所与である。（中略）かくてこの「現代回教圏」は研究書ないし教科書としての待遇を予想しない。この書はただ現今の回教世界を展望せんとするわれわれの同胞への真面目な手引書としての役割を与えられることにのみその存在理由を期待する。（中略）

確かに回教および回教徒の問題に着目するわれわれの同胞は少い。しかし多くの人人がこの重要な研究題目を放置しまた軽視し、ともすれば回教徒の世界を越えてひたすらはるかかなたのヨーロッパ人の舞台に彼等の視覚を集中する傾向は一応反省されなければならない。日本商品の進出地としての回教圏、植民地再分割の客体としてのそれ、世界史の不可欠部分としてのそれ、世界文化の構成要素としてのそれなど、まことに回教徒の群居地はわれわれの注意を呼ぶおびただしい課題を孕んでいるではないか。

身近な人々の証言によるかぎり、大久保幸次が内発的な関心に基づいてトルコやイスラームの研究を開始したことは間違いない。しかし、その研究の成果が本として刊行されるためには、このように時局への言及が不可欠だった。

本の内容は、二人の共著者が数年にわたって発表してきた論文の集成である。扱っている地理的空間は、「満州および日本におけるトルコ族」「東トルコ族の舞台としての支那トルキスタン」「インドネシア回教の地域性」という論文題目に見られるように、東は東アジア、東南アジア地域から、西は「北アフリカの動向」という題目からわかるように、マグリブ地域に至っている。三部構成の第一部で、「マホメットの映像」「回教の綱要」「回教圏の回顧」というテーマが扱われているほかは、すべて当時の回教圏の現状を解説したものである。大久保の専門との関係で、必然的にトルコに関する論文の数が多い。この本の出版を皮切りに、「回教圏」または「イスラーム世界」に関する書籍が、一九三六年以後堰を切ったように出版され始める。

ところで、この「回教圏」という概念は、果たして大久保が独自に考えついたものなのだろうか。そうとは考えられない。上で述べたように、日露戦争後の一九〇九年にパン・イスラーム主義者アブデュルレシト・イブラヒムが日本を訪れ、「イスラーム世界」の団結という考え方をすでに伝えていた。また、大久保が早くからタタール系ムスリムたちと積極的に交流していたことも知られている。さらに、一九三三年には、アブデュルレシト・イブラヒムが再度日本を訪れ、以後東京に居を定めた。同じ年にアヤズ・イスハキーというタタール民族主義者にしてパン・イスラーム主義者も再び日本にやってきた。大久保は、一九一九年にイスハキーがはじめて日本を訪れたときにすでにこの人物と会っていた。再度の来日時にもイスハキーと親しくつきあっていたことは、松長昭の研究によって明らかとなっている。[13]大久保はこれらのパン・イスラーム主義者たちとの交流を通じて、次第に「回教圏」という

考え方になじみ、これを自分のものにしていったのだろう。(14)

「イスラム文化協会」の設立

大久保と別れた内藤智秀のグループは、政府や軍部とのつながりを強めてゆく。大陸や南方への進出を企図する軍部は、これらの地域に居住する回教徒対策を重要な課題と考えるようになっていたからである。そして一九三七（昭和一二）年五月、「イスラム文化研究所」の後を継ぐ組織として、「イスラム文化協会」が発足する。内務省出身の遠藤柳作が理事長となり、内藤智秀のほかに海軍省や外務省の役人が常務理事、理事として加わっていた。以下に、この協会の設立趣意書を掲げる。

回教諸国民の実情を探り回教文化の真髄を研究し、且つ我国の文化と国情とを是等の国民に知らしむるの極めて必要なる事は何人も疑はざる所である。満支に多数の回教徒あるは勿論、中部西部亜細亜（インド、アフガニスタン、イラン、イラク、トルコ、シリア、アラビア）、アフリカ、南洋等に於ける我国通商の新市場は多く回教徒の居住地方である。然るに我国に於ては在来この方面の知識が一般に欠けており、偶々之に興味を有するものも的確なる資料に乏しく久しきに亘って我等は不純な回教文化的知識を以って迷はされていた感があった。然るに世界を通じて各種文運の進歩及び其情勢は意味深き激動中に渦巻いて斯くの如き吾等の知識を以って満足する能はざるに至った。他方に於て是等の諸国民は我国の文化や国情に就いて認識を深むるの機関を有せず、多くは東洋民族として東を仰ぎ乍ら我国に関しては何等の信憑すべき資料も文献も自国語に存在せざる有様である。

此に於て吾等は回教文化の諸国民と相互に正確なる資料により互いにその核心に触れ研究の歩を進むる必要を痛感するに至った。ここに我等同志は本会を設立して回教文化の正しき理解とその国民の実情の検討に精進し、アラビア語トルコ語イラン語マレー語及びウルドウ語支那語等を以って文化と国情の相互的認識を深め社会の進展に備へんとするのである。吾等は此の企が時運の要求する急務として大方の御賛同を得ることを信じて疑はない。

まとめれば、回教徒居住地域は日本の通商にとってきわめて重要であるのに、日本人も回教諸国民もともに相手のことを知らない。そこで相互理解のためにこの協会を設立する、という内容である。協会設立のおよそ二ヵ月後、盧溝橋事件が勃発する。風雲急を告げる当時の国際情勢を背景に置けば、この協会の設立目的が単なる相互認識の促進ではなかったことは直ちに了解できるだろう。「多くは東洋民族として東を仰ぎ乍ら」と記されている点に注目したい。そこに、日本を盟主とした回教圏も含むアジアの一体性という考え方を看て取ることができるからである。もう一つ、文中の「不純な回教文化的知識」という表現も注目に値する。それがヨーロッパ諸語を経由したイスラームについての知識を指すことはいうまでもなかろう。上で触れたように、「ヨーロッパを経由しない直接の知識の獲得」とは、すでに「イスラム文化研究所」時代から強調されていた点である。このような論理が、欧米諸国への不満と敵対心が昂じつつあった当時の日本の思想風潮になじみやすかったことは確かだろう。分裂したとはいえ、この点において、大久保グループと内藤グループの論理構造は共通していた。

イスラム文化協会は、内部で月例の研究会を開催するとともに、同年一〇月、機関誌の『イスラム――回教文化』を発刊する。この雑誌は、協会が新たな組織に吸収合併される一九三九（昭和一四）年の第六号まで続いた。また、トルコ語やアラビア語の講習会も主催した。

2　「回教圏」研究の隆盛

回教圏攷究所の創建と雑誌『月刊回教圏』

一九三八（昭和一三）年一月、大久保幸次、小林元ら「イスラム学会」のメンバーを中核とする「回教圏攷究所」(15)の開設が決まり、同三月には東京芝白金台に建物が選定された。大久保は一九三六年に日土協会の文化使節としてトルコへ派遣され(16)、そこで当時トルコ大使だった徳川家正公爵と知り合った。一民間人にすぎない大久保が攷究所設立を実現できたのは、徳川の経済的援助によるところが大きかった。しかし、設立直後の五月一〇日に、この攷究所は財団法人善隣協会の経営下に入る。善隣協会とは、駐蒙軍の指示を受けて対蒙文化工作のための文化事業や人材養成を行う国策機関だった[17]。徳川家正の援助を受けたとはいえ、時世は経営の素人が一つの研究所を維持してゆくことを許さなかったのだろう。

攷究所は、同年七月に、『月刊回教圏』を発刊しはじめる。戦前日本のイスラーム研究の水準を示す重要な学術雑誌である。この雑誌は、一九四四（昭和一九）年一二月、第八巻第九号まで続いた。当時陸続と発刊された回教関係の雑誌の中では一番の長寿だった。『月刊回教圏』第一巻第一号には、一〇頁にわたる長文の回教圏攷究所の設立趣旨が掲載されている。その内容を要約すると以下のようになる。

世界にはおよそ三億人の回教徒がいる。その大部分はヨーロッパ列強によって植民地化されているが、日露戦争における日本の勝利を契機に、彼らは再生の決意を固め、至る所で復興運動が開始されている。しかし、その運動はようやく端緒についたばかりで、強力な指導者が必要である。日本こそがその役割を担わねばならない。日本は回教徒の物質的発展を助け、生活の充実を後援し、共存共栄の趣旨に則って、彼らと接しなければならない。そうすれば、必ず善隣の実を挙げることができるだろう。

回教徒は単なる教団、信徒群ではない。聖典コーランに基づく信仰、律法、教習が彼らの全生活を規定し、強固な政治・経済的単位として活動する民族団体である。ある回教徒集団の事件を巡る波紋は、電波のように全回教圏に伝播する。ゆえに、彼らの信頼を得るためには、彼らに関する精密な研究調査が必要である。残念ながら日本にはまだ回教圏に関する研究機関はなく、大学の講座もほとんどない。日本の回教学及び回教対策に貢献するために、ここに学術研究機関としての「回教圏攷究所」を設立する。

この文章の執筆者は大久保幸次である。戦後に公となったこの研究所の所員の回顧談を読む限り、大久保はいわゆる回教政策にはあまり興味を持っていなかった[18]。文中にしばしば国策や善隣への言及があるのは、善隣協会に経営をゆだね、その財政的支援を受けるようになったためなのだろう。それにしても、回教徒は単なる信徒群ではなく、民族団体だとする大久保の主張は注目に値する。先に掲げた政府系のイスラム文化協会の設立趣旨でも、「回教文化の諸国民」という表現が用いられ、回教徒をまとめて把握しようとする姿勢は明らかだが、回教徒全体を一体の民族とみなすところまでは行っていないからである。

上で紹介したパン・イスラーム主義者、アブデュルレシト・イブラヒムの主張と相通じる大久保のこの学問的な信念が、おそらく彼の意図せぬところで、当時の軍部の戦略と合致する。軍部は、支那回教徒を一つの民族としてこれを漢民族と分離し、防共の砦として利用しようとしていたからである。『月刊回教圏』第三巻第一号（一九四〇年）に掲載された大久保の「支那回民諸君に告ぐ」（一九三九年六月二二日に東京中央放送局において中国語で国際放送された原稿のオリジナル）を一読すれば、回教徒の一体性を説く大久保の主張がいかに軍部の意向と方向を同じくしていたかがよくわかるだろう。そのさわりを引用しておく。

明治三十七八年において、日本が東洋平和確立のためロシアを撃破したことを契機として、ここにアジアを中心とする世界の回教徒諸民族は覚醒し、敢然として復興運動を開始するにいたった。かくて今や、西はトルコより東は支那にいたるまで、幾億の教徒を包括する大回教圏は更生の意気に燃えつつあるのである。

支那回民諸君の住地は、アジア、ヨーロッパ、アフリカ三大陸に跨るこの一大回教圏の東端を占めているのである。すなはち、諸君はたんに支那回民として孤立しているのではない。世界数億の回教徒の重要な一員を代表しているのである。故に諸君は大いに自覚、自重してよく時代の進運に適応し広く世界の大勢に通暁せねばならぬ。しかして、覚醒せる多くの回教諸民族がアジアの更生を目指して邁進しつつあるとき、諸君も奮起して日本人とともに東亜における平和の建設のために一そうの力を添へんことを期待して止まない。（中略）

過去においてかく輝かしい閲歴を持つ支那回民は今や再び蹶起せんとしつつあるのである。最近における回教徒諸団体の勃興はこれを物語っている。殊に昨年二月北京において結成された中国回教総連合会また西北回教連合会のごときはまさに現代支那回民の自覚を象徴するものに外ならない。しかも、それは日本の正しき立場を理解せる点において、さらに防共精神を把握せる点において、且つまた東亜共同体的工作を目標とせる点において、一層その存在の理由を昂揚するであらう。（中略）

支那回民諸君。今や東亜の新秩序が建設されんとしつつあるこの大いなる秋に際し、諸君の任務も決して軽くはないと考へる。諸君は一方においてその貴き信仰生活を堅持するとともに、他方においては新時代に適応すべく新文化の摂取を怠ってはならないと思う。

（中略）諸君は防共精神に則り、日本の聖戦の真義を理解し、われらとともに東亜に正しき平和建設のための神聖なる役割を演じられんことを切望して止まない。

その真意を測り知ることは難しいが、この文章や「大東亜戦争と回教圏」（『月刊回教圏』六─一〔一九四二年〕所収）だけを読んだ人は、大久保を軍部の御用学者だとみなすだろう。田村愛理が鋭く指摘するように、地域研究と現実の政治の関係はきわめて微妙で、取り扱いが難しい問題なのである。(19)

研究所の所員だった野原四郎によると、大久保は、「ヨーロッパ人のイスラム研究は偏見にみちていて、たとえば〝片手にコーラン、片手に剣〟というような言葉をねつ造してイスラム教を殺伐で野蛮なものと思い込ませようとしている」「ヨーロッパ人を経由しないで直接イスラムの研究を進めて行きたい」と常々語っていたという。(20)大久保は、常にムスリムの側に立ち、とりわけ彼らのうちのパン・イスラーム主義者の思想に共感を覚えながら学問研究に従事していたのだろう。研究所が対象とする「回教圏」という地域概念そのものにも、大久保個人の考え方が色濃く反映されていると見るべきである。一九世紀ヨーロッパで創造された二つの「イスラーム世界」概念のうちで、大久保は間違いなくプラスの意味を持つイスラーム主義者の「イスラーム世界」を頭に思い描いていた。

一九四〇（昭和一五）年に公にされたこの研究所の概要によると、「回教圏」とは明確な地理的範囲を有しており、「満蒙、支那、蘭印その他の南洋、インド、アフガニスタン、イラン、ソ連、バルカン、トルコ、アラビア系諸国、エヂプト、アフリカ」を包括するという。(21) 最初に満蒙、支那、南洋が置かれていることに注目したい。広大な回教圏のうちで、中東ではなくこれらの地域こそが当時の日本や日本人にもっとも重要な意味を持っていたのである。

ここで、大久保をはじめ、当時の研究者が想定していた「回教圏」の意味を確認しておこう。第一に、「回教圏」は現実にこの地球の上に存在する空間である。そして同時に、「回教圏」は、理念としてのムスリム共同体でもある。この二つの意味を併せ持つのが、彼らの考える「回教圏」である。ところが、この二つの意味は本来矛盾している。一方は現実であり、他方は理念だからである。上で述べた大久保の支那回民への呼びかけからもわかるように、現実の世界に住むムスリムは全員が必ずしも他のムスリムとの連帯感を強く持っていたわけではない。現実に存在するとされる「回教圏」のムスリムが、理念通りに手を取り合って欧米列強に対抗することは決してなかった。

大久保らが現実に存在するととらえた地理的な領域を持つ「回教圏」には、非ムスリムも多数居住している。欧米諸国の植民地となっている地域も多く、イスラーム法がそのすべての地域で施行されているわけではない。とすれば、ここでいう「回教圏」は、序論で整理した定義の(3)「ムスリムが多数を占める地域」を意味することになる。理念としてのムスリム共同体は、定義(1)にあたる。つまり、大久保ら当時の日本の研究者が考える「回教圏」とは、本書の序論での定義(1)と(3)を合わせたものだったといえる。これは、同じく序論で引用した加藤博による「イスラーム世界」の説明とまったく同じである。このことから、日本の学界で使用される「イスラーム世界」という言葉は、戦前・戦中期に理念と現実を一緒にした概念として成立し、それが基本的に今日まで受け継がれているといえるだろう。

雑誌『月刊回教圏』の裏表紙には、第七巻（一九四三年）まで欧文のレジュメが掲載されている。一九四〇（昭和一五）年九月刊行の第四巻第九号まではフランス語のレジュメである。それが、第四巻第一〇号からは突然ドイツ語に替わっている。[22]ヨーロッパでの戦いで、フランスはこの年の六月にドイツに降伏している。この情勢の変化と裏表紙の言語の変化の間には密接な関係があるに違いない。

それはともかく、この雑誌の仏文タイトルは、“Le monde islamique”である。この雑誌は現実には当時のムスリムの居住地を「回教圏」ととらえ、その最新情報を毎号掲載していた。とりわけ初期の号にはその傾向が強い。序論で述べたように、フランス語の語義からすれば、それらは“Le monde musulman”（現実のムスリム社会）に関する情報であり、“Le monde islamique”（イスラームが理想とする世界）についての記事ではない。したがって、雑誌のタイトルのフランス語訳としては、“Le monde musulman”の方がその内容を正確に示すことになるはずである。この誤用が意図的なものなのか、それとも単なる誤りなのかははっきりしない。あるいは、パン・イスラーム主義的な意味を込めて、“Le monde islamique”が採用されたのかもしれない。いずれにせよ、現在まで続く日本語「イスラーム世界」の語義のあいまいさがすでにそこに見えていることを指摘しておきたい。

これに対して、ドイツ語のレジュメでは、「イスラーム文化圏研究雑誌（Zeitschrift für Forschung der islamischen Kultursphäre）」とされている。この場合は、フランス語の“le monde musulman”の意味に近いが、それにしても、そのものずばりの「イスラーム世界」“die islamische Welt”がなぜ用いられないのか、疑問は残る。

また、同じく裏表紙には、回教圏攷究所の欧文名称も記されている。仏文では“L'Institut japonais des études islamiques”、独文では“Japanisches Institut für Islamkunde”である。これをそのまま日本語に翻訳すると、どちらも「日本イスラーム学研究所」となり、「回教圏」の「圏」という字の意味が抜け落ちてしまう。その理由はどう考えればよいのだろうか。おそらく、ヨーロッパ諸語において、「イスラーム学」という学問名はすでに定着していたが、「イスラーム世界学」ないし「イスラーム世界研究」という言葉は奇異だったということとなのだろう。

もう一つ興味深いのは、この仏文や独文での研究所名の下に、トルコ語で「日本トルコ・イスラーム研究所（NİPPON TÜRK-İSLÂM ENSTİTÜSÜ）」と記されていることである。「回教圏研究」と「トルコ・イスラーム研究」の間には大きな違いがある。実際、この研究所で行われた研究の対象はトルコだけではなかった。所員がそのことに気づかなかったとは思えない。トルコ学者の大久保が所長であり、その影響が強かったせいであることは間違いないが、なぜこのようなタイトルが許容され、裏表紙に掲載されていたのか、いささか気になるところである。

『月刊回教圏』の内容と『概観回教圏』の出版

『月刊回教圏』で扱われたテーマは、大きく四つに分けることができる。

一つめは、「回教圏」の現状であり、論文や記事の数はこれが圧倒的に多い。回教圏諸国や回教徒の現状と同時に、ヨーロッパ列強の回教圏に対する政策の紹介や分析も行われている。地域別に見ると、満蒙を含む支那と南洋の回教徒に関する研究の量の多さと質の高さが注目される。[23] トルコについての大久保の貢献を除くと、中東のイスラームに関する日本人独自の論文は存外少ない。五巻（一九四一年一二月）までは、毎号「回教圏情報」と題して、広い意味で回教圏に関連する情報がきめ細かく紹介され、その後も七巻一一号（一九四三年一〇月）までは「回教圏日誌」という欄で回教圏の現状に関する情報がまとめられている。当時の通信や報道の状況、雑誌が月刊であったことなどを考慮すれば、この欄を維持してゆくためには信じられないほどの努力が必要だったはずである。回教圏研究所の主たる関心の所在を知るうえで、この回教圏情報の欄は見逃せない。

二つめは、イスラームの基本的教義や儀礼の解説である。「アッラーフ」「ヒヂュラ」「タフシール」「カーバ」「ラマザーン」「ハリーファ」「回教暦」などの語彙が紹介、説明されている。大久保幸次と小林元の手によるものが多い。大久保によるクルアーンのアラビア語からの翻訳もここに含めて考えることができる。これは、一般読者へのイスラームの知識の普及を意図して掲載されたものだろう。

三つめは、アラビア語、ペルシア語やトルコ語などの文学作品の翻訳である。原典から直接の日本語訳であるところに、「回教圏研究所」の哲学が垣間見える。この分野に関しては、とりわけ、ペルシア文学研究者である蒲生禮一の貢献が目立つ。蒲生はまた、「ペルシア語文法初歩」という連載講座も担当した。

四つめは、ヨーロッパ諸語によるイスラーム研究の紹介と翻訳である。特にロシア語からの翻訳が多数を占めている点は興味深い。野原四郎によると、研究所の所員は、日本のイスラーム学が欧米のそれに比べて「百年も二百年も遅れているという事実を、はっきりと認めて」[24]いた。野原自身も、「日本の東洋学のなかに、全然伝統を欠いている回教学の場合、当分翻訳時代を免れまい」[25]と述べている。欧米の研究の翻訳は、当時の日本の学界の状態からはやむをえない選択だった。ロシア語の研究には、社会・経済に関連するものが多かったので、意識的に多くの作品を翻訳したとのことである。大久保自身は欧米の偏見から自由なイスラーム研究を目指していたが、イスラームやムスリムについての基礎的な知識を得るに際して、その欧米の研究者の著作を参照せざるをえなかったところに、彼らのジレンマを見て取ることができる。

歴史学的アプローチについていえば、小林元がマムルークやオスマン帝国史について記している以外は、前嶋信次や松田寿男が、中央アジアや東南アジアとイスラームの関係に関連していくつかの論文を書いている程度である。雑誌『月刊回教圏』と回教圏研究所は、同時代の「回教圏」に主たる関心を置いており、歴史への興味は相対的に薄かったといえるだろう。

回教圏攷究所は、一九四〇（昭和一五）年に内部機構を改革し、回教圏研究所と名前をあらためて、一九四五年の終戦時まで存続した。所長の大久保が体調を崩して一九四三年には入院し、一九四五年三月の東京大空襲の折には、研究所の建物はもちろん、疎開させるために梱包してあった貴重な書籍類もすべて灰燼に帰するという大きな痛手を被った。このような多くの困難にもかかわらず、この間、『月刊回教圏』の刊行をはじめ、講座、講演、研究会の開催、各種教本やリーフレットの出版など、戦時下、少人数、資金や物資の不足といった悪条件の下で驚くほど活発で多彩な活動を展開した。その中でも『月刊回教圏』の刊行と並ぶ大きな事業は、一九四二（昭和一七）年の『概観回教圏』の出版だった。戦争中にもかかわらず三千部も印刷されそれが完売したこの本は[26]、いわばこの研究所における研究の集大成ともいいうる。以下でその内容を検討してみよう。

序説、結語を除く本文は十六章に分かたれ、最初の四章が、「回教教理」「回教圏史」「サラセン文化」「回教圏の人種および言語」という題名を持ついわば総説部分である。五章以下は、地域別の概説で、「アラビア系諸国」「トルコ」「バルカン諸国」「ソヴィエト」「イラン」「アフガニスタン」「インド」「インドネシア」「支那」「満洲国」「蒙疆」「日本」が扱われている。先に示した研究所の概要にある「回教圏」のうち、「エヂプト」「アフリカ」については独立の章が立っていないが、これらは、「アラビア系諸国」の章で言及されている。研究所による「回教圏」という地域設定にブレはない。

研究所の考える回教圏の意味については、序説部分でまとめられている。以下、その主要部分を引用してみよう。

まず、回教圏の画一性については次のように説明される。

回教圏とは回教徒の分布区域を指すのであるが、回教の特殊性によつてそれは他の世界宗教、すなはち仏教圏やキリスト教圏とは自ら異つた雰囲気を醸成せしめてゐるのである。それは回教がたんに信徒の信仰内容を規定してゐるばかりでなく、勤行は勿論、更にかれらの社会的、時としては国家的生活までも制約してゐることに起因する。さうしてかかる特殊性の淵源は経典コーランそのものに外ならない。なんとなればコーランはたんに経文であるばかりでなく、同時に法典でもあり、更に信徒の一切の霊俗また公私の生活に対する規範であるからである。かういふ理由に基いて回教圏は、たんに回教といふ信仰に結びついてゐる教徒の住地であるといふだけでは不充分である。それは外部に向つて表現される生活形態をも共通にするといふ画一性に特徴づけられてゐる一大文化圏であつて、かうした特性によつて他の二大世界教の投げてゐる文化圏よりも一層はつきりした世界の一単元を構成してゐるものといへる。

かうした回教の所有する画一性は更に次のことによつて一層明確となつてくる。そもそも回教が右に述べたやうに霊俗、公私一切の生活を規定してゐることは、結局、僧俗生活の差別をもたないことを意味する。事実、回教社会においては、仏教やキリスト教の場合に見られるやうな厳密な僧俗の区別がない。故に勤行もしくは宗教的の戒律は、信徒全体に一律に課せられるのである。さういふ意味で、かれらの生活には宗教性が普遍的でありまた徹底もしてゐる。（七―八頁）

「回教圏」では、宗教が信徒の信仰生活だけではなく、社会的、国家的な事象までをも規定しており、それゆえにこれは単にムスリムの居住地という以上に一大文化圏であり、世界を構成する一つの単位であるというのが、この部分の論旨の要約である。ここで引用した部分とそれに続く序説の論調は、「回教徒は一体の民族である」とする大久保の主張ほどラディカルではないが、「教友愛」や「宗教的普遍性」が強調され、全体として回教社会の画一性を説明する内容となっている。

次に、回教圏研究所の考える回教圏の歴史について見てみよう。第二章の「回教圏史」は、全体で三三五頁の本文のうちで二五頁を占めるにすぎない。すでに記したように「回教圏研究所」の関心は主として現代にあったので、その頁数が限られているのは当然だろう。もっとも、五章以後の地域別の章でも、その最初の部分では各地域の歴史が扱われるので、この本全体として歴史に割く頁数は二五頁よりはだいぶ多い。

二五頁の回教圏史は、興隆期、衰頽期、それに更生期の三部に分かれる。「興隆期」ではオスマン・トルコとモグル帝国の繁栄期、すなわち一六世紀までのムスリム政治権力の領土的拡大の様相が略述される。細かい史実の描き方に議論の余地はあるが、この部分の叙述は、私が本書の序論でまとめた「イスラーム世界」史の前半部分とそれほど変わらない。一方、「衰頽期」以後の記述には、この本の特徴がよく表れている。すなわち、衰頽期は「ポルトガル・スペイン・オランダの南方回教圏侵略」という項目から書き始められる。次いで、ロシアの北方回教圏圧迫、トルコの頽勢、イギリス、フランスのインド侵略と続き、支那回教徒の動揺、アフリカ回教圏の植民地化といったテーマも扱われる。常に「回教圏」が主語の歴史が展開されるのである。中東が主語となりそれ以外のムスリム居住地域がしばしば無視される現在の「イスラーム世界」史の描き方よりもよほど一貫している。とりわけ、日本に近い東南アジアや中央アジアの「回教圏」が重視されている点は特徴的である。「更生期」に入ると、まず、ワッハーブ運動、サヌーシー運動、アフガーニーの運動、アフマディア運動という復興運動への肯定的な言及があり、続いて、「日露戦争と回教徒の覚醒」という節が置かれる。さらに、「回教圏はいまや多難のうちに更生しつつある」という文章に象徴されるような各地の具体的な復興への動きの概略が説明される。「回教圏研究所」にとって、研究対象の「回教圏」は当然現実に存在する空間だった。ヨーロッパにおいてもまだ具体的な「イスラーム世界」史の描き方が確立していなかったこの時期に、日本の研究者が独自の観点から記したこの回教圏史は、回教圏を実在の時空ととらえそれ自体の歴史を描こうとする際には、ひとつの有力なモデルとなりうるだろう。

「回教圏」概念の定着

一九三八（昭和一三）年には、回教圏攷究所の創建以外に、イスラーム関係の組織の設立や研究雑誌の刊行が相次いだ。「回教圏」という概念自体が一般に知られていなかった一九三〇年代の初めを振り返ると信じられないことだが、回教研究はいまや完全に時流に乗った。

まず、組織の設立ではないが、イスラームに関係する大きな出来事として、五月一二日には、渋谷大山町にモスクが完成し（神戸モスクは、一九三五年建立）、タタール人ムスリムのアブデュルレシト・イブラヒムをイマーム（導師）として、礼拝が行われた。落成祝賀式では、まず君が代が斉唱され、満州国皇弟の発声によって「天皇陛下万歳」が、次いで松井石根大将の発声で「回教徒万歳」が叫ばれたという[27]。

その直後の五月二三日、外務省調査部回教班が季刊『回教事情』を発刊しはじめる。ここには、小林高四郎、三橋冨治男らが属していた。この雑誌は、一九四一（昭和一六）年一二月の第四巻第三号まで続く。「発刊の辞」の最初には次のように記されている。

> 回教は亜細亜に生れた宗教であるが、政教一致、教典即社会規範の建前を執る回教徒は一種の宗教民族に外ならない。
> 従来回教徒及び回教国に関する研究調査は、遺憾ながら殆んど西欧人の手に委ねられていたと称するも過言でなかった。然るに回教徒の間には日露戦争以来我に欽慕の念を抱く

ものが少くなかったが、我が国に於て彼等を理解するものの如き極めて寥々たる次第であった。

九月一日には、東亜研究所が設立された。「帝国の全東亜に関する基礎的総合的な調査研究の不備が軍、官、民方面から痛感され始めた」ため、「帝国の海外発展に資するため、東亜の人文及び自然に関する総合的調査研究を行う」ことを目的とする政府の企画院直属の研究所だった。膨大な数の内部資料が記され、そのうちの三七点が「イスラーム世界」に関連するものである。河内清「回教世界の社会文化概況」、岩永清「回教圏の人種及び民族」などはその代表といえよう。ただし、後者は大久保幸次の回教圏研究所が東亜研究所から受託された研究である[28]。創設後まもなく、また専門スタッフの数も限られていたはずの東亜研究所が、これほど多くの内部資料を印刷することができたのは、翻訳や委託研究を外部に依頼したからである。

岩永の「回教圏の人種及び民族」の緒論には次のように記されている。

われわれは、キリスト教圏、仏教圏と称した場合より、回教圏といふ称呼には単なる概念以上の実在性を考へうる。それは回教の聖語としてのアラビア語の経典が普遍的に読まれうる地域の全体を指してをり、この事実は世界の三大宗教の他のものには考へえない事実である。言ひかえれば、回教圏には、人種と民族とを超えた社会的な（思想的、信仰的でない）集団性がある。それは、教徒自身によつては「平和の境（ダール・ウル・イスラーム）」と唱へられている地域全体を指す。

これまでの諸研究団体の設立趣意書や雑誌の刊行趣意書でしばしば強調されていたのと同じく、「回教圏」が人種、民族を超えた一体性を有していること、それに信徒自身が「ダール・ウル・イスラーム」という呼称で自分たちの居住地域を定義しているとすることに注目しておきたい。

同じ年の九月一九日、大日本回教協会が創立された。林銑十郎元総理大臣が会長となり、九段軍人会館で行われた発会式には、近衛首相をはじめ、多くの名士が参列したという事実から、当時の日本においてこの協会の持った重要性が理解できよう。大日本回教協会は、回教関係の団体、組織が増加してきたので、それらを一つにまとめて、活動の合理化、効率化を図るために設立されたという。創立趣意書には次のように記されている。

「回教ハ単ニ世界三大宗教ノ一タルニ止マラズ其ノ信条ニ基ク特殊ノ社会規範ハ回教徒ヲシテ世界ニ於ケル一種ノ宗教民族タラシメタリ。」

会則によると、この協会の目的は、「本会は我国及国民と世界に於ける回教国及回教徒との親善融和及相互の福祉増進を図る」（第三条）ことである。具体的な活動としては、「回教徒関係諸問題の調査及研究、文化の相互紹介、所要人材の養成、彼我通商貿易の促進其の他必要と認むる各般の事業」（第四条）が想定されていた。こうした方針に従って、協会は

『回教圏早わかり』、『回教要覧』をはじめ、『我が南洋貿易と回教徒』、『インド回教民族の動向』などさまざまな出版物を刊行した。また、一九三九（昭和一四）年には東京と大阪の松坂屋百貨店で「回教圏展覧会」を開催し、一般的な広報活動も行った。「目的を約言すれば世界三億を超ゆる回教徒と経済的文化的に提携し、彼我の通商貿易を盛ならしめ延ては東亜の安定、世界平和の一大使命に寄与せんとする」。この協会は「調査研究の方面にはあまり力を入れていなかったようだ」[29]とされるが、早稲田大学図書館に保管されている「大日本回教協会寄託資料（通称「イスラム文庫」）」の目録（暫定版）を見る限り、決してそうとも言い切れないのではないかと思われる[30]。

この協会が本格的な調査や研究を開始するのは、一九三九（昭和一四）年二月、内藤智秀らの「イスラム文化協会」を吸収・合併してからだろう。この合併によって、協会は調査部を開設し、機関誌『回教世界』を発行しはじめる（一九三九〔昭和一四〕年四月～一九四一〔昭和一六〕年一二月）。発刊の主旨は、「世界において回教圏が占める重要性」と「日本人の回教圏についての無知」を指摘する点で、これまでの雑誌のそれとほとんど同様である。ただし、次の二点はこの協会の政府・軍部寄りの姿勢をはっきりと示しているといえるだろう。

①「反宗教のボルシェヴィクと根本的に相容れざるソ連の回教圏と支那とが一団となつて防共陣営に馳せ参ずる時、そこにきょう固の防共鉄壁が出現するのも決して架空の考へではない」と、防共のために回教圏が重要だと記していること

ば、②回教圏と日本との親善関係が樹立されて、東亜新秩序の建設に協力させることができれば、その効果は少なくない、と政策的な見方を強調している点

本書の問題関心にとって重要なことは、東亜研究所にせよ、大日本回教協会にせよ、その出版物には、「回教圏」という言葉が当然のように使われていたということである。さらに、しばしば回教徒は一つの民族だとの言説も見られる。一九三六年に出版界にはじめて現れた「回教圏」という言葉は、その後わずか二年あまりの間に燎原の火のように日本社会に広まり、ついにはときの総理大臣が発会式に出席する研究団体が設立されるまでに至ったのである。

一九三九（昭和一四）年八月には、アジア主義者として名高い大川周明が責任者を務める満鉄東亜経済調査局が、月刊『新亜細亜』を発刊しはじめる（第五巻第一二号〔一九四三年一二月〕まで刊行）。この雑誌は、特に「回教圏」だけを扱ったものではないが、前嶋信次、八木亀太郎、古野清人、春山四郎らが、イスラームに関連する論考を寄稿した。戦後の「イスラーム世界」史研究第一世代に属する前嶋信次は、一九四〇年六月から終戦までを満鉄東亜経済調査局西南アジア班で過ごした[31]。

大川周明自身、イスラームに大いに関心を持ち、一九四二（昭和一七）年には『回教概論』という著書を公にしている[32]。回教圏研究所では、所員がこの書についての所内研究会を数回もち、その議論を集約した書評が雑誌『月刊回教圏』に掲載されている。そこでは、この書の「論理的一貫性と緻密性」、「簡潔なる用語」と「的確なる表現」、「著者独自の歴史

観、世界観との照応」が賞賛され、「本書は過去に現はれた諸種の回教概論を質的に引離した労作であり、今後の回教研究にとって一の規範であり再出発の起点をなすべきものと認められる」と最大級の賛辞が贈られている[33]。

大川の書は「回教圏」ではなく「回教」の概観であり、本文二五八頁の中にムハンマドの生涯、『クルアーン』の解説、教義や儀礼、それに「回教教団」の政治的発展とその特質、「回教法」の概説などを簡潔に要領よく描いている。その主張のかなりの部分は、現代の研究水準とさほど変わらない。たとえば、「回教は吾等が普通に考える如き「宗教」に非ず、実に信者の全生活に関する文化体系の総合なるが故に、研究の対象は多様であり、範囲は広汎である」（一三頁）という彼の文章を、現代の研究者によるイスラーム概説の中の次の文章と比較してみればそのことはよくわかるだろう。

イスラームは宗教ではないのか。いや、宗教である。しかしながらわれわれがふつうに理解する宗教の領域にとどまるものではない。われわれは宗教というと、個人の心の救いを第一義とするものと考え、政治や経済とは無縁なもの（もしくは無縁であるべきもの）と思っている。しかしイスラームはその本質上、つねに社会を問題にし、政治も経済もそのなかに包み込んできた。われわれの考える宗教の枠内にとどまらないのだ[34]。

マイナスの属性を持つ「イスラーム世界」を見出した人たちだけではなく、プラスの属性を有する「イスラーム世界」を主張する人々も、イスラームをこのように説明する。このとらえ方の問題点については、終論であらためて触れるが、大川によるイスラームの理解方法は、間違いなく現代の研究者にまで継承されている。

大川の議論のうちで、本書の観点から重要なものを二点挙げておこう。まず大川は、回教を東洋の宗教とする考え方に疑義を呈し、「回教は往々にして東洋的宗教と呼ばれ、其の文化は東洋的文化と呼ばれている。さりながら回教は、ゾロアスター教・ユダ教・基督教を包擁する宗教群の一宗派であり、この宗教群に共通なる根本信仰の上に立っている。そは決して印度又は支那の宗教群と同類のものに非ず、従ってもし印度及び支那を東洋的と呼ぶとすれば、明らかに之と対立する西洋的性格を持っている」(『回教概論』四―五頁）とする。当時の他の研究者が回教を東洋の宗教と捉えていたことと比べたときに、この点は大川の特徴的な考え方である。

次に、彼の「回教圏」認識である。

共通の信仰、共通の律法、共通の文化が、やがて社会的統一の感情を生み、すべての回教徒をして互いに同胞たるの感を抱かしめ、精神的並びに物質的に自余の世界と対立する「回教圏（Dar al-Islam)」の観念を長養してきた。（中略）全き「回教圏」が彼らの国土である。（中略）一般に愛国心と呼ばるる祖国に対する忠誠の情は、彼らの場合においては、その生国に対してよりも、むしろ全体としての回教圏及びその宗教的文化に対して献

げられる。（同書、七―八頁）

大川は回教徒の一体性を強調し、彼らの祖国は生国というよりも「回教圏」であるとして、「回教圏」という概念そのものを疑ってはいない。ただし、大川がここで言う信徒の共同体は、その意味からすれば、「ウンマ」とすべきもののはずである。それをあたかも現実に地理的な領域を持つかのように「回教圏」ととらえるところにこそ、問題の本質がある。この点についてはもう一度終論でまとめて論述したい。

以上、述べてきたように、日本では「回教圏」すなわち「イスラーム世界」という概念は、一九三〇年代後半になってはじめて「発見」され、急速に普及した。回教圏を研究対象とする組織や団体が相次いで設立され、回教圏に関する雑誌や書物も数多く出版された。事態がここまで急速に進展した理由は、政府や軍部などが回教圏研究を国策上、軍事上の理由で重要だとみなし、これを奨励し、積極的に資金援助したことにある。国際政治の環境が、当時の日本人にパン・イスラーム主義に淵源を持つ回教圏概念を「発見」させ、これを涵養させたのである。回教徒はアジア、または東洋の民族であり、彼らと手を携えて欧米の蹂躙するアジアに自由と独立と平和をもたらさねばならないとする「大アジア主義」的言説は、当時の日本ではすんなりと受け入れられた。岡倉天心の「アジアは一つ」で始まる有名な論文『東洋の理想』[35]は、元来英語で書かれたがこれが日本語に翻訳されたのは、一九三五―三六年のことである。「回教圏」という概念は、まさに時代の風を受けたのである。

3　第二次世界大戦中の地理歴史教育

小学校地理の教科書

一九三〇年代半ば頃に誕生した「回教圏」という地域概念は、当時の小中学校の地理や歴史の教科書記述にどのように反映されたのだろうか。以下でこのことを検証してみよう。まず小学校の地理教科書である。第二次世界大戦中の一九四三―四四（昭和一八―一九）年に新たに刊行された第六期国定地理教科書『初等科地理』の構成や内容は、それまで五期の戦前期教科書とは大いに異なっている(36)。

この教科書は上下二巻からなり、上巻はそれまでの教科書と同じく、朝鮮半島や台湾を含む日本の地理が解説される。興味深いのは、以下に示すような十二章からなる下巻の構成である。

1　大東亜、2　昭南島とマライ半島、3　東インドの島々、4　フィリピンの島々、5　満洲、6　蒙疆、7　支那、8　インド支那、9　インドとインド洋、10　西アジヤと中アジヤ、11　シベリヤ、12　太平洋とその島々

最初に気づくことは、そこにヨーロッパやアメリカについての地理情報が一切記載されていないということである。大部分が敵国となった欧米の地理を国民は知らなくてもよいということなのだろう。それにしても大胆な変更である。また、もう一つ私たちにとって重要な

変化は、明治初期以来絶えていた西アジアに関する記事が復活し、そこにイスラームについての言及が初めて見られることである。国定教科書となってからははじめてのことである。『初等科地理』下巻の第十章は、「西アジヤと中アジヤ」と題される。「西アジヤ」とは、アフガニスタン、イラン、イラク、アラビヤ半島、西方の「トルコ・コーカシヤ」、その他の地方を指し、「中アジヤ」とは、現在の国名で言うと、ウズベキスタンを中心とした地域を意味している。西アジヤについては、「わが国は、もとこの地方へ綿布をたくさん輸出してゐましたし、今やインド洋へ進出してゐる関係からいっても、この地方をゆるがせにすることはできません」（八九頁）とあり、国策上の理由から、西アジヤへの関心と教科書への記載が復活したことがはっきりとわかる。

また、当時「回教」と呼ばれたイスラームについても、同じ箇所に以下のような興味深い紹介がある。

西アジヤと中アジヤに住む人々は、みんなアジヤ人で、回教を信じてゐます。回教は今から千三百余年前、アラビヤ半島の西部に起つた宗教で、マホメットが始めたのでマホメット教ともいひます。沙漠的なはげしいところのある宗教です。世界中にはおよそ三億の回教徒がゐるといはれます。

この地方の町や部落には、きまつたやうに尖つた高い塔と、丸屋根の回教寺院が見られ、毎金曜日には、いつも回教徒の熱心な礼拝が行はれます。回教徒は、わが国から買ひ入れた白色の布を用ひ、ふつう裾の長い衣服を着てゐます。いつぱんに、煉瓦かしつくひの家が多く、屋根は雨が少いため平なものや、回教式の丸いものが見られます。この地方はまたキリスト教の起つたところで、地中海に近いエルサレムは、キリストの聖地であります。（九〇―九一頁）

「沙漠的なはげしいところのある宗教」という部分に、オリエンタリズムのにおいを感じるが、それとは別に、「西アジヤと中アジヤに住む人々は、みんなアジア人で、回教を信じています」と、アジア人意識を強調した部分があることや、「この地方の町や部落には」以下の文章で、「西アジヤ」と「中アジヤ」の「回教寺院」が「きまったように」同じ形式を持っていること、気候・風俗が同様であることが記されている点に注目したい。「西アジヤ」と「中アジヤ」を一つの地域と見、その共通点として「回教」が取り上げられているからである。その背後に大東亜共栄圏的発想と並んで「回教圏」ないし「イスラーム世界」的な地理認識があったと考えることは、それほど不自然ではないだろう。

回教についての記事は、「西アジヤ・中アジヤ」の章に限られない。三章「東インドの島々」のジャワに関する記述の中には「住民は回教を信じてゐます」（六一頁）という文がある。七章「支那」の〈外蒙古、新疆、チベット〉についての説明の中にも、新疆の「回教徒の住む部落」への言及がある（七九頁）。

このように、一九三九年の第五期国定教科書刊行から一九四三―四四年の第六期教科書刊行までのわずか四―五年の間に、日本の小学校で教えられる外国地理の内容はがらりと変わった。その背後に、太平洋戦争の開始と中国や東南アジア・南アジアへの日本軍の進出という国際情勢の変化や、大東亜共栄圏のような新しい地域概念の登場があったことは間違いない。それまで東アジア方面に限定されていた日本人一般の視界は、この時期に「アジア」全体に一挙に大きく拡大する。それに伴って、回教（イスラーム）がアジアの重要な宗教の一つとして小学校の地理で教えられるようになるのである。現実には、戦争末期の空襲や軍需工場での労働、学童疎開などのため、当時の小学生が落ち着いてこの教科書から世界の地理を学ぶことはできなかっただろう。しかし、少なくとも、一般の日本人が回教という言葉に触れる機会は、太平洋戦争の最中に初めて訪れたのである。

中学校の歴史教科書

地理と比べると、歴史の教科書の内容変更は難しかったようだ。日本に特化した国史、中国を中心として書く東洋史とヨーロッパを中心にして書く西洋史という三本の柱があり、それぞれについてすでにできあがっていたストーリー全体を、皇国日本を中心に置いて書き換えることは、そう簡単ではなかったからである。西洋史は教えることをやめればそれでよいが、大東亜共栄圏と関わる東洋史をどのように記述するかは、相当な難問だった。

宮崎市定によると、昭和一七年、文部省が『国史概説』の姉妹編として『大東亜史』の編纂を企画し、池内宏（東京帝国大学）、羽田亨（京都帝国大学）両教授の下で、鈴木俊、山本達郎、宮崎市定、安部健夫という東京と京都の帝国大学東洋史関係の若手研究者がその編纂を進めることとなったという。

文部省の役人から、日本の優れた文化がアジア全体に伝わってゆく歴史を描けと命じられた宮崎らが、西アジアに興った人類の文化が東の日本に到達し、そこで最高のレベルに達して再びアジア各地に流れ出してゆくという形の歴史なら書けると答えたところ、それでよいということとなので執筆にかかったという。しかし、まだ原稿全体が完成しないうちに終戦となり、結局この計画は実現しなかった。中学校の教科書としての『大東亜史』は書かれずに終わったのである。もっとも、全体の四分の一にあたる宮崎の原稿はすでにできあがっていたらしい。せっかく書いた原稿を捨ててしまうのは惜しいので、安部が執筆予定で未完成だった部分を戦後になって宮崎が替わって記し、この二つの原稿を一つにまとめて通読できるようにした。まとめられた原稿が、一九四七―四八年に人文書林から出版された『アジヤ史概説』である。(37)

このように、戦争中には、西アジアの歴史までも含めた「アジア史」が構想され、その叙述が試みられつつあった。『アジヤ史概説』の内容が宮崎の独創によるものか、それとも四人の若手研究者の合議の結果であるのかは必ずしも明確ではない。しかし、この本は、それまでの東洋史概説とはまったく異なった構想に基づいて記されていた。従来の「東洋史」が、中国とその周辺諸国の歴史であったのに対して、(38)この本でいう「アジア史」は、中国を中心とする東アジアの歴史を一本の軸とする一方、古代から現代に至るまでの西アジアの歴史をもう一本の軸として設定し、両者の交流に留意しながらそれぞれの展開を叙述しようとしているのである。『アジヤ史概説』に見える宮崎の関心は、あくまでもアジア全域の古代から現代に至るまでの歴史の流れを理解することにあった。

私たちの問題関心に照らして重要な点は、日本では、西アジアの歴史がこのときにはじめて、他のアジア諸地域の歴史とともに「アジア史」の中にその居場所を見いだしたということである。厳密にいえば「アジア史」と元来の東洋史は、その研究対象とする地域が異なっていた。しかし、宮崎自身がのちにこの二つの言葉を混同し、必ずしも区別して用いていないことからもわかるように[39]、両者はその後次第に同一のものと考えられるようになっていった。西アジア史をも含むアジア全体を研究対象とする東洋史学の誕生である。

日本ではそれまでは西アジアの歴史が西洋史の範疇に入り、そこで付属的に触れられていたことは先述した。したがって、本来なら、この際古代から現代までの西アジア史がすべて東洋（アジア）史研究として扱われるようになるべきだった。実際、宮崎の『アジヤ史概説』はそのような視点から記されている。しかし、イスラーム勃興以前の西アジア（古代オリエント）の歴史は、ヨーロッパ史の叙述において欠くことができない要素だったので、西洋史学の方が手放さなかった。その結果、戦後から最近まで、日本の大学の文学部史学科では、東洋史専攻学科でイスラーム勃興以後の西アジア史、西洋史専攻学科で古代オリエント時代の西アジア史が扱われることが多かった。戦前から戦中にかけての大アジア主義が、期せずして二つの学問分野が扱う研究対象を変えたのである[40]。イスラーム勃興以後の西アジア史が独立し、西洋史から東洋史へとその場所を移すにあたって大きな役割を果たしたのが、「回教圏」研究だった。

（1）イブラヒムは、西シベリアのトボリスク地方に生まれたタタール人で、若くしてイスラームの学問を志し、一八七九年にイスタンブルを経てマッカに入った。五年あまりの滞在後はロシアとオスマン帝国の間を往来し、日露戦争後にはサンクト・ペテルスブルクを拠点にタタール語やアラビア語の新聞・雑誌を刊行し、さらにはロシア・ムスリム大会の開催やムスリム最初の政治組織である「ロシア・ムスリム連盟」の結成にも尽力した。彼の略歴と日本訪問時の活動については、小松久男「ジャポンヤ」佐藤次高（編）『キーワードで読むイスラーム』山川出版社、二〇〇三年を参照。

（2）イブラヒムがのちに著した東方旅行記のうち、日本滞在中の部分はオスマン・トルコ語から日本語に翻訳されて出版されており、彼の日本滞在中の行動や日本についての印象を容易に知ることができる。小松香織・小松久男訳『ジャポンヤ』第三書館、一九九一年。

（3）坂本勉「山岡光太郎のメッカ巡礼とアブデュルレシト・イブラヒム」池井優・坂本勉（編）『近代日本とトルコ世界』勁草書房、一九九九年、一七八―一八〇頁。

（4）松長昭「アヤズ・イスハキーと極東のタタール人コミュニティー」池井・坂本（編）『近代日本とトルコ世界』二二二―二二四頁。

（5）大久保幸次「日本へ来たロシアの回々教徒避難民について（二）」『国際知識』四巻二号、一九二四年、一〇〇頁。

（6）川村光郎「戦前日本のイスラム・中東研究小史――昭和10年代を中心に」『日本中東学会年報』二（一九八七）、四三一頁。

（7）大久保幸次「日本へ来たロシアの回々教徒避難民について（一）」九九頁。

（8）「月刊回教圏復刻版付属資料」復刻版『月刊回教圏』一〇、七四頁。

（9）以下、この章の記述は、特に断らない限り、川村光郎「戦前日本のイスラム・中東研究小史」四〇九―四三九頁に拠っている。

（10）北京にはすでに一九二七年に「回教研究会」という組織が設立され、同年五月から『回教』という日本語の雑誌が出版された（二巻六号まで刊行）。研究会設立趣旨の大略は、世界的に回教徒の数が増えていること、中国でも彼らが独特の風俗習慣を維持し団結力が強いことを考慮すれば、回教を研究する価値は十分にあるということである。露骨な国策への寄与は意図していないが、後の時代の研究の隆盛へとつながる考え方の筋道は見えているように思える。

（11）村上正二の推測による。川村光郎「戦前日本のイスラム・中東研究小史」四三二頁。

（12）一九三四年二月一一日に起こった在日タタール人コミュニティー内部の争いである「和泉橋倶楽部乱闘事件」の顛末を記した外事警察の報告書には、「イスラム研究家ノ間デハ大久保幸次等ノ『イスラム学会』ハ「イスハキ」派ニ属シ内藤智秀等ノ『イスラム文化研究所』ハ中立的態度取ツテイルヤウダ」とあり、この時点でまだ「イスラム文化研究所」が存続していたことがわかる。この記事による限り、大久保と内藤の対立は、タタール人ムスリム・コミュニティー間の対立と連動しているように見える。松長昭「アヤズ・イスハキーと極東のタタール人コミュニティー」二三〇―二三三頁。

（13）松長昭「アヤズ・イスハキーと極東のタタール人コミュニティー」二三〇―二三三、二三五頁。

（14）一九二四年に執筆された論文「宗教伝統と闘ふトルコ人」（『東洋』二七―五）では、当時のトルコにおけるカリフ制廃止をうけて、以下のような興味深い指摘を行っている。「トルコ人は頑固な宗教の特権と伝統より解放されなければ、どうしてもその理想とする新トルコ建設の事業を成就することは難しいのである。しかしながらトルコ人は決して回々教そのものを見捨てるのではない。又トルコは回々教国たることを放棄するのでは決してない。トルコ人は、活々した生命のある回々教の新世界を開拓しようとしているのである。」この時点では、トルコ民族主義に期待を抱き、まだ必ずしもパン・イスラーム主義的な考え方に傾いてはいないように思える。
(15) この攷究所は、一九四〇（昭和一五）年四月、内部機構を改革し、「回教圏研究所」と改称する。この頃には、戦後世界的なイスラーム学者となる井筒俊彦も研究員として加わっていた。「月刊回教圏復刻版付属資料」一八―二一頁。
(16) 日本・トルコ協会七〇年史編纂委員会（編）『日本・トルコ協会七〇年史』日本・トルコ協会、一九九六年、二〇六頁。
(17) 善隣協会とその前身の「日蒙協会」については、永田雄三「トルコにおける「公定歴史学」の成立」一九二―一九三頁参照。
(18) 「月刊回教圏復刻版付属資料」四四頁の野原四郎の発言、五一―五二頁の蒲生禮一の文章を参照。
(19) 田村愛理「回教圏研究所をめぐって――その人と時代」『学習院史学』二五（一九八七年）。
(20) 「月刊回教圏復刻版付属資料」四五頁。
(21) 「月刊回教圏復刻版付属資料」一九頁。
(22) この点は、臼杵陽氏からご教示頂いた。記して謝意を表したい。
(23) 田村愛理が詳しく分析している。田村愛理「回教圏研究所をめぐって」二二―二六頁。
(24) 「月刊回教圏復刻版付属資料」四六頁。
(25) 野原四郎「回教研究の役割」『月刊回教圏』六―一、九頁。
(26) 『月刊回教圏』七―二（一九四三年二月）の編集後記による。
(27) 『月刊回教圏』一―一（一九三八年七月）、四八頁。
(28) 表紙裏に、委託研究完了年月、昭和一五年五月とあり、表紙には昭和一六年六月印刷、とある。
(29) 川村光郎「戦前日本のイスラム・中東研究小史」四二七頁。
(30) この資料は、大日本回教協会の所内資料や名簿、手書き原稿、写真資料などを含むおよそ千八百点（一部、手書きの目録化ずみ）と、ほとんどが未整理の同量の資料からなる。店田廣文によって暫定的な目録が、CD－ROMの形で公にされている（二〇〇三年二月）。戦前、戦中期のイスラーム研究の実態を知るためにも、この貴重な資料の一日も早い完全な形での公開と、それに基づく研究が望まれる。店田廣文「戦中期日本におけるイスラーム研究――早稲田大学図書館所蔵「イスラム文庫」の概要と研究課題」『人間科学研究』五―一（二〇〇二年）を参照のこと。

(31) 杉田英明「前嶋信次氏の人と業績」前嶋信次著、杉田英明（編）『千夜一夜物語と中東文化』平凡社東洋文庫、二〇〇〇年、四四六―四四七頁。

(32) 大川周明『回教概論』慶應書房、一九四二年。なお、大川周明の生涯や思想については、松本健一『大川周明』岩波現代文庫、二〇〇四年が参考になる。大川とそのイスラームについての考え方は、同書四六〇―四八五頁参照。ただし、「イスラム教が一般的な意味での「宗教」とちがい、信者の全生活に関する総合的な文化体系であることは、大川の指摘のとおりである」（四七七頁）以下の松本の文章は、イスラームを砂漠の放牧民や流通商人のエトス（生活的な感情）に醸成された宗教であるとする点も含め、首肯できない。

(33)『月刊回教圏』七―三（一九四三）、六一―六四頁。

(34) 東長靖『イスラームのとらえ方』山川出版社、一九九六年、七頁。

(35) 末木文美士『明治思想家論――近代日本の思想・再考〈I〉』トランスビュー、二〇〇四年、二七三頁。

(36)『日本教科書大系近代編』第一七巻地理（三）、講談社、一九六六年。

(37) 宮崎市定「自跋」『宮崎市定全集18　アジア史』岩波書店、一九九三年、四二八―四三〇頁。

(38) 野原四郎は、すでに戦争中の一九四二年に中国史を中心にすえた東洋史の問題点を指摘している。「極端に言えば、日本の東洋学は支那史を世界史としてのアジアから切り離し、その切り離したものを東洋史と称していた」野原四郎「回教研究の役割」八頁。

(39)『宮崎市定全集2　東洋史』、二七〇―二七一頁「世界史を東洋史（即ちアジア史）と西洋史（即ちヨーロッパ史）とに分けるのは現今では十分でないことが判った。即ち東洋史は少くとも之を二分して、東アジア史と西アジア史とに分ける必要がある。東アジア史の中心は中国であり、西アジア史の中心はシリア・メソポタミアであるが、その中間にもう一つのインドがある。インドは大きな社会であるが、ただそれが過去に於いて世界交通の大道から外れていた為めに、その世界史的役割は左程大きくないから、今は之を西アジア史に附属させて別に一項目を立てぬを便とする」。この文章では、宮崎は東洋史とアジア史を同一のものと見なしている。しかし、同じ巻の別の箇所では、「中国を中心とした東アジア（東洋）」（一三五頁）、「東洋史（桑原中等東洋史）とアジア史の違い（中略）東洋史にはどこかに重心あり、しかし、アジア史は複合体。地域と地域との間の関係史として始めて存立しうる」（三五三頁）のように、東アジアと東洋を同一視している。

（40）例えば戦後比較的早く出版された村田数之亮の『概観西洋史』（創元社、一九五二年）では、「イスラム教出現の意義はそれによって東方をば精神的に統一し、西方のクリスト教世界に対立させたことにあって、このことはその主導者が交替しても依然として今日にいたるまで変らない。それだからイスラム世界は東洋史において主に述べらるべきであろう」（一〇一―一〇二頁）と、すでにイスラーム勃興以後の西アジア史を西洋史から排除している。その際、排除されているのが、イスラーム勃興後だけである点には注意しなければならない。古代西アジア史は、西洋史叙述にとって欠くべからざるものだった。

第三章　戦後の「イスラーム世界」認識

1　「イスラーム世界」概念の継続

第二次世界大戦後の再出発

太平洋戦争が日本の敗戦で終わるとともに、時局の要請によって活況を呈していた「回教圏」研究は終焉を迎える。戦後の社会・経済的混乱期に、再び日本から遠くなった「イスラーム世界」を対象とする研究のためにポストや資金を用意する余裕のある機関はまだ存在しなかった。戦前・戦中期に「回教圏」研究に携わった人々の中には、研究を放棄する人や、他地域の研究に転身していった人もいた。その中で、前嶋信次、蒲生禮一、井筒俊彦、岩永博など少数の人々が、孤立分散する形でイスラームや「イスラーム世界」への関心を持ち続けた(1)。

戦後に「イスラーム世界」研究が再び組織化されはじめるのは、日本の経済状態が上向き、アジア・アフリカ諸国の独立運動が盛んとなる一九五〇年代半ば以後のことである。三笠宮崇仁親王を会長とする「日本オリエント学会」の誕生が一九五四年、小林元と岩永博を中心とする中東調査会の設立が一九五六年、大日本回教協会を継承する「日本イスラム協会」が松田寿男によって再建されるのが一九六三年、一九六一年には東京外国語大学にアラビア語学科が開設され、一九六四年になると同大学にアジア・アフリカ言語文化研究所が設置された。この研究所では、一九六七年から「イスラム化と近代化に関する総合的研究」（責任者ははじめの四年間は板垣雄三、それ以降は三木亘）という共同研究プロジェクトが始まり、研究者の全国的な交流が組織的に行われるようになった。(2) 通称「イスラム化」と呼ばれたこのプロジェクトは、実質的に戦後日本のイスラーム研究の出発点ともいうべきもので、それ以後の研究の方向性やスタイルに大きな影響を及ぼした。

このように、終戦によっていったん下火になったとはいえ、「回教圏」ないし「イスラーム世界」という概念自体やそれについての研究が、その後まったく消えてなくなったわけではなかった。それどころか、イスラームへの関心や「イスラーム世界」という概念は、一九三〇年代に「発見」、獲得された後、第二次世界大戦中の回教圏研究の隆盛期を経て、その後確実に日本の知識人の世界認識の一部として定着したのである。

ただし、ここで注意すべきことは、戦後のイスラームや「イスラーム世界」研究の重点が、いわゆる中東地域に置かれているという点である。一九五〇年代半ば以降に日本のイスラーム研究がふたたび組織化されはじめた頃は、アラブ民族主義が高揚し、第三世界として自己主張するアジア・アフリカ・ラテンアメリカの自立への息吹が社会の関心を集め、アラビア石油㈱をはじめとして中東に進出する企業が増えていった。(3) 「イスラーム世界」研究の重心が中東地域に偏る傾向は、一九七三年の石油危機以後さらに強まる。一九七九年のイラン革命、八〇年代のイラン・イラク戦争や九〇年代初めの湾岸戦争、そして、イスラエル占領地におけるパレスチナ人の抵抗運動や和平の試みなど、中東地域で相次いで起こる世界情勢をつき動かす大事件が、社会や研究者の関心を惹いたことは間違いない。

すでに述べたように、戦前・戦中の「回教圏」研究の主流は、北支や南洋（中国西北部や東南アジア）だった。これらの地域を理解することが当時の日本の国益にとって重要だったからだが、戦後の「イスラーム世界」研究の傾向についても、同様のことが指摘できるのではないだろうか。むろん、臼杵陽がいうように、イスラーム興隆の地であり、イスラームが根付いて久しい中東地域の歴史や現代を知ろうとすることは、純粋に学術的関心に基づく行為だととらえることもできるだろう。(4) しかし、政府や文部科学省などの公的機関が、現実の国際政治や国際情勢の推移を鑑みて、資金面でイスラーム研究を支援してきたことは明白な事実である。研究者は、政治や研究対象との距離をどのようにとるべきなのだろうか。あらためて自分たちのよって立つ位置を考えさせられる。それはともかく、このように、同じ「イスラーム世界」を研究対象としているといっても、そのどの部分に重点を置くかという点で、戦前・戦中の「イスラーム世界」研究と戦後のそれとの間には大きな違いがあった。

前嶋信次の「イスラーム世界」観

前嶋信次（一九〇三―八三）は、戦前・戦中から戦後の再出発期まで継続してイスラームに関心を持ち続けた数少ない「イスラーム世界」研究者のうちの一人である。彼はとりわけ、「イスラーム世界」の歴史研究の分野で大きな業績を残し、後進に多大な影響を与えた。この文人肌の歴史家の「イスラーム世界」観を知るのに絶好の記録が残されている。東京外国語大学アジア・アフリカ言語文化研究所において「イスラム化」に関する共同研究が始まった直後の一九六八年に、このプロジェクトの研究会で「イスラーム世界」という概念をめぐって興味深い議論が戦わされているのである。「イスラム世界史の時代区分」という題で報告を行った前嶋信次と出席者との間での論戦である。以下にその要旨をまとめてみよう。

研究会では、まず前嶋が、「イスラーム世界」史に関するいくつかの時代区分の例を説明し、「イスラーム世界」はそれ独自の展開を遂げているのだから、世界史（この場合、ヨーロッパ史を指す）とは別に時代区分を考えればよいという内容の報告を行った。これに対して、インド史研究者の荒松雄が、イスラームが民族や国家の社会構造、経済関係、思想のすべてを包括することを前提とするイスラーム的制度、ないしイスラーム文明が存在するという前提に疑問を呈した。そして、イスラーム世界史があるのなら、キリスト教世界史や仏教世界史も考える必要があるのではないかと迫った。前嶋はこれに答えて、次のように語る。

イスラム教は三大宗教の一つとして、仏教、キリスト教と並び称されているが、他の二つとはかなり性格の違った所があると思われる。またイスラム世界といっても、そこに含まれている人々が必ずしもすべてイスラム教徒ではない。例えばイスラムが征服したイランでは相当長い間多数の拝火教徒が残っていた。またエジプトにはイスラムが入ってから数百年の間は、むしろコプト教徒の方が多かった。しかし多数のコプト教徒がいても、イスラムが入った後のエジプト史はイスラム史の一部である。何故ならIslamic Institutionが圧倒的に支配していたからである。仏教世界やキリスト教世界には仏教法学やキリスト教法学といったものはないように思われる。ところがイスラムではコーランの教えそのものが法すなわちシャリーア（law、道）であり、それによって政治が行われている。すなわち、イスラム法というものが存在する。そういう支配体制になった以上は、他の宗教と違ったイスラム世界というものがあったに違いないと思う。イスラム世界史の範囲は、イスラム教徒がイスラム法をもって支配した地域である、と私は考える。それ故に中国等は、多数のイスラム教徒がいるがイスラム世界ではないと思う。しかし、インドネシアは確かにイスラム世界である。つまりイスラム法の支配下にある世界である[5]。

また、関連して質問した後藤明や矢島文夫に対して、前嶋は次のように答えている。

（イスラム以前には）イスラム法というものはなかった。イスラム法には、民法、刑法、国際法、国家構成法のようなものもある。こういうものが支配するようになってからの時代とその（前の）時代の間には、はっきりと一線を画することができると思う。

私が今考えているイスラム世界は、だいたいモロッコから北アフリカ、スーダンを含めてアフリカの北半、西アジア（トルコを含む）、パキスタン、インドネシア、これら一連の地域をイスラム世界と呼んでよいと思う。それからソ連の中央アジアも、問題はあるが、やはりイスラム世界の一部と考えられる。マシュリク（東アラブ）とマグリブ（西アラブ）については文化上よく対比させられるが、私は元来一つのものだと思う(6)。

これらの回答には、前嶋の「イスラーム世界」認識がはっきりと示されている。それは過去において、ムスリム支配者が統治し、その下でイスラーム法が施行されていた空間である。前嶋はこの空間を現実にこの地上に存在していたと見なしている。この考え方は、基本的に、古典アラビア語世界史書の著者たちの見解と同じであり、序論の「イスラーム世界」の定義(4)に相当する。

問題なのは、とりわけ二つめの文章で、「イスラーム世界」が現代においても存在しているように書かれている点である。パキスタンやソ連の中央アジア、インドネシアという表現が使われている以上、そう考えざるをえない。しかし、前嶋がこの発言を行った一九六〇年代において、これらの地域では、ムスリムの支配者がイスラーム法に基づいて統治を行っていただろうか。答えはもちろん否である。ソ連の統治者がムスリムであったことは一度もないし、インドネシアでは政治権力者がムスリムであったとしても、イスラーム法だけに基づいていて統治が行われていたわけでは決してない。

前嶋は「イスラーム世界」が現実に存在すると考え、その根拠をイスラーム法に求めた。

過去についてはともかく、現在についてこの根拠は有効とはいえない。それにもかかわらず、前嶋は現在「イスラーム世界」は存在しないとは言わない。二つめの文章で彼が「イスラーム世界」として挙げているのは、過去においてムスリム支配者が統治し、現在もムスリムが数多く居住している地域である。意識的か無意識かはわからないが、そこには論理のすり替えがある。序論の定義(3)が、いつのまにか定義(3)に変わっている。

戦前以来のイスラーム研究者である前嶋は、理念としてのムスリム共同体と現実にムスリムが多数居住する地域を一体の「回教圏」ととらえる大久保幸次や大川周明の考え方に、馴染んでいたはずである。現代を考えるに際して、この「回教圏」的な世界認識が採用されたと見てよいだろう。戦前・戦中の「回教圏」研究の伝統は、前嶋の学問にしっかりと受け継がれていた。

2　戦後の世界史教育における「イスラーム世界」

第二次世界大戦が終わると、学校教育における歴史の扱いは大きく変化する。それまで中学校で東洋史と西洋史に分けて教えられてきた外国史が「世界史」として一本化され、新制の高等学校では、日本史と「世界史」が並んで教えられるようになったのである。この新しい教科において、西アジアや「イスラーム世界」の歴史はどのように扱われてきたのだろうか。戦前の西アジアや「イスラーム世界」についての歴史叙述と比較したとき、どのような共通点や相違点があるのだろう。この問題を考えるのに最適な資料が文部省（現文部科学省）による高等学校学習指導要領である。文部科学省による検定を意識する教科書執筆者は、指導要領の枠組みに従った叙述をこころがける。したがって、学習指導要領のうつりかわりを検討すれば、戦後六十年にわたる世界史教科書の叙述の変遷の概要を知ることができるわけである。幸い、学習指導要領はデータベースとして公開されているので、これを利用して戦後の世界史教育における西アジアや「イスラーム世界」の扱いを調べてみよう(7)。

戦後初めて社会科の学習指導要領試案が示されるのは、一九四七（昭和二二）年のことである。その時点ですでに「世界史」が指向されていたわけではなく、試案は東洋史編と西洋史編に分かれている。その東洋史編の中に、「古い東洋はどのようにして老成したか」という項目があり、「イスラム世界におけるヘゲモニーは……」という記述が見られる。戦後すぐのこの時点で、「イスラム世界」という語が使われていること、しかも、それが東洋史の枠内で扱われていることに注目したい。戦前の歴史教科書では、西アジアの歴史は西洋史の中で付随的に触れられるだけで、そこには「イスラーム世界」や「回教圏」という言葉も見られなかったことを思えば、大きな違いである。ここに戦前・戦中の回教圏に関する言説の影響をはっきりと見て取ることができる。

その後試行錯誤を経て、初めての世界史学習指導要領の試案が示されるのは、一九五一（昭和二六）年度のことである。そこには、世界史における「近代以前の社会」を以下のように分けて指導するように記されている。

1　原始社会の発展、2　古代国家の形成、3　古代文化とその特色、4　西欧封建社会の成立と発展、5　アジアにおける専制国家の変遷、6　民族と文化の接触交流、7　宗教と生活文化、a　キリスト教の発展、b　イスラム教の拡大、c　仏教の流伝、d　ヒンズー教の特色、e　道教と民間信仰

「西欧封建社会」や「アジア専制国家」という表現に、戦後史学のかおりが色濃く漂っているとはいえ、この試案では、キリスト教、イスラム教、仏教など世界の大宗教が同じ項目で並列的に扱われ、イスラームだけを特別視する態度は見られない。また、その理由は定かではないが、一九四七年の段階で見られた「イスラム世界」という表現も姿を消している。少なくとも、前近代については比較的バランスのとれたテーマ構成となっているように見受けられる。ただし、世界を、西欧とアジアの二つに区分して理解しようと試みている点は、ヨーロッパ的な世界観、ないしは戦前の東洋史、西洋史の二分法の伝統をひいているともいえるだろう。

「イスラーム世界」や「イスラーム諸国家」という表現が学習指導要領で本格的に言及されるのは、一九五六（昭和三一）年度からである。この年に発表された指導要領では、①文明の成立と古代国家、②アジア諸民族の活動と東西交渉、③中世ヨーロッパの社会、④アジアにおける専制国家の変遷、⑤欧米における民主主義の展開と近代文化、⑥欧米列強の世界進出とアジア諸国、⑦二つの世界大戦、⑧第二次世界大戦後の世界、という八つの章が設けられ、このうちの②「アジア諸民族」の章に「イスラム世界の発展とその文化」という節があ

る。

第Ⅱ部でルイスの論文を検討する際に述べたように、ヨーロッパで「イスラーム世界」史の骨格がはっきりと定まり、その歴史を書こうとする動きが強まるのは一九五〇年代半ばである。とすれば、我が国の高等学校世界史教科書における「イスラーム世界」概念の採用の早さは特筆に値する。ルイスの論文が出版されたそのときには、日本では「イスラーム世界」という概念がすでに教科書に掲載されるほどに固まっていたのだ。「世界史」という科目なのだから、世界の諸地域の歴史をまんべんなく記述しなければならないと考えられたからかもしれない。話はヨーロッパと中国の歴史だけではすまないのである。それにしても、この時期の教科書における「イスラーム世界」という術語が、欧米からの輸入であったとは考えにくい。一九五〇年代半ばのヨーロッパの歴史学界では（東洋研究学界ではない）、「イスラーム世界」史という概念はまだ市民権を得てはいなかったからである。日本における「世界史」というユニークな科目の創設と「回教圏」概念の残影が結びついた結果が、この早い時期における「イスラム世界」という用語の採用となったのではないだろうか。

ただし、「イスラム世界」という言葉があらわれるのは②の部分だけで、その後の④「アジアにおける専制国家」の章では、中国以外に「蒙古帝国の成立」「ムガール帝国の盛衰」という項目はあるのに、オスマン帝国やサファヴィー朝への言及は見られない。「イスラーム世界」の歴史は、あたかも②の段階で終わってしまうようにも見える。当時は、世界史の中に「イスラーム世界」通史をどのようにはめ込むかについては、まだ定まった方法がなかったのだろう。その後、高等学校学習指導要領は、一九六〇（昭和三五）年度（昭和三五年一〇月施行）、一九七〇（昭和四五）年度（昭和四八年四月一日施行）、一九七八（昭和五三）年度（昭和五七年四月施行）、一九八九（平成元）年度（平成六年四月施行）、そして一九九八（平成一〇）年度（平成一五年四月施行）とあわせて五回の改訂を経て今日に至っている（文庫版の注・最新は二〇一八年告示、二二年施行予定）。改訂を経るごとに、とりわけ前近代においては、世界各地を文明圏ないし地域世界ごとに区分けし、それぞれの政治史や社会・文化的特徴をまとめて記述する傾向が強くなる。そして、「イスラーム世界」は、これらの文明圏ないし地域世界の一つとして確固たる位置を占め、教科書ではその歴史の説明に常に一定の頁数が割り当てられている。南アジアや東南アジアが、一九八九年に至るまで一つの独立した文明圏として認知されていなかったことと比べると、[8] その継続性は際だっている。

試みに最新の学習指導要領（一九九八年度公表、二〇〇三年四月施行）が、「イスラーム世界」をどのように扱っているのかを記しておこう。近現代史に重点を置く世界史Aについては、全体を①諸地域世界と交流圏、②一体化する世界、③現代の世界と日本の三部に分けて記すことが要求されている。①の前近代の諸地域世界の例として挙げられているのは、「東アジア世界」、「南アジア世界」、「イスラーム世界」、「ヨーロッパ世界」の四つである。「イスラーム世界」の教授内容としては、「西アジアの風土と諸民族、イラン文明の伝統、イスラームの成立と拡大に触れ、イスラーム世界の特質を把握させる」とされている。これだけを見れば、「イスラーム世界」と西アジア世界がほとんど同一であるかのようにも読める。

一方、教授時間数が多い世界史Bでは、前近代史の部分が「諸地域世界の形成」と「諸地域世界の交流と再編」の二つに分けられている。前者では、「西アジア・地中海世界」、「南アジア世界」、「東アジア・内陸アジア世界の形成」が取り上げられ、後者には、「イスラーム世界の形成と拡大」「ヨーロッパ世界の形成と変動」、そして「内陸アジアの動向と諸地域世界」という三つの単元が置かれている。西アジアと「イスラーム世界」は同一のものとしては扱われていない。「イスラーム世界」に関しては、「アラブ人とイスラーム帝国の発展、トルコ系民族の活動、アフリカ・南アジアのイスラーム化に触れ、イスラーム世界の形成、拡大の過程を把握させる」とある。

世界史Aの場合、②「一体化する世界」以後の部分では「イスラーム世界」の語はあらわれない。一方、世界史Bでは、一六―一八世紀の部分で、「イスラーム世界の動向を扱い」という表現があるが、どちらも一九世紀以後については、「イスラーム世界」という言葉は使われていない。いずれの教科書を用いるにせよ、生徒には「イスラーム世界」がその後どうなったのかがわかりにくい。また「イスラーム世界」は、基本的に前近代（一八世紀以前）の歴史世界のことだと理解されるだろう。

このように、我が国の高等学校世界史教育においては、すでに一九五六年に「イスラーム世界」という地域概念が採用され、その後およそ五十年にわたってこの言葉を使って世界史を教えることが続けられてきた。現在社会で活躍している日本人のほとんどすべては、高校生の時にこの言葉に接したことがあるといっても過言ではないだろう。一九三〇年代半ばまでの日本人の多くが、「イスラーム世界」という空間認識自体をまったく知らなかったことと比べると、その相違ははなはだしく大きい。

諸外国においては、初等・中等教育の段階で「世界史」という名の科目を置くこと自体が珍しい。また、世界史に類する歴史の授業があったとして、そこで「イスラーム世界」という地域世界の歴史がまとめて教えられることは、さほど多くはない(9)。世界史における「イスラーム世界」史は、すぐれて戦後日本の世界史叙述に特徴的な主題なのである。

3　現代日本における「イスラーム世界」史研究

世界史の教科書に五十年来「イスラーム世界」という地域世界が継続的に設定されていることからもわかるように、現代日本における歴史研究者の間で、この地域概念そのものに疑問を抱く者はほとんど見られない。むしろ、「イスラーム世界」を無視した世界史はありえないというのが、大方の意見といってよいだろう。

試みに、中央公論社から一九六〇年代と一九九〇年代の二度出版された「世界の歴史」シリーズの内容を検討してみよう。第一回目のシリーズでは、総計十六巻のうちで、「イスラーム世界」に充てられた巻は一巻もなく、『西域とイスラム』という巻のわずか四分の一程度に「イスラーム世界」関係の記述があるだけである。これに対して、一九九〇年代に出版された二回目のシリーズでは、全三十巻中の三巻が一九世紀までの「イスラーム世界」の歴史を扱っている。南アジアや東南アジアに関する何冊かの巻にも「イスラーム世界」への言及があるので、全体では優に四から五巻程度が「イスラーム世界」の歴史と関係を持っていることになる。この三十年の間に、「イスラーム世界」という歴史世界がいかに強く意識され、またいかにその研究が進展したかを如実に示すデータである。

現代日本の「イスラーム世界」史研究者は、この確立された枠組みの中で、使用する史料の種類によって、アラビア語世界、ペルシア語世界、トルコ語世界などとさらに細分化された地域で生起したさまざまな事象を明らかにし、その歴史的な意味を解釈すべく研究を続けている。それでは、その中でも指導的な研究者は、「イスラーム世界」という枠組みそのものをどのように認識しているのだろうか。

日本で「イスラーム史」研究を長く牽引し、多くの世界的業績を挙げてきた佐藤次高の著作を読むと、[10]彼の「イスラーム世界」認識と「イスラーム世界」史の考え方は、次の二点に要約できる。①「イスラーム世界」はムハンマドの召命とともに誕生し、ムスリムの軍事的征服活動によって拡大した、②広大な「イスラーム世界」では、ムスリムの支配者がイスラーム法に基づいて統治を行う仕組み（「イスラーム国家」的体制）が整えられた。[11]佐藤と同世代の中東史研究者、後藤明の「イスラーム世界」認識も佐藤のそれと変わらない。後藤によると、「イスラーム世界」とは、歴史を考える際にイスラームというものに焦点を当てた場合の地域設定であり、ムスリムが社会や政治で主導的な役割を果たしている地域であるとする。[12] 彼らはともに、過去において「イスラーム世界」という地域が現実に地球上に存在し、その空間的広がりは時代とともに変化したと考えている。歴史学が過去の実際の出来事を叙述し、その意味を考える学問だとすれば、その出来事が起こった空間も現実に存在していると考えることは当然だといえる。

佐藤や後藤をはじめとする「イスラーム世界」史研究者の理解では、ある地域が「イスラーム世界」と呼ばれる第一の条件は、ムスリムの支配者（カリフ、スルターン、ハーン、王など称号はさまざま）がその地域を統治しているということである。ムスリムが支配さえしていれば、その空間内の実際のムスリム人口の多寡は問われない。だからこそ、七世紀から八世紀半ばにかけての正統カリフやウマイヤ朝時代の領域が「イスラーム世界」となる。いうまでもなく、この頃は征服者のアラブ人だけがムスリムで、その治下の住民の大部分は非ムスリムだった。多数のヒンドゥー教徒を支配する南アジアのムガル朝（一六―一八世紀）が、「イスラーム世界」の王朝とされるのも同じ理屈からである。

したがって、「イスラーム世界」を特徴づける要素は、「イスラーム国家」の存在と考えられる。「イスラーム国家」とは、「ムスリムの支配者がイスラーム法にもとづいて統治する体制」のことである。最新の佐藤次高の定義では、「イスラーム国家」は「カリフあるいはスルタンの支配権を承認するムスリムとそれに服するズィンミーの集合体」と定義されている。[13] これも前提は「ムスリムの支配者が統治すること」である。

佐藤や後藤のこのような「イスラーム世界」認識と「イスラーム世界」史理解は、彼らに独自のものではない。前嶋信次の考えが彼らと同様であることはすでに確認した。また、第Ⅱ部で詳しく検討したように、欧米のイスラーム研究学界は、基本的に彼らと同じ角度から「イスラーム世界」史を描いてきた。イスラーム主義の立場に立つ人々も同じ枠組みを用いて、ヨーロッパの東洋学者とは別の「イスラーム世界」史を描こうとしている。佐藤や後藤をはじめ日本の研究者は、欧米の研究者やイスラーム主義の立場に立つ研究者、すなわち、イスラームに関心を持つ世界中の研究者たちのほとんどすべてと同様の視点から、より実証的な研究を行っているといってよいだろう。

ただし、日本の「イスラーム世界」史研究者の系譜が、前嶋信次を通じて戦前の回教圏研究、さらにはパン・イスラミズムを主張するタタール人イスラーム主義者にまでさかのぼれることには注意しておきたい。研究の視角や蓄積された成果という点で、日本の「イスラーム世界」史研究は、欧米の東洋学や地域研究に多くを負うてはいるが、日本人研究者は従来の欧米の研究[14]に見られる偏見やバイアスをしばしば厳しく批判してもいる。一般に、日本人の「イスラーム世界」史研究者は、研究対象であるムスリム諸社会に深い共感を抱いている。イスラームを欧米的価値観に基づくグローバリズムの進展に対抗するアンチテーゼととらえる姿勢もしばしば見られる。同じ「イスラーム世界」という枠組みを用いているとはいえ、日本人研究者の研究対象社会に対するスタンスは、欧米人の研究者と同様ではない。むしろ、イスラーム主義者の立場に近いともみなしうる。これは戦前・戦中以来の研究視角の継承なのである。

いずれにせよ、「ムスリム支配者が統治し、イスラーム法が施行される空間」を「イスラーム世界」とするという考え方は、序論で整理した「イスラーム世界」の定義の(4)にあたる。歴史研究者が考える「イスラーム世界」の枠組みは、古典的なアラビア語世界史書による「イスラーム世界」（歴史的「イスラーム世界」）や、ムスリムの法学者が考える「イスラーム世界」と同一である。

第Ⅲ部　結論

（1）日本では、一九三〇年代に至るまで、「イスラーム世界」という空間概念は知られていなかった。一般の人々の世界認識、歴史観を涵養したはずの初等・中等教育において、「イスラーム世界」や西アジアに関する知識が教えられる機会は、明治初めの一時期を除いて、まったくなかった。

（2）一九三〇年代後半に、突如として「回教圏」という概念が脚光を浴びるようになった。「回教圏」を研究する組織が官民を問わず数多く設立され、「回教」や「回教圏」を題名に持つ書籍や雑誌が相次いで出版された。これは、ムスリムを一種の宗教民族ととらえる「回教圏」という考え方が、中国大陸や南洋への進出を真剣に考慮する政府や軍部の利害と一致し、これらにつながる公的な機関が回教圏研究を強力に支援したためである。覚醒したムスリムが一致団結し、彼らの運動を日本が指導して西欧植民地主義に対抗するという構図は、当時の日本において支配的だった大アジア主義や大東亜共栄圏といった考え方に無理なく適合した。

（3）日本語における「回教圏」という概念は、タタール人ムスリムらのパン・イスラーム主義的思想の影響によって獲得された。大久保幸次をはじめとする研究者たちは、パン・イスラーム主義者の思想からまずプラスの属性を持った「イスラーム世界」の概念を知り、そこからこの空間に興味を持ち、研究の道に進んだ。

（4）大久保をはじめとする戦前・戦中の研究者たちのいう「回教圏」とは、理念としての全ムスリムの共同体であると同時に、現実にムスリムが多く居住する地域でもあった。理念と現実を一体のものと考えるこの独特の概念は、現代の「イスラーム世界」研究者にまで受け継がれている。

（5）戦前・戦中期には国策に便乗して活況を呈していた回教圏研究の組織は、第二次世界大戦終了後、解体された。しかし、「回教圏」という概念そのものは消え去らず、現代に至るまで、日本の知識人の世界認識に強い影響を及ぼしている。

（6）アジアは一つ、回教圏はアジアの一部であるという戦前・戦中の考え方から、回教圏史はアジア史の一部分であるという了解が生まれ、従来、中学校の西洋史で断片的に教えられていたイスラーム勃興以後の西アジアや中東地域の歴史が一つにまとめられたうえで、東洋史に組み入れられることになった。現在、日本の多くの大学で「イスラーム世界」史が東洋史の範疇に入っているのは、その意味で、アジア主義や大東亜共栄圏構想の遺産だとも言える。

（7）戦後に生まれた高等学校の世界史という教科において、「イスラーム世界」は、前近代のユーラシア各地で育まれた歴史的地域世界の一つとして、一九五六（昭和三一）年以後、継続的に取り上げられ、教えられている。中等教育の段階で世界史という科目が設けられていること自体が珍しいが、その中に「イスラーム世界」という枠組みが確固として存在するのは、きわめて日本的な特徴である。

（1）板垣雄三『イスラーム誤認』二七二頁。
（2）板垣雄三『イスラーム誤認』二七三―二七四頁。
（3）板垣雄三『イスラーム誤認』二七三頁。
（4）臼杵陽「戦時下回教研究の遺産――戦後日本のイスラーム地域研究のプロトタイプとして」『思想』二〇〇二年九月号。
（5）前嶋信次『イスラムとヨーロッパ』三九一―三九三頁。
（6）前嶋信次『イスラムとヨーロッパ』三九三―三九五頁。
（7）データベースのアドレスは次の通りである。https://www.nicer.go.jp/guideline/
（8）この年公表された指導要領の世界史Bにおいてはじめて、「南アジア・東南アジア世界の展開」という項目が立てられている。それ以前の時期、例えば一九七八（昭和五三）年度の改訂では、「西アジア文化圏の形成と展開」という大項目の下に、「イスラム世界の形成」と「インド・東南アジアとイスラム世界の拡大」という二つの小項目が置かれている。
（9）中東諸国については、本書二一九―二二〇頁参照。ヨーロッパ諸国における歴史教育の例として、フランスの高等学校（リセ）における「歴史（Histoire）」という科目を簡単に紹介しておく。歴史は、大学入学資格試験（バカロレア）を受験する前の三年間に学ぶこととなっており、それに対応して教科書も三冊から成っている。数社の教科書があるが、このうちの Nathan 社二〇〇四年刊行版は、第一巻が「現代世界の基礎」と題して古代から一八五〇年まで、第二巻が「世界、ヨーロッパ、フランス」と題して一八五〇年から一九四五年まで、第三巻は特に題が明示されていないが、一九四五年以後今日に至るまでの世界、ヨーロッパ、フランスの歴史を扱っている。第一巻は、次の六部からなる。一　古代世界における市民権の例、二　キリスト教の誕生と普及、三　一二世紀の地中海、三つの文明の交差点、四　人文主義とルネッサンス、五　革命と一八五一年までのフランスにおける政治的経験、六　一九世紀前半のヨーロッパ。第二巻は、次の三部構成である。一　産業の時代と一九世紀中葉から一九三九年までのその文明、二　一九世紀中葉から一九一四年までのフランス、三　戦争、民主主義、全体主義。全体を通じて扱われているテーマは、ほとんどフランスとヨーロッパに関わることである。日本が主題として取り上げられるのは、第二次世界大戦のときだけであり、その前近代の歴史はまったく記されていない。また、いわゆる「イスラーム世界」については、その誕生から拡大の過程は記されず、一二世紀の地中海世界における三つの文明の一つとして、すでにそこに存在するものとして語られる。前近代の歴史については、いくつかの時代をトピック的に取り上げて解説する手法がとられ、ある地域の歴史を時系列的に記すことはなされない。フランスの歴史教育の重点は、明らかに一九世紀半ば以後のフランスとヨーロッパの歩みに置かれている。一九世紀半ばまでについて言えば、ヨーロッパと地中海文明圏の歴史以外はこの教科書ではまったく触れられていない。一九世紀以来の「歴史学」と「東洋学」の区分はなお健在だとも言えるだろう。フランスのリセにおける「歴史」の教育内容は、このように日本の高等学校の「世界史」のそれとは相当異なっている。

なお、フランスの歴史と地理の教科書において「アラブ人」や「イスラーム」という語がどのように使用されているかを調査し、その変遷を詳細に検討した興味深い研究がある。Marlène Nasr, *Les*

Arabes et l'Islam vus par les manuels scolaires français, Karthala (Paris), 2001.

(10) 佐藤は、自らの専門を「イスラーム史」と記すことが多い。それゆえ、ここでも「イスラーム史」研究としておく。

(11) 佐藤の「イスラーム世界」認識は、佐藤次高「イスラーム国家論——成立としくみと展開」『岩波講座世界歴史10　イスラーム世界の発展7—16世紀』岩波書店、一九九九年、同『イスラームの国家と王権』岩波書店、二〇〇四年などによって知ることができる。

(12) 後藤明『イスラーム歴史物語』講談社、二〇〇一年、一二—一三頁。

(13) 佐藤次高『イスラームの国家と王権』九頁。

(14) 一口に「欧米の研究」と言っても、この二十年ほどの間に状況は大きく変化している。サイードの「オリエンタリズム」批判とそれに対する共感や反発、それに、多くの現地出身研究者が欧米の研究機関で職を得たことなどがその主な原因である。一九七〇年代までのように欧米の研究をひとくくりにして考えることは危険だし、無意味だとも言える。なお、北米における中東研究、とりわけ歴史研究の現状については、以下の文献を参照。Stephen Humphreys, *Tradition and Innovation in the Study of Islamic History: The Evolution of North American Scholarship since 1960*, Islamic Area Studies Working Paper Series No.1, Islamic Area Studies Project (Tokyo), 1998.

終論　「イスラーム世界」史との訣別

「イスラーム世界」史の問題点

私たちは本書の第Ⅱ部で、一九世紀に創造された「イスラーム世界」というイデオロギーが歴史と結びついて現実化する過程を追い、第Ⅲ部でそれが日本で独自の発展を遂げる様を検証してきた。本書を閉じるにあたって、ここでは、このようにして作り出された「イスラーム世界」史にどのような問題点があるのかをあらためて指摘することにしたい。

イデオロギーとしての空間を実際に過去におこった事実と結びつけて説明するためには、相当強引な理屈が必要となる。一九世紀に創造された「イスラーム世界」という概念の場合も同様である。「イスラーム世界」という空間が存在するということを自明の前提とする以上、その空間の特徴は、何よりもまずイスラームと関係づけられねばならない。そこで、ムスリム支配者が統治すれば、そこは他とは区別された共通の特徴を持つ空間となるという言説が生まれた。古典期のアラビア語地理書や歴史書の一部にもこれに似た考え方が存在したため、史料の記述を重視する東洋学者はこの言説を無理なく受け入れた。しかし、時代性や地域性を考慮しないこの定義は相当乱暴であり、それだけではあまり説得的とは言えない。それを補強するために、この空間の特徴がほかにも指摘されねばならなかった。この仕事を引き受けたのが、バーナード・ルイスである。第Ⅱ部で紹介したように、彼はその先駆的で影響力の大きな論文の中で、「イスラーム世界」に共通する特徴をいくつか挙げている（二〇四―二〇九頁）。しかし、彼の挙げた特徴は、本当に「イスラーム世界」に独自のものだと言えるのだろうか。ここでもう一度彼の説明を検討しなおし、その有効性を検証してみよう。

ルイスは、「イスラーム世界」の言葉は、文字と語彙の両面で『クルアーン』の言語であるアラビア語の強い影響を受けていると説明する。確かに、ペルシア語やトルコ語をはじめ、インドネシア語やマレー語なども含め、多くの言語にアラビア語の影響を見て取ることは可能だ。しかし、それゆえに「イスラーム世界」は存在すると言えるだろうか。日本語をはじめ仏教起源の語彙数が相当量に達する言語は、ユーラシア東部にいくつもあるが、その地域が「仏教世界」と呼ばれることはない。ヨーロッパ諸語にはキリスト教起源の単語が数多く含まれている。しかし、現代では、キリスト教世界という地域概念はほとんど使われない。なぜ、「イスラーム世界」におけるアラビア語の影響だけが強調されるのだろうか。ルイスの説明とは逆に、様々な言語が存在し、言語面では統一されていないために、「イスラーム世界」という一体の世界を想定するのは無理であるという議論の立て方も、実は可能である。

ルイスはまた、イスラーム建築や美術に見られる統一性によって、「イスラーム世界」概念の有効性を証明しようともする。しかし、イスラーム建築の統一性を示す事例とは、「イスラーム世界」のどこに行ってもモスクがあること、モスクは必ずマッカの方向を向いて建てられ、マッカ側の壁にはミフラーブと呼ばれるマッカの方向を示すアーチ型の壁のくぼみがあること、大きなモスクには必ずミンバル（説教壇）とミナレット（尖塔）が備わっていること、といった程度のことである。建築の材料や形式、それに装飾の様式は地域によってさまざまである。

この程度の共通性であれば、世界中に散らばるキリスト教会や仏教寺院にも見て取れるのではないだろうか。キリスト教徒の居住地域には、どこでも教会がある。カトリックの教会には聖母像やキリスト像などが置かれているし、ステンドグラスがしばしば用いられる。プロテスタントの聖堂はシンプルで十字架があるだけである。寺院に仏像があることも地域を問わず共通である。モスク建築を材料にして、その統一性を強調するか、そこには統一性がないとみるかは、論者が議論をどちらの方向に導きたいかによって決まる。「イスラーム世界」が存在すると考えるから、モスク建築には多様性の中に統一性が見られると説明するのである。逆に、もし論者が歴史的な意味での「イスラーム世界」はなかったと考えるなら、モスク建築の不統一性をその例証として挙げることも可能だろう。

かつて私は『モスクが語るイスラム史——建築と政治権力』という小著を出版し、そこでは「イスラーム世界」が存在するという立場から、多様なモスク建築に見られる統一性を強調した[1]。今は、「イスラーム世界」という空間があたかも実在するかのように記したその記述の方法には、大きな問題があったと反省している。「イスラーム世界」には独特の形態と生活様式を持った「イスラーム都市」が存在するという命題が破綻していることを、私はこの本の出版以前にすでに仲間とともに指摘していた(2)。ところが、なぜかこの本を書く時点では「イスラーム世界」という概念そのものに問題があるということには思い至らなかった。当時の私は「イスラーム世界」の実在性を信じて疑わなかったのである。

イスラーム建築や美術という概念についてさらに述べれば、「イスラーム世界」の建造物やこの世界で製作された美術作品をすべてイスラームという名前でまとめるのは、あまりにも強引である。建築の場合、往々にして、各地の商業施設や個人の住宅などのように宗教とは直接関係のない建造物の特徴までがイスラーム的とされる。事情は美術作品の場合も同様である。例えば、絨毯や陶器、衣服のように人々が日常生活で使用する工芸品もすべて「イスラーム美術」の作例として説明される。これらは「イスラーム世界」で作られたがゆえに、すべてイスラーム的なのである。あらかじめ「イスラーム世界」という空間を設定するから成り立つ説明にすぎない。

「イスラーム世界」では人々がムスリムとしての一体性を持っているために移動は自由であり、商人やウラマーなどが活発に往来したという言説についても、再検討してみる必要がある。一三―一四世紀のモンゴル時代以後、イラン高原を中心とするペルシア語文化圏とユーフラテス川より西方の地中海アラビア語文化圏の間で、人々はそれほど活発に往来できただろうか。一六世紀以後のサファヴィー朝とオスマン帝国やウズベク諸国家の領域の間についても同様である。

逆に、「イスラーム世界」ではない地域でも、人々はしばしば活発に移動している。六―九世紀頃の中央アジアにおけるソグド商人、モンゴル帝国治下でユーラシアの東西を結ぶ人の動き、一四―一六世紀頃の東アジア海域世界における人的交流、それに地中海におけるヴェネチアやジェノバの商人の活動など、例はいくつも挙げることができる。また、一六世紀以後のインド洋から地中海にかけての地域では、非ムスリムのインド系商人やアルメニア商人が活発に交易活動を繰り広げる。交易活動とイスラームの関連性は、より慎重に検討すべき問題だと思う。いずれにせよ、「イスラーム世界」が存在すると考えるから、その特徴としてムスリムの活発な移動が取り上げられるが、それは特にこの空間だけの特徴だとは決していえない。

このように、従来「イスラーム世界」の特徴と説明されてきた要素の多くは、実は「イスラーム世界」をアプリオリに前提とし、それに結びつけて語られていただけなのではないだろうか。同じ要素を逆に「イスラーム世界」という概念を否定するためにも使える場合があるし、「イスラーム世界」の特徴だとされる事象を、私たちは「イスラーム世界」以外の地域についてもしばしば見出すことができる。

もう一つ、「イスラーム世界」史という考え方の問題点を挙げておこう。それは、七世紀に誕生しその後発展した「イスラーム世界」が、一九世紀以後どうなったのかという点があいまいだということである。「ヨーロッパ」「東アジア」「南アジア」などの他の文明圏の場合は、「現代のヨーロッパ」「現代の東アジア」「現代の南アジア」というように歴史は現代までつながる。しかし、「現代のイスラーム世界」という表現が、高等学校の世界史教科書で用いられることはない。「イスラーム世界」という空間はいつの間にか世界史上から姿を消し、現代については、「現代の西アジア」ないしは「現代の中東」、「現代の東南アジア」などという言葉が使われるのが普通なのである。これは、イデオロギーと歴史を無理に結びつけたために生じた避けがたい結果だといえる。

もし世界史叙述において「イスラーム世界」という空間概念が維持されるべきなら、そしてその空間の特徴が「ムスリムの支配者が統治し、イスラーム法が施行されている空間」と定義されるなら、教科書には、一九世紀の後半から二〇世紀の初めの時期に「イスラーム世界」は地球上から姿を消したと書かれるべきだろう。この頃には、ヨーロッパ列強の政治・軍事的進出によって、ムスリムの支配者が統治する地理的な領域は大幅に狭まった上、その領域においては、憲法や民法、刑法、商法などヨーロッパ起源の世俗法が、イスラーム法にかわって用いられるようになったからである。(3)

人間の社会や生活全般に関わる宗教はイスラームだけか？

「イスラーム世界」概念を成立させるもっとも根本的な命題についても、あらためて検討してみたい。欧米の東洋学者、ムスリムのイスラーム主義者、それに一九三〇年代以後の日本のイスラーム研究者は、繰り返し次のような言説を唱えてきた。すなわち、「イスラーム世界」をほかと区別する最大の特徴はイスラーム法の存在である。この法ゆえにイスラームは狭い意味での信徒の信仰面だけではなく、その政治・経済・社会・文化のすべてに関わり、それらを規定する、したがって、「イスラーム世界」には共通点がある。この言説は果たしてそのまま受け入れてよいのだろうか。

この疑問に関しては、とりわけ政治と宗教の関係に絞って池内恵による鋭い問題提起がすでになされている。すなわち、この言説は、「イスラーム教の規範にもとづいて政治と宗教の関係を定義」したいわば理念にすぎず、それが現実政治を分析する理論としてどれだけ役に立つのかというのである。(4) この言説に基づけば、初期イスラームの時代にのみ規範的な政―教関係が現実化し、それ以後の「イスラーム世界」の歴史は理念からの逸脱としてとらえられるが、そのような歴史の解釈には問題があるのではないかと述べた後、池内は次のように提案する。

大部分の歴史的展開が「逸脱」として捉えられてしまうような分析枠組みを採用するのは避けたほうがよいのではないだろうか。「逸脱」を問題視するとしても、なぜ「逸脱」がかくも長き時間にわたって続くこととなったのか、その「逸脱」の時代に実際に成立した政―教関係がいかなるものであったかを対象化する分析枠組みを提示するべきなのではないだろうか。

この提案に基づき、彼はその後で「イスラーム世界」の歴史的な政―教関係の概念化を試みる。私は池内の問題提起は貴重だと思う。しかし、本書のここまでの検討から明らかなように、はじめに問われるべきなのは、「イスラーム世界」を前提に議論するというその態度自体なのではないのだろうか。「イスラーム世界」は、一九世紀に創造された概念である。この分析枠組みを前提にする限り、議論は一九世紀ヨーロッパの進歩的知識人かウラマーやイスラーム主義者のどちらかの思考パターンの後を追わざるをえない。

今日に至るまで内外のほとんどの概説書で繰り返して強調される宗教としてのイスラームの特殊性が、いつ、誰によって言説化されたのかについて、私はいまのところまだ確実な回答を持っていない。しかし、これが一九世紀ヨーロッパで生まれた世俗化という概念を背景とした思想であることは間違いないだろう。その意味で、これは近代という時代に特有の言説である。

イスラームは他の宗教とは異なった特別な信仰体系だという主張は、一方で一九世紀ヨーロッパの進歩的知識人や彼らの考え方に連なる人々が唱え、他方でイスラーム主義者、あるいはイスラームの価値を重要だと考える人々の言説でもある。これまで何度も繰り返してきたように、この点において、一九世紀ヨーロッパの知識人とイスラーム主義者は共犯関係にあるのだ。

あらためて人類の歴史を振り返ってみると、宗教が人間の生活全般に影響を及ぼさなかった社会が、果たして一八世紀以前に存在しただろうか。一八世紀以前のキリスト教は、人々の日常生活を細かく規定した教会法を持ち、イスラーム以上に人々の生活の隅々にまでその影響を及ぼしていたのではないか。[5] 中世においてローマ教皇や大司教などの聖職者が強力な世俗的権力をも有していたことはよく知られているが、それ以後の時代についても事情はそれほど変わらなかった。この点に関して、西洋史家の深沢克己による以下の発言は示唆的である。

今日のヨーロッパではたしかに非キリスト教化が進んでいるけれども、かつてのヨーロッパでは事情が異なる。（中略）十六世紀以降の宗教改革と、それに対する対抗宗教改革またはカトリック宗教改革によって、宗教の日常生活への介入の度合いは飛躍的に高まったと思います。ですから、もし十六世紀から十七世紀にかけてのヨーロッパ社会の雰囲気を目の前に再現することができたとしたら、今の大多数のイスラーム諸国、サウジアラビアやエジプトよりは当時のヨーロッパの方がはるかに宗教が日常生活の隅々まで行き渡っていたかもしれない。[6]

私自身も、かつて一七世紀後半から一八世紀初めにかけての時期に生きたジャン・シャルダンというフランス生まれの宝石商人の生涯を例にとって、当時のラテン・キリスト教世界においていかにキリスト教の社会的影響力が強かったかを論じたことがある。[7]

また、今日も根強い南アジア社会におけるいわゆるカースト制度は、宗教とは関係ないと言えるだろうか。現代南アジアを揺るがす社会問題の一つは、「世俗化」である。儒教を宗教だとするなら、中国、韓国や日本社会は人々の行動規範の多くをなおそれに拠っているのではないか。

このように、一八世紀以前の世界では、一般に人間の生活は相当程度まで宗教の影響を受けていた。ところが、世俗化に価値を見出した近代ヨーロッパ文明の影響をうけて、一九世紀以後世界各地で社会は世俗化の方向へ向かった、というのが、人類史の大きな流れではないだろうか。現代日本は、特に世俗化が進んだ地域の一つだろう。トルコ共和国における政教分離政策の例を見れば明らかなように、宗教としてのイスラームが強い影響力を持つ地域も、世俗化の流れと無縁ではない。「イスラームに政教分離はありえない、イスラームだけは特別だ」とする言説は、したがって、「イスラーム世界」という概念を依然として必要とする一九世紀ヨーロッパの知識人的な思考を持った人か、イスラーム主義者、ないしはイスラームに重要な価値を見出す人々のどちらかから発せられているとみてよいのである。(8)

世界史と「イスラーム世界」

以上述べてきたように、過去に「イスラーム世界」が実際に存在したと考え、その特徴を指摘しようとしても、結局、「ムスリムの支配者が統治し、イスラーム法が施行されている空間」という当初の定義以外にはこの世界に独自の特徴を見出しえない。もし「イスラーム世界」をこのようにしか定義できず、しかも、その定義の根本に関わるイスラームの特殊性が相対化されるとしたら、世界史、ないしは、人類全体の歴史を叙述しようとする場合、そこに「イスラーム世界」史という枠組みを想定することはやめるべきである。その理由を以下に二つ挙げる。

①一九世紀ヨーロッパの知識人が創造したマイナスの「イスラーム世界」という概念は、一種のイデオロギーであり、バランスを欠いた見方や意見が多く含まれている。今日、少なくとも日本人である私たちはこのような考え方に従うべきではない。この概念が受け入れられないとすれば、それを大枠として採用して構想された東洋学者の「イスラーム世界」史も受け入れられない。

②イスラーム主義者は、プラスの「イスラーム世界」、すなわち、理念としてのムスリム共同体（ウンマ）を地上に実現しようと考える。この意味での「イスラーム世界」もまた、彼らの理想を表現した一種のイデオロギーである。イスラーム主義者やイスラームを重要な価値だと考える人々が、この意味の「イスラーム世界」の発展や転変の歴史を描こうとすることは彼らの自由である。[9] その場合、彼らの世界史は、「イスラーム世界」史と「非イスラーム世界」史という二つの部分から構成されることになるだろう。しかし、このようなイスラーム中心主義的な歴史観は、普遍的な世界史を描こうとする際の枠組みとしては適当ではない。[10]

すでに繰り返し述べたように、「イスラーム世界」史という考え方は、「近代」に特有の歴史認識である。はじめにこの名前を持つ空間が想定され、その枠組みに従って空間の特徴が発見され、歴史が紡ぎ出されたのだ。一九世紀的世界認識に基づく地域設定は、現代世界の成り立ちを理解するための世界史にはもはや不要である。

新しい世界史へ

世界史を考えるにあたって、「イスラーム世界」という枠組みを取り払えば、それで問題が解決するわけでは決してない。「イスラーム世界」は、「ヨーロッパ」の対となる概念であり、「イスラーム世界」[11]を使わないということは、「ヨーロッパ」という枠組みをも使わないということを意味する。我が国における現行の世界史理解やその叙述方法の根本的な変換が必要なのである。

もちろん、現在のＥＵ域内に住む人々が、「ヨーロッパ」史を志向することはあってよい。建設中のＥＵのアイデンティティーを過去に求めることは十分に考えられる。イスラーム主義者が「イスラーム世界」史を記そうとするのと同じことである。しかし、現代の私たちに必要なことは、これらの人々と一緒になって「ヨーロッパ」史や「イスラーム世界」史をいかに描くかを考えることではなく、一段高い立場に立って全体を鳥瞰し、一九世紀以来いくつもの人々の集団が自らのアイデンティティー確立のために歴史を必要としてきたということを記し、それがなぜなのかを説明することではないだろうか。宮崎市定は、すでに早くにこのことを主張している。

もし日本人が世界史を書けば、ヨーロッパ的史観を乗り越えた代りに、日本人的史観に陥らねばならず、結局客観的な「世界史」の体系というものは不可能なのであろうか。いな、私は決して失望しない。歴史学が科学であり得る限り、国民の立場を乗り越え、自己の属する文化圏の立場、宗教の立場を越えた、「世界人の世界史」が可能でなければならぬ。[12]

ヨーロッパ世界と西アジア世界との間にも更に明白な対立があるに拘らず、この対立を利用してヨーロッパと西アジアの二つの世界を一段と高所から統合した歴史がついぞ現われていないのは、私には不思議でならない。[13]

私は別稿で、国や民族などある一つのまとまりを設定し、そのまとまりの内の出来事を時系列に沿って整理し、解釈しようとする現在の歴史研究の限界を指摘し、「不連続の歴史」という考え方と現代の地域研究から示唆を得た「歴史的地域」という概念を提唱した。未だ萌芽的な見解ではあるが、これは、過去のある時代に一つの地域を設定し、その全体像を地域研究的手法によって明らかにしたうえで、現代世界をそのような歴史的地域がいくつも積み重なったうえに成立したものとして理解しようとするものである。[14]

また、歴史的地域を考える際には、環境や生態が十分に考慮されるべきだということも強調した。[15] 一九世紀から二〇世紀にかけての時代は、「ヨーロッパ」対「イスラーム世界」、「自由主義」対「社会主義」といったイデオロギーを重視した歴史が記された時代だった。そこでは、人間が環境や生態とどのように関わってきたのかという問題はほとんど顧みられなかった。環境を無視した歴史理解こそが、今日の環境問題の根源だと言うこともできるだろう。大気汚染や水質、土壌汚染、地球温暖化や砂漠化など、環境問題の解決が焦眉の急である現在、必要とされる世界史とは人間と環境や生態の関わり方の歴史を説明するものでなければならない。

イスラームを重視する人たちの「イスラーム世界」

「イスラーム世界」史という枠組みの問題点を指摘し、新しい世界史記述の必要性を提唱することを目的とする本書の主要な論点は以上で尽きている。最後に、現代世界を分析する際に使用されている「イスラーム世界」という語の意味についてもう一度考え、この語の使い方について提言を行っておきたい。

序論で整理した四つの定義のうちの三番目、すなわち、「ムスリムが多数を占める空間」が、なぜ「イスラーム世界」と呼ばれるのだろう。これまでの本書での議論から明らかなように、それは、一九世紀ヨーロッパの進歩的知識人の系譜をひく人々とイスラーム主義者のようにイスラームに重要な価値を置く人々の双方がこの言葉を必要とするからである。現在、この両者によって新たに「イスラーム世界」概念が創造されようとしている。サミュエル・ハンチントンをはじめとする欧米の知識人の考え方はよく知られており、あらためて取り上げる必要もないだろう。それゆえ、ここではイスラームを重視する立場の人々の考え方のいくつかを紹介しておこう。

イラン・イスラーム共和国の大統領をつとめた敬虔なムスリムであるモハンマド・ハータミーは、ハンチントンによる「文明の衝突」という考え方を意識して、「文明の対話」を提唱し、イスラーム教徒はイスラームの共通の家に住むべきであると主張する。[16] 真摯に世界平和を希求するハータミーの見解には傾聴すべき点が多いが、彼はしばしば「イスラーム世界」を現実に存在する空間として語る。

世界全体に及んだ人権に対する侵害は、イスラム世界の外側で起きたものだった。[17] イスラム諸国のそれぞれが、他の国と比較すれば有利なものとして持っている力を活用することによって、イスラム世界全体にいきわたる相互補完的な発展の輪を築き上げる。[18] イスラム革命は、イスラム世界と世界各地の虐げられた人々のあいだに嵐を巻き起こしました。[19]

これらの例に見られる「イスラーム世界」は、地理的に明確に指し示すことはできないが、現実に地球上に存在する空間として認識されている。そして、過去の「イスラーム世界」にしばしば言及することによって、現在の「イスラーム世界」概念が強化される。「ヨーロッパの偉大な文明は、イスラム文明に強く根ざしたものであり、イスラム世界は実は、偉大な文明世界だったのだ[20]」「ルネサンスの歴史家たちはイタリア人について、ビザンチン世界やイスラム世界と継続的に接触を持ちつづけた結果、寛容の精神をつくりあげたと書き残しています[21]」「イスラム世界とヨーロッパ世界の関係は、過去を分けることができないように、将来を分かつこともできません[22]」。

これらを読めば、全ムスリムからなる理想の共同体としての「イスラーム世界」という概念が一方にあり、もう一方で過去や現在において「イスラーム世界」が実際に存在するかのように叙述が進められていることがよくわかるだろう。序論で整理した「イスラーム世界」の定義(1)と定義(3)がない交ぜになってあらわれ、読者は読み進むうちに、あたかも(3)が(1)であるかのように理解してしまう。実際は、それはイスラームを重視する人々がそうあるべきだと考える理想にすぎないのに、である。これらの文章は、現在のイデオロギーとしての「イスラーム世界」の実体化に一役買っているのである。

序論で紹介した加藤博や小杉泰をはじめ、日本のイスラーム研究者の多くは、基本的にハータミーと同じ立場に立って発言している。そのような例として、板垣雄三の文章を取り上げてみよう。板垣は、一九六〇年代の「イスラーム化」プロジェクトを考案し、その後一貫して我が国の中東・イスラーム研究を力強く指導してきた。現代の日本における中東・イスラーム研究の隆盛は、一流の研究者であると同時に、共同研究の組織者としても希有な才能を有する板垣の不断の努力によって達成されたと言っても過言ではない。以下のいくつかの文章は、彼の最近の著述で「イスラーム世界」という語が使用されている例である。

米国の軍事行動が、サウジアラビア、エジプト、モロッコなど米国と親密な関係を保っている国々の政府をも含めてイスラーム世界全体で非常に強い反発を受けたということ、さらには今後世界中にある米国の施設がイスラーム急進派の攻撃の対象として必ずしも安全ではないということ、（中略）などを見落とすべきではない。イスラーム世界において盛り上がってしまった反米的な気分はもはやどうしようもない。しかし、米国の軍事行動の六日後、イラン軍はアフガニスタン国境で大規模な軍事演習をはじめた。米国とどう対峙するかについて、イスラーム世界は一枚岩ではない。欧米対イスラームという二項対立的な短絡思考は成り立たないのである。

反欧米の対抗の論理に立つ政治的急進主義のイスラーム運動だけが今日のイスラーム世界の動向を代表するものではない。東アジア、東南アジア、南アジア、中央アジア・コーカサス、ヨーロッパ、アフリカ、アメリカ大陸、オセアニア、と文字通り全世界いたるところで中東を機軸とするイスラーム教徒の結びつきがもう一つのグローバリズムを実現しつつあることに注目すべきである[23]。

日本がイスラーム世界において長年積んできた信頼という見えざる資産は、この数ヵ月間で完全に失われてしまいました。日本のイメージは、イスラーム世界で地に墜ちたのです。

以前から、ときに「日本は米国から独立していないのか」という疑惑が、イスラーム世界で語られることはありました。しかし、日本がイラクとは対話・対論しようとせず米国に追随する姿を見て、中東のみならず広くイスラーム世界の庶民レベルで、日本をはっきりと敵対者として見直すようになりはじめました。（中略）これまでイスラーム世界の一般の人々は、圧倒的に日本びいきでした(24)。

これらの文章で使用されている「イスラーム世界」という語は、「一般のムスリムすべて」という意味合いを強く持っている。また、全世界いたるところでのイスラーム教徒の結びつきが「イスラーム世界」の動向の一つととらえられていることから、ここで板垣のいう「イスラーム世界」は、地理的に限定された具体的な地域を指してはいない。つまり、この論文で板垣が使っている「イスラーム世界」という語は、理念としてのムスリムの共同体である「ウンマ」（第一の定義）とほぼ等しいと考えてよいだろう。

ただし、注意すべきことは、地理的にはその境域を持たないはずの理念としての「イスラーム世界」が、ムスリムの共同体として現実にこの地球上に存在しているように読める点である。板垣が語る「イスラーム世界」は、現実に存在するのだ。このことは、次の文章を読めばさらにはっきりする。

「世界史において、日本とイスラームのウンマと観念されたもの、つまり常識的にいい換えればイスラーム世界と、これら両者のあいだに認められるパラレリズムの問題にも、目を向けたいと思います」「イスラーム世界との関係において直接性と間接性という関わり方の違いはあったが、西欧と日本とはイスラーム世界の東西の縁辺に位置する顕著な対称性を持っていました(25)」。

これは「「世界史」の中のイスラーム」というタイトルで行われた三木亘、西谷修との鼎談の最初の問題提起の部分の発言である。ここで板垣は「イスラーム世界」をウンマとほぼ同じものだと説明している。しかし、西欧と日本の間に「イスラーム世界」が位置するという考え方や先に引用した「中東のみならず広くイスラーム世界」という表現は、どうしても地理的な境域を持つ「イスラーム世界」、つまり序論の定義(3)「ムスリムが多数を占める地域」を想起させる。本来理念であるはずのものが現実として描かれているのである。これはハータミーの議論と同様であり、さかのぼれば、回教圏研究を行った大久保幸次の考え方にも通じる。板垣をはじめとするイスラーム研究者による論理の展開を、一般の日本人が必ずしも容易に理解できない理由の一つは、ここにあるのではないだろうか(26)。もっとも、板垣自身は、むしろ意識してこの意味での「イスラーム世界」を使っているようである。

意図的にこの語（イラク戦争）を用いるのは、一般の慣用を考慮するだけではなく、むしろ、この用語法のもたらす効果（意味および心象の操作）を問題として検討したいからである。これは、「中東」「イスラーム世界」などの概念に自覚的にこだわる場合と同様だといえよう。用語の作為性を逆手にとって批判の場（意味のアリーナ）を形成しようとするのである。言葉遣いの正しさだけが認識の正しさを保証するわけではない。ことばや意味作用の歪みを吟味することによって逆に正しい認識に到達するという発見の方法が、重要な意味をもつ場合もあるからだ(27)。

ある地域に居住する人々や一つの集団に属する人々の行動や思考の特徴を、その地域や集団の論理に即して説明することが、地域研究を行う研究者の研究態度だとすれば、ここで取り上げた板垣のいくつかの文章はまさにそれを実践している。ムスリムの中で自らがウンマの一員であることを重視する人々の考え方を、彼らの側にたって説明しているからである。しかし、「イスラーム世界」という言葉の理念としての側面が強調されることによって、ムスリムの行動や考え方の多様性が見えにくくなっているとすれば、それは大きな問題ではないだろうか。いずれにせよ、私たちは、板垣やイスラーム研究者がしばしば使う「イスラーム世界」が、序論の定義の(1)と(3)を合わせた独特の概念であるとはっきりと認識したうえで、彼らの発言や文章を読み解く必要があるだろう。

ここで紹介した例からもわかるように、「イスラーム世界」が現在また新たに創造されようとしている。しかし、「ムスリムが多数居住する地域」に住むムスリムは、実際には多様な価値観を持っている。イスラームだけが彼らの生活の規範となっているとは決していえない。彼らをムスリム、ないしは「イスラーム世界」の人々として一括してとらえ理解しようとすると、彼らの考えや行動、価値観に見られる多様性がすべて捨象され、あらゆることがイスラームという要素によって単純に説明されかねない。それは、私たちが実際のこの地域で出会う人々の姿とはあまりにも異なっている。

加藤博は、その著書『イスラム世界論』の中で、「私はイスラム世界そのものを相対化したいのである。イスラム世界がわれわれにとって、普通で「あたりまえ」の世界であることを示したいのである」と述べている。[28] 加藤の意図はよく理解できる。しかし、今日使われている「イスラーム世界」という枠組み自体がある種のバイアスを持っているのだから、この枠組みをどのように説明してみても、その相対化にはつながらないと私は思う。

以上をまとめれば、現代の国際情勢や国際政治を論じる際に、定義(3)の意味での「イスラーム世界」を軽々に用いるべきではないというのが私の考えである。序論で検討した二つの辞典に掲載された「イスラーム世界」の地図は、その点で問題である。これらは、単に「ムスリムが多く居住する地域」という題にすべきである。

「イスラーム世界」という語を使う場合

それでは、今後私たちはどのような場合に「イスラーム世界」という語を使えばよいのだろう。序論で整理したこの言葉の四つの定義に即して、私見をもう一度まとめておこう。

(1)理念としてのムスリム共同体

「イスラーム世界」という語はこの意味で用いられるべきである。それはあくまでもムスリムが理想として頭に描く実体を持たない理念的な空間である。ただし、「世界」という接尾辞は、往々にして具体的な地理的空間を連想させるので、むしろ、「ムスリムすべて」や「ムスリムが理念として持つ共同体」などと表現した方が、紛れがなくてよいのではないだろうか。

(2)イスラーム諸国会議機構
私はこの意味で「イスラーム世界」という語を使用することに反対である。この組織は、いまのところ、ムスリムすべての共同体とは言えないからである。明確な固有名詞（イスラーム諸国会議機構）があるのだから、そちらを使うべきである。

(3)ムスリムが多数を占める地域
この意味で「イスラーム世界」という語を使うべきではない。もし、このように地域を設定することに意味があるなら、文字通り「ムスリムが多数を占める地域」と言えばよい。東はフィリピン南部から西はモロッコやモーリタニアに至る広大な地域を漠然と「イスラーム世界」という言葉でとらえ、内と外から枠をはめることに私は反対である。この意味でこの言葉を使用することによって失うものの方が、得るものよりはるかに大きいと考えるからである。

(4)ムスリム支配者が統治し、イスラーム法が施行されている地域、歴史的「イスラーム世界」
世界史叙述において、この意味での「イスラーム世界」という地域設定は使用されるべきではない。ただし、イスラーム主義者やイスラームに重点を置いて歴史を描こうとする人々が、「イスラーム世界」という語を使ってその歴史を描こうとすることは、彼らの自由である。

私の提案は、あくまでも理念としての意味でのみ「イスラーム世界」という語を使用すべきだということである。むろん、臼杵陽のように、「回教圏、すなわち、イスラームが支配的な地域を研究対象の単位として設定するのは、国民国家を単位とする国際政治の場を相対化する意味で方法論として有効である」「「ダール・アル＝イスラーム（イスラームの家）」を想定したメタ地域的な発想の強みは世界システムを考える上で地理的あるいは地政学的な地域の分割の発想を超えることにある」[29]と、「イスラーム世界」という概念を積極的に研究に用いてみるという発想も可能ではある。しかし、その発想自体はすでに一九世紀には存在していたことを忘れてはならない。また、その発想ゆえに今日の世界における西洋対イスラームという対立の構図が生まれたとも言えることを心にとめておく必要があるだろう。

（1）羽田正『モスクが語るイスラム史――建築と政治権力』中公新書、一九九四年。

（2）羽田正「イスラム都市論の解体」羽田正・三浦徹（編）『イスラム都市研究――歴史と展望』東京大学出版会、一九九一年。この書の改訂英訳版として、Haneda Masashi & Miura Toru (eds.), *Islamic Urban Studies: Historical Review and Perspectives*, Kegan Paul International (London), 1994. がある。

（3）序論で紹介したように、小杉泰が「イスラーム世界」は一旦消滅したと論じるのは、その意味で正しいと言えるだろう。

（4）池内恵「イスラーム世界における政―教関係の二つの次元」酒井啓子（編）『民族主義とイスラーム』アジア経済研究所、二〇〇一年、七一頁。

（5）日本では教会法の研究はあまり盛んではない。私が参照したのは、和田昌衛『ドイツ福音主義教会法研究』創文社、一九七七年だが、そこではカトリック教会法を「自主的且つ可見的共同体としての教会が、その組織、成員及び外部に対する関係、並びに個々の成員の教会的関係を定め、かつ規律するために必要とする法規の総体である」と定義している（五頁）。また、『カトリック新教会法典』日本カトリック司教協議会教会行政法制委員会訳（有斐閣、一九九二年）を読む限り、教会法は聖職者のみならず信徒の生活についての細かい規定を含んでいる。問題はそれを遵守するかどうかである。

（6）「対談　空間性と時間性のなかのヨーロッパとイスラーム世界――地域間交流史の諸相から」『クリオ』vol.18（二〇〇四年）、一〇頁。

（7）羽田正『勲爵士シャルダンの生涯――十七世紀のヨーロッパとイスラーム世界』。もっとも、この本では、ヨーロッパと「イスラーム世界」という二項対立やそれぞれの概念そのものへの疑念は示されていない。現在では、この本の議論の枠組みは全体として変えねばならないと考えている。

（8）だからといって、私はイスラーム主義者が「イスラームだけが特別である」と主張することを非難しているのではない。それは一つの考え方であり、世俗化をプラスの概念だと考えない人々が、宗教を重視しようとするのは当然である。世俗化をマイナスだと見なす人々は、例えばアメリカ合衆国のキリスト教徒の中にも数多い。現代は、世界全体で、行き過ぎた世俗化に抵抗する人々の運動が力を増してきている時代だととらえることもできるだろう。そのなかでイスラームと関連する運動が特に目立つのは、それが同時に欧米先進国への政治的な抵抗運動ともなっているからである。現代世界で頻発する宗教がらみの紛争を見るにつけ、世界各地における世俗化という概念の受容や変容についての歴史社会学的研究が急務だと考える。

（9）例えば、ラインハルト・シュルツェはその著書で、「イスラーム世界」とアラビア語の「ウンマ」が一致するものだと述べている Reinhard Schulze, *A Modern History of the Islamic World*, p.1.

（10）念のために繰り返すが、私はイスラーム主義者やイスラームという要素を重視して歴史を記そうとする人々が、世界史とは無関係に「イスラーム世界」という枠組みを設定することをやめるべきだと主張していうわけではない。ウンマを現実の存在とみてその歴史を描くことは、私にはできない。しかし、イスラーム主義者が、イスラームを中心においた歴史を描こうとするのは、彼らの自由である。

（11）羽田正「「ヨーロッパ」と「イスラーム世界」？——二項対立的世界史叙述の克服にむけて」谷川稔（編）『歴史としてのヨーロッパ・アイデンティティ』山川出版社、二〇〇三年、三一八—三一九頁。

（12）『宮崎市定全集』第二巻、三〇〇—三〇一頁。

（13）『宮崎市定全集』第二巻、三〇四頁。

（14）羽田正「歴史学・東洋学とイスラーム地域研究」佐藤次高（編）『イスラーム地域研究の可能性』東京大学出版会、二〇〇三年、四〇—四六頁。

（15）羽田正「「ヨーロッパ」と「イスラーム世界」？」三二〇—三二二頁。

（16）モハンマド・ハタミ著、平野次郎訳『文明の対話』共同通信社、二〇〇一年、四四—四六頁。

（17）モハンマド・ハタミ『文明の対話』九—一〇頁。

（18）モハンマド・ハタミ『文明の対話』五七頁。

（19）モハンマド・ハタミ『文明の対話』一二三頁。

（20）モハンマド・ハタミ『文明の対話』一一頁。

（21）モハンマド・ハタミ『文明の対話』三三頁。

（22）モハンマド・ハタミ『文明の対話』三四頁。

（23）板垣雄三『イスラーム誤認』七—八、九頁。

（24）板垣雄三『イスラーム誤認』一三二頁。

（25）『イスラームとは何か——「世界史」の視点から』（別冊『環』④）藤原書店、二〇〇二年、一三頁。

（26）西谷修は「板垣さんたちがもう三〇年、四〇年と頑張ってこられたのに、日本でのイスラーム観が全然改まらない、イスラーム圏の重要さが全然認識されない」のはなぜか、と板垣自身に問うている。三木亘を加えた三人での討論は刺激的で大変興味深いが、「ヨーロッパ」と「イスラーム」という枠組みで議論を組み立てようとする限り、新しい展望は開けないというのが私の感想である。「〈鼎談〉「世界史」の中のイスラーム」『イスラームとは何か――「世界史」の視点から』（別冊『環』④）一八頁。

(27) 板垣雄三「イラク戦争と二一世紀の世界秩序」藤原修・岡本三夫（編）『いま平和とは何か』法律文化社、二〇〇四年、四三―四四頁。

(28) 加藤博『イスラム世界論――トリックスターとしての神』二〇〇頁。

(29) 臼杵陽「戦時下回教研究の遺産」二〇二―二〇三頁。

おわりに

何よりもまず自己批判から始めねばならない。大学院入学以来一九九〇年代末までの二〇年以上に亘って、私はさほど深く考えず、無批判、無限定に「イスラーム世界」という言葉を用い続けてきた。かつて「東方イスラーム世界史」という地域概念を提唱したことがあるし、自らの専門を「イスラーム世界史」と記したこともある。研究を進めるにあたっての大前提の枠組みに対して、あまりに鈍感だったと大いに反省している。

とはいえ、一九三〇年代に「イスラーム世界」という概念が発見され、意識的に用いられるようになって以後、日本では、この言葉を用いて歴史や現在を語ることの重要性が常に強調される一方で、この枠組みを使っての研究や現状分析に問題があると主張した人は私の知る限り一人もいない。「イスラーム世界」という地域・空間概念は、私が学問の道を志したときには、すでにそこに確固として存在していた。この言葉に魅せられて私は研究を始めたとも言えるほどだ。だとすれば、やや自己弁護的だが、私が最近まで「イスラーム世界」史という歴史のとらえ方に疑問を持つことがなかったのも、やむをえなかったのではないかとも思う。

しかし、一旦「イスラーム世界」史という歴史叙述の枠組みが持つ問題点に気づき、本書これだけ大胆にそれを指摘した以上、私は自らの退路を完全に断ったつもりである。これまでと同じ視点や問題意識を持って研究を続けるわけには行かない。行く先がわかっているわけではないけれども、とりあえずは一人で前に進むしかない。進路が険しいことは間違いない。しかし、そこには新しい道を切り拓く喜びが待っているはずだ。本書をお読みになった皆さんが、一人でも多く私と同じ道を進む同志となって下さることを願っている。

一六―一七世紀イラン地域の政治・社会史研究という狭い専門分野に閉じこもっていた私が、時間としては前近代から現代まで、空間としてはアラブ世界、ヨーロッパや日本をも対象とするとてつもなく大きな本書のテーマに挑戦した理由はいくつかある。一つめは、一九九七年から五年計画で実施された「イスラーム地域研究」プロジェクトに参加したことと、同じ一九九七年に本格的な編集作業が始まった『岩波イスラーム辞典』の編集委員となったことである。どちらの活動においても、中東地域研究や現代イスラーム研究を専門とする研究者たちと建設的で有意義な議論を積み重ねることができ、私の関心と知識は大きく広がった。リーダーとして私をそれぞれの計画にお誘い下さった佐藤次高（当時東京大学大学院人文社会系研究科教授）、山内昌之（東京大学大学院総合文化研究科教授）両氏には、心から感謝している。

二つめは、私が講義を担当する東京大学大学院総合文化研究科地域文化研究専攻の同僚、とりわけフランス科の研究者たちから受けた学問的な刺激である。工藤庸子、石井洋二郎両氏をはじめとする面々は、セミナーや書物の共同執筆に門外漢の私を暖かく迎え入れ、フランスやヨーロッパ地域文化研究の面白さと可能性を存分に教えて下さった。工藤氏は「歴史学との対話が可能になるような、開かれた文学研究」を目指して、『ヨーロッパ文明批判序説』（東京大学出版会、二〇〇三年）を出版されたが、本書はその問いかけに対する一歴史学者からの遅まきながらの回答である。今後多くのヨーロッパ研究者とさらに豊かで意味のある対話を続けてゆければ幸いである。

三つめは、一九九九年頃から始まった学内の理系研究者たちとの交流である。学問という同じ世界に生きているはずの工学、農学、医学や理学の専門家に、私の研究の内容と意義を説明することは存外に難しかった。会議や共同研究、それに酒の席を通じて親しくなった彼らとの「異文化交流」を通じて、文系研究者の私は、自分が何をどのように研究し、その成果をどのように公表するべきかを真剣に考えた。その解答の一つが本書である。研究者はもっと互いの関心を知り合った方がよい。それによって、何よりも知の世界全体の中での自分の研究の位置がよくわかる。また、思わぬところに興味深い共同研究の種がころがっているかもしれない。友人の理系研究者たちはこの本を手にとって、果たしてその内容と意味を十分に理解してくれるだろうか。「相変わらず小難しい議論ばかりして」と叱られそうな気もする。いずれにせよ、本書によって一つの区切りがついた。私は近い将来にぜひ、理系の研究者と協力して人間と環境の相互作用を主たるテーマとする世界史を描いてみたいと願っている。

四つめは、言うまでもなく、二〇〇一年九月一一日以後の我が国における言説や世界認識のゆがみへの憤りである。プラスの意味でもマイナスの意味でも、イスラームや「イスラーム世界」という語を使ったあまりに安易な解説や現状分析が、マスコミだけではなく、専門家と言われる人によってもしばしば行われている。本書の主張と提案が、いわゆる専門家だけではなく一般知識人にも広く受け入れられ、正確でわかりやすい解説によって、人々がバランスのとれた現状理解と世界認識を獲得できるようになることを期待したい。

次に簡単に本書執筆の経緯と方法について記しておく。「イスラーム世界」という言葉に問題があることにはかなり早い時期に気づいていたが、当初は何をどう調べ、どのように論述すればよいのかまったく分からなかった。しかし、二〇〇二年の早春以来、何度か研究会や講演会で話をする機会を与えられるうちに、徐々に私の頭の中で問題点が整理されてきた。具体的には、二〇〇二年二月の「イスラーム地域研究」講演会、二〇〇三年二月の東京大学東洋文化研究所、三月の京都大学西洋史研究室主催二一世紀COEプログラム研究会と日仏東洋学会、五月の島根県立大学、一一月のパリCNRS、二〇〇四年七月の東京大学東洋文化研究所、九月の「イスラーム都市研究」著者の会、一〇月の総合地球環境学研究所、一一月の慶応義塾大学言語文化研究所での報告や講演がそれである。それぞれの会合を設定して下さった方々と、その場に出席し適切な意見や助言を下さった方々にあらためてお礼を申し上げたい。

とりわけ、私の勤務先である東京大学東洋文化研究所での二度の研究会では、学問分野や地域を超えて様々な意見やアドヴァイスを頂いた。貴重な示唆のいくつかは、本書の叙述に活かされているはずである。いちいちお名前を挙げることはしないが、同僚諸氏のご好意に深く感謝する。また、二〇〇四年度に非常勤講師を依頼された大学（東京外国語大学と大阪大学）の講義でも、本書の内容の一部を話し、学生たちから率直な感想を聞かせてもらった。これらの報告、講義、講演を行う一方で、二〇〇二年以来、本書の内容と直接関連するテーマで以下の四本の論文を執筆・公刊した。

1 「「イスラーム世界」史の解体」『別冊環④ イスラームとは何か――「世界史」の視点から』藤原書店、二〇〇二年五月

2 「「ヨーロッパ」と「イスラーム世界」？――二項対立的世界史叙述の克服にむけて」谷川稔（編）『歴史としてのヨーロッパ・アイデンティティ』山川出版社、二〇〇三年一一月

3 「歴史学・東洋学とイスラーム地域研究」佐藤次高（編）『イスラーム地域研究の可能性』（イスラーム地域研究叢書1）東京大学出版会、二〇〇三年一一月

4 「ムスリムの地理的知見と世界像」林佳世子・桝屋友子（編）『記録と表象――史料が語るイスラーム世界』（イスラーム地域研究叢書8）東京大学出版会、二〇〇五年二月

このうち、最初の二つの論文は本書のテーマを本格的に考える端緒となったもので、個人的に愛着はあるが、いまとなってみれば論の進め方が粗く、論拠も十分ではなかったので、本書では、序論で一部を利用した以外はそのままの形では採用していない。ただし、本書とこれらの論文の論旨が大きく異なっているわけではない。3の論文は、本書の第Ⅱ部第三章

の中で部分的に活用した。４の論文（二〇〇三年秋に脱稿）は、本書のテーマにとって不要だと思われる個所を相当程度削除し、新しいデータをいくつか加えた上で、本書の第Ⅰ部第一章として利用した。つまり、本書は、第Ⅰ部第一章と第Ⅱ部第三章の一部を除いて、実質的にはほとんど全文新たな書き下ろしである。

原稿がほぼ完成した段階で、私市正年、林佳世子両氏のご意見をうかがい、初校の段階で、大塚修、渡邊祥子両氏に閲読をお願いした。お忙しい中、読みにくい原稿の通読を快くお引き受け下さり、貴重な情報やコメントを数多く寄せて下さった四氏に心からお礼申し上げる。ただし、本書に含まれるだろう表記や解釈の誤りが、筆者である私一人の責任に帰することは言うまでもない。

上記３、４の二本の論文を編集する過程での雑談の中で、「イスラーム世界」に関わる私のとりとめもない話に辛抱強くおつきあい下さり、その内容を本にするように勧めて下さったのは東京大学出版会の山本徹氏である。山本氏は出版のための諸手続を迅速に進め、実際の編集作業でも所々に細かい配慮をして下さった。心からの謝意を表したい。

二〇〇五年初夏

羽田　正

補章　「イスラーム世界」とグローバルヒストリー――十五年後の世界で

十五年の時を経て

本書の原著である『イスラーム世界の創造』が刊行されたのは二〇〇五年七月のことである。それから十五年が経った二〇二〇年の暮れにこの文章を記している。

わずか十五年ではあるが、この間にも世界は大きく変化し続けている。二〇〇五年の時点では、あらゆる面でのグローバル化が不可逆的に進むように見えたものだが、二〇一〇年代半ば頃からは国家単位で政治や経済のあり方を見直す動きが世界各地で目立って広がってきた。イギリスのEU離脱やトランプ・アメリカ大統領の「アメリカ第一」政策はその代表的な例である。一方、この十五年の間にスマートフォンとSNSによって発信、拡散される情報の量は加速度的に増加した。今では信じられないことだが、二〇〇五年の時点では、フェイスブックはまだほとんど知られておらず、ツイッターは存在すらしていなかった。アイフォンがアメリカで発売されるのが二〇〇七年のことである。政治分野とは異なり、情報分野におけるグローバル化の流れを押しとどめることは難しいように感じられる。

この間、イスラーム教やムスリムに関連した重要な出来事も数多く生じた。その中でも特に注目を集めたのは、1．二〇一〇年に始まる「アラブの春」、すなわち多くのアラブ諸国で起こった反政府運動、2．二〇一四年から一七年にかけて、イラクとシリアにまたがる広い領域を支配した過激派組織「イスラーム国」の活動、そして、3．預言者ムハンマドの風刺画を掲載したフランスの週刊誌シャルリー・エブド（Charlie Hébdo）編集部への襲撃（二〇一五年）だろう。そのすべてがSNSによる情報のグローバル化と密接に関係している。それぞれについて、ここで詳細な検討は行わない。しかし、これらの事件を整理して理解しようとする際に、「イスラーム世界」という語を、理念としてのイスラーム世界、すなわち「すべてのムスリム」以外の意味で用いると、誤解や混乱が生じるということだけは指摘しておきたい。

1は主としていくつかのアラブ諸国において起こった政治運動である。エジプトのムスリム同胞団の活動のように、そこにイスラーム教の要素が見られる場合もあったが、運動が生じた国にはその国に独自の政治・経済・社会的な条件があり、すべての運動を同じ文脈で説明することはできない。多くの場合イスラーム教や理念としてのイスラーム世界が表に出ることはなかったし、ムスリム住民が多数を占める非アラブ諸国には同種の運動は広がらなかった。1を説明するために、「イスラーム世界」という語を使うことは難しいし、実際、そのような例はほとんどなかった。

2はイスラーム教を正面に掲げた政治運動である。「イスラーム国」の指導者はカリフを名乗り、ムスリムが団結して敵と戦うように呼びかけた。その意味では、これは一種の汎イスラーム主義の運動であり、理念としてのイスラーム世界の実体化を企てたとも言えるだろう。しかし、住民の多数がムスリムである地域、さらには世界各地のムスリムの間にこの勢力への支持は広がらなかった。「イスラーム国」の目指した理念としてのイスラーム世界は、多くのムスリムには受け入れがたいものだったのだ。あるいは、「イスラーム国」が提唱したのは、理念としてのイスラーム世界ではなかったということなのかもしれない。この事件について語る際には、今ここで記したような文脈で「イスラーム世界」という語を用いることはできるだろう。しかし、「イスラーム国」と「理念としてのイスラーム世界」は厳密に区別して説明されるべきである。

3の事件の犯人たちは、週刊誌シャルリー・エブドの風刺画がイスラーム教とその預言者を笑いものとし、ムスリムを侮辱していると考え、それに対する報復として、この週刊誌の編集部を襲撃し、編集者や画家たちを殺害した。ヨーロッパ諸国のメディアにはそれまでも同種の風刺画が繰り返し掲載され、それに対して世界各地で多くのムスリムが不快感や怒りを覚えていたことは事実である。犯人たちはその怒りのエネルギーを背景に過激な行動に出たのかもしれない。

しかし、この事件を「イスラーム世界の怒りの表れ」や「イスラーム世界の支持」といった表現で説明することはできない。「イスラーム世界」すなわちすべてのムスリムが、犯人たちの過激な行動を許容しただろうか。答えは間違いなく否である。ムスリムの多くは、非ムスリムと同様に暴力に反対している。また、風刺画の表現を行き過ぎと捉え、不快感や怒りを覚えていたのはムスリムだけではなかったということを忘れてはならない。「イスラーム世界」という語を用いることによって、ムスリムとそれ以外の人々の間に明確に線が引かれ、両者は二分法的に意識される。それがさらなる対立を生む。これこそ避けねばならない「イスラーム世界」の認識方法である。

このように、刊行されて十五年が経ち、この間に生じた多くの新たな事態を目の当たりにしても、私は「イスラーム世界」という語を理念としての意味でのみ限定的に使用すべきだとする原著の主張を変更、修正する必要はないと考えている。現実の世界の状況を説明する際には、誤解を避けるために、「イスラーム世界」という語ではなく、「すべてのムスリム」という表現が用いられる方がよいとも思う。今でも無批判に「イスラーム世界」という語を用いた解説や記事は見られるが、気のせいか、その頻度は低くなってきているように感じる。あるいは世界の耳目を集めるような大事件が生じず、単にメディアによるイスラーム教やムスリムへの言及が少なくなっただけなのかもしれない。しかし、一定の理解が進み、ムスリムを一枚岩であるかのように捉える単純な説明では現実の複雑な事象を理解できないと考える人の数が増えてきたことは事実だろう。

世界史を語る言語

本書の終論では、現行の世界史理解やその叙述方法を根本的に変更し、新しい世界史叙述を実現することが重要だと説かれている。有言実行。この十五年の間、私は「イスラーム世界」や「ヨーロッパ」を叙述と理解の枠組みの前提とはしない世界史とはどのようなものであるかについて検討を重ね、何冊かの著書や編著を公にした。[*] その過程で、単に世界史に限らず歴史研究、さらには人文学研究全般に関わる重要な論点に気づいた。それは本書で論じた内容とも大いに関わる。そこで、ここで新しい世界史叙述を実現しようとする際に直面する課題を、イスラーム世界という概念の話と絡めながら論じてみたい。その課題とは、世界史を語る言語と著者の立ち位置である。

＊その主なものは、以下の通りである。単著『東インド会社とアジアの海』（講談社、二〇〇七年）、『新しい世界史へ』（岩波新書、二〇一一年）、『グローバル化と世界史』（東京大学出版会、二〇一八年）。編著『海から見た歴史』（東京大学出版会、二〇一三年）、『地域史と世界史』（ミネルヴァ書房、二〇一六年）、『グローバルヒストリーと東アジア史』（東京大学出版会、二〇一六年）、『グローバルヒストリーの可能性』（山川出版社、二〇一七年）。

世界史とは、世界の過去を俎上に載せ、それを体系的に理解することだ。だとすれば、日本だけではなく世界各地の歴史研究者と意見と情報の交換を行わねばならない。こう考えた私は、過去十年ほどの間、国内・海外の研究者たちと世界史に関わる共同研究を積極的に展開してきた。そのうち、私の考え方に特に大きな影響を与えたのは二つの国際共同研究である。

一つは、二〇一一年から二〇一三年にかけて、復旦大学の葛兆光教授、プリンストン大学のベンジャミン・エルマン（Benjamin Elman）教授と私が共同で開催した「世界史／グローバルヒストリーと東アジア」をキーワードとする三回の国際会議である。もう一つは、ベルリン自由大学のセバスチャン・コンラート（Sebastian Conrad）教授、ベルリン・フンボルト大学のアンドレアス・エッカート（Andreas Eckert）教授、フランス社会科学高等研究院のアレッサンドロ・スタンツィアーニ（Alessandro Stanziani）教授、それにプリンストン大学のジェレミー・エイデルマン（Jeremy Adelman）教授と共同で、二〇一四年に立ち上げたGlobal History Collaborativeというグローバルヒストリーの国際教育研究ネットワークを通じた様々な活動である。

グローバルヒストリーは、今世紀に入る頃から盛んになってきた歴史研究の新しい手法である。一つの国という枠組みを絶対視するのではなく、世界全体を意識しながら研究対象にアプローチするという点に特徴がある。国境を越えてつながる人々の動き、モノや知識の移動と変容などに注目する「接続された歴史」、空間や時間軸を柔軟に設定し複数の対象を比較して理解を深める比較史などがその代表的な手法である。私は新しい世界史叙述実現にはこのグローバルヒストリーという研究手法を用いることが効果的だと考えている。

前者の三回の会議の具体的なタイトルを以下に記す。「世界史／グローバル・ヒストリーの文脈における地域史」（二〇一一年、於東大）、「世界史／グローバル・ヒストリーにおける東アジア」（二〇一二年、於復旦大）、「せめぎあう「世界史」」（二〇一三年、於プリンストン大）。三人の責任者が皆「世界史／グローバルヒストリー」という研究方法と「東アジア」という地域概念に関心を持っていたがゆえに実現した連続会議である。

中国、アメリカ、日本の研究者が集まって各自の関心を紹介することに主眼を置いたこの三回の会議開催にあたっての最大の問題は言語だった。当初、会議言語を英語と中国語の二つにしようという提案があったが、これは私が頑強に拒んだ。なぜ日本語が除外されねばならないのか、その理由が分からなかったからである。また、中国や東アジアの歴史に関心を持つ各国の研究者が対等の立場で集まる会議の言語を英語だけにすることには、三人ともに抵抗があった。言語運用能力の点で、プリンストン大の研究者だけが圧倒的に優位な状況となるのは避けるべきだと考えたのである。

三人で何度も相談した末に出した結論は、報告と討論は中国語、英語、日本語の三言語のいずれかで行い、会場では他の二つの言語への同時通訳をつけるというものだった。これは手間暇とコストがかかり、しかも通訳がどれだけ正確に行われるか分からなかったので、できれば避けたい方法だった。しかし他に妙案はなかった。

結果として、三つの言語を使った会議での意見と情報交換は興味深く、有意義だったと思う。何よりも、三言語を用いる会議を開催したことにより、私は人文学における研究言語という根本的な問題に正面から向き合うことができた。そして、人文学や社会科学の多くの分野において、日本語での研究と成果発表を行うことには意味があるとの確信を得た。その理由を以下で説明しよう。

三回の会議を成功裏に終え成果報告の出版について話し合う段になって、再び言語が問題になった。中国、アメリカ、日本の研究者各五名による合計十五本の論文を集めた論文集を何語で出版するのがよいのかということである。結論は比較的簡単に出た。会議の場合と同様、三つの言語で出版することにしたのである。

例えば、日本語の論文集の場合は、英語と中国語で記された論文各五本を日本語に翻訳し、十五本の論文がすべて日本語で読めるようにした。編者である私が冒頭で問題の所在について述べ、その内容に則してこの十五本の論文を二つのグループに分けて並べた。中国語については葛教授、英語についてはエルマン教授が責任編者となり、同様の作業が行われた。そして、『全球史、区域史与国別史』（中華書局、二〇一六年）、『グローバルヒストリーと東アジア史』（東京大学出版会、二〇一六年）、*The "Global" and the "Local" in Early Modern and Modern East Asia* (Brill, 2017) という三冊の書物が順次刊行された。

この三冊の書物を出版する際に、ある「事件」が起きた。それは、英語の論文集のために翻訳された私の論文で用いられている鍵概念である「世界史」に関わるものである。日本語の論文集における私の論文のタイトルは「新しい世界史と地域史」だった。私はそれを"A New World History and Regional Histories"と翻訳していた。ところが、英語論文集を出版するBrill社の編集者が、校正の際にそれを"A New Global History and Regional Histories"と修正してきたのだ。論文の本文中の"world history"という語句の多くも"global history"に修正されていた。私はこれらの修正に異議を唱え、"global"を"world"に戻してほしいと要求した。ところが、編集者からの回答は、「それだと意味が通じなくなる」だった。

日本語に「新しい世界史」という表現はあるが、「新しいグローバルヒストリー」という言い方はしない。グローバルヒストリーという語そのものに世界史を刷新するという含意があるからだろう。一方、特にヨーロッパの英語では、“world history”はヨーロッパの発展にだけ焦点を当てた古い歴史理解の枠組みで、世界全体を対象として人類の過去を体系的に記述するのが“global history”だと理解されることがある。この“global history”は、日本語の世界史の意味に近い。編集者は、“world history”は刷新することはできない、新しくするなら“global history”だと考えたのかもしれない。いずれにせよ、「世界史」と“world history”、「グローバルヒストリー」と“global history”の意味が微妙に異なっていることは間違いない。私の論文は、グローバルヒストリーという研究方法を用いて新しい世界史を描くべきだということを強調している。タイトルや本文中の world history を global history に置き換えた場合、この意図は正しく伝わるのだろうか。

この時、私には本文中の一つ一つの用例を取り上げて world と global の使用の当否を編集者と英語で意見交換する時間的、精神的な余裕がなかった。また、意見交換によって、もし論文全体を大幅に修正することになるなら、論文集の刊行に支障をきたしかねないことを恐れた。そのため、私は編集者の修正をそのまま受け入れ、論文集は無事に期日通り刊行された。しかし、この時の判断が正しかったのかどうか、未だに確信は持てない。果たして、私が重要だと考え、日本語で論じた内容は、英語しか理解しない読者に正しく伝わっているのだろうか。もし私のメッセージが誤解されて伝わっているなら、論文を出版したことに意味があったと言えるのだろうか。

この時にはこの他に事件はなかったが、もしかすると、日本語論文集の場合も、もとは英語や中国語で記された論文を日本語に翻訳したことによって、元来の論文の主張や意図が微妙に変化したことがあったかもしれない。いずれにせよ、この一件によって、私は日本語の「世界史」、「グローバルヒストリー」を字句通り、“world history”、“global history”と英語に翻訳しても、意味が通じない場合があるということを知った。単語そのものを逐語的に翻訳することはできるが、その単語の持つ価値や単語を使う文脈、さらにはその単語の背景にある知の体系は同一ではない。私が元来日本語で書いた論文の文脈と論理、使用されている語句の意味と価値は日本語に独自のもので、それをそのまま逐語訳すると英語では意味が通らなくなってしまうのだ。翻訳は難しい。

もっとも、これは「世界史」に限った話ではないだろう。どの言語を使って考え研究成果を発表するかは、歴史研究、さらには人文学研究全般に関わる重要な問題であるはずだ。

研究者の立場性

この点は、もう一つの論点である研究者の立場性の問題と直結する。研究者がある事象について論じようとする際、それを何語で語るか、別の表現を使えば、研究者の立ち位置は決定的な意味を持つのではないか。世界には多くの言語があるが、その一つ一つがその言語によって積み重ねられてきた知の体系を背景として有している。ある「発見」はその知の体系の中で意味と価値を持つ。例えば、日本語における「世界史」には日本語に独自の意味があり、それゆえにこそそれを新しくすることには価値があると私は考えている。しかし、Brill

の編集者による限り、英語の場合、新しくすべきなのは“world history”ではなく、“global history”なのである。

一人の研究者は、ある言語による知の体系を背景として持ち、対象を定めて研究を遂行し、その成果をその知の体系の文脈に沿って論理立てて発表する。例えば、上で述べた三冊の論文集の場合がその典型である。言語は異なるが、三冊の書物の中には同じ十五本の論文が入っている。しかし、本自体の題名は微妙に異なり、冒頭に置かれた編者による問題の所在の内容は異なり、章立てや論文の配列も、三冊がそれぞれ独自のスタイルをとっている。これは責任編者が、三回の会議での重要な論点を自らの関心に則して選び出し、その論点を読者に効果的に伝えるためにはどのような順に論文を並べ、どのようなタイトルを本に付けるかを検討した結果である。当たり前のことだが、同じ会議に参加し、同じ報告を聞いても、日本語、中国語、英語による知の体系の文脈によって、さらには研究者自身の関心や価値観によって、何が重要かは異なるのである。この三冊の書籍の存在そのものが、同じ対象の見え方や理解の仕方が研究者の立ち位置によって異なるということをはっきりと示した例だと言えるだろう。

研究者の立場性の問題は、Global History Collaborative のネットワークを通じて、海外の研究者たちと議論を重ねる際に何度も感じたことである。

例えば、私はテーマの決まった研究集会や大学院学生のためのサマースクールなどの場で、「イスラーム世界」という概念を生み出した「ヨーロッパ」、あるいは「西洋（the

West)」という概念の曖昧さと恣意性、それらを枠組みとする歴史解釈の問題点をしばしば指摘した。アメリカやドイツ、フランスの研究者たちは問題があることには同意する場合があった。特に、ヨーロッパ中心的な歴史解釈には彼ら自身も大いに反対する。しかし、「ヨーロッパ」や「西洋」という枠組みを使わずに過去を語るという私の大胆な提案に強い賛意を示したことは、これまでのところない。彼らにとって、これらの枠組みは自らの帰属意識の根源となっているからかもしれない。

海外の研究者と意見交換をする機会が増えると、どのような立場から過去を見るかによって、テーマに対する関心や問題の立て方に相違がみられることを実感する。例えば、アメリカや西ヨーロッパの歴史学者の多くは、東アジアの前近代の過去のことを縁遠く感じ関心を持たないようだ。これまで中国や日本などに関心を持つ少数の「地域研究」専門家によって彼らの知の体系の中で特殊な側面を強調されてきたこの地域の事例を、自分たちの知る世界史にどのように組み込めばよいのかということについて、十分な知識と経験がないのだと思う。中国や日本の前近代は、「あちらの世界」の話なのである。最近徐々に状況が変わってきたとはいえ、それは日本において特殊性、独自性を強調されることの多い「イスラーム世界」史研究とも共通するところがあるだろう。

少なくとも、世界史、そして歴史の研究においては、使用する言語とその知の体系、それに研究者の立場性に左右され、研究成果は一つには定まらない。世界のどこでも共有されると言う意味での普遍的な理解や叙述は存在しないということが、過去十年にわたる共同研究から得た私の確信である。いくつもの見方がありうるのだ。

だからこそ、日本語による研究とその成果の発表が重要なのである。そして、その成果を何とかして日本語を読めない人にも理解してもらうための翻訳の努力も必要だ。できる限り他の言語で記された研究成果に触れ、他の言語による過去の理解を知ることも大事である。多様な意見や見方が相互参照されることによって、新しい有意義な見解や価値が生まれるからである。研究者は自らの研究成果を発表する言語と自らの立ち位置について十分に自覚的でなければならない。

本書の限界

著者が用いる言語と著者の立ち位置に注目してもう一度本書を読み直してみると、その主張には明らかな限界があることが分かる。それは議論が日本語の知の体系の中にとどまっていることに自覚的ではないという点である。

言うまでもなく、本書は日本語で記されている。巻末の文献一覧を見ても分かるように、日本語による研究の成果が多く使用されている。序論で「イスラーム世界」という語の曖昧さについて論じる際に引用した文献は、すべて日本語のものである。私が本書で批判する「イスラーム世界」という語の曖昧さは、日本語による知の体系におけるそれなのである。そもそも、私が「イスラーム世界」という概念や枠組みについて調べてみようと思い立ったのは、日本における世界史の理解の仕方に疑問を持ったからだ。

ところが、本書では、外国語において「イスラーム世界」という語がどのように使用されてきたのかという点についても一定程度論じている。その論じ方は、言語の違いに関係なく、あたかも世界に共通の「イスラーム世界」という概念が存在しているかのように読める。しかし、上で記したように、言葉が違えば、単語の意味とそれが使われる文脈が微妙に変わり、ひいてはある事象の理解の仕方が異なってくる。

十五年前には、私はこの点に十分な注意を払っていなかった。英語には英語に特有の"the Islamic World"、あるいは"the Muslim World"の意味、用法、価値、さらには知の体系の中における位置があるはずだ。それが曖昧かどうかや、日本語における同種の語句との意味の共通点や相違点は、英語におけるこれらの語句の用法と意味を網羅的に調べてみなければならない。第二部では、英語の他にフランス語、ドイツ語、ロシア語、それにアラビア語やペルシア語における「イスラーム世界」という単語についても論じた。今思えば、この部分は、各言語における用例や意味をもっと丁寧に、かつ包括的に検討すべきだったと思う。

しかし、すべての言語について「イスラーム世界」にあたる語の悉皆調査を行うことは、一人の研究者の手に余る。その点で、三年前にジェミル・アイドゥン（Cemil Aydin）によって刊行された『ムスリム世界という認識（*The Idea of the Muslim World: A Global Intellectual History*）』（Harvard University Press, 2017）と題する作品は興味深い。本書と問題意識を共有するこの本によって、英語圏における"the Muslim World（the Islamic

World ではない)〟の意味や用法について、ある程度まとまった知識を持つことができるようになった。もちろん、これはあくまでも英語における「イスラーム世界」概念の検討である。他の言語における同種の語の意味や用例についても慎重に検討しそれらを総合してはじめて、世界の言語全体におけるこの概念の意味や用法の共通点と相違点が明らかになり、言語を越えて共通する問題点があれば、それへの対応を提案することができるだろう。

空間や言語などある特定の条件の下で一つの概念が生まれ、それが他の地域や言語に伝わり、そこでまた独自の意味を獲得して行く。「イスラーム世界」という語は、その一例である。この現象をグローバルに、歴史的な観点から把握し、地域や言語ごとの特殊性とそれらを超えた共通性や知の連動を理解することは、新しい世界史の構想にとって非常に重要である。十五年前に出版され、日本語における「イスラーム世界」概念の批判という使命を果たした原著は、本書によって、グローバルヒストリーという手法を用いた新しい世界史構想のための一つの材料として新しい生命を与えられたと言えるだろう。

学術文庫版のあとがき

本書は二〇〇五年に刊行された拙著『イスラーム世界の創造』（以下、原著）の文庫版である。原著の本文はそのまま残し、明らかな字句の不統一や誤りは訂正した。しかし、それ以外は、特に手を加えていない。本文の後に新たに短い補章を付し、原著刊行から十五年が経った現在、本書の内容に関連して私が考えていることを記した。

この十五年の間に、「イスラーム世界」という空間概念をめぐって、あるいは戦前の日本におけるムスリムの活動について、国内外でかなり多くの研究成果が発表されている。しかし、本書ではこれらの研究を批判したりその成果を組み込んだりして本文を改訂することは控えた。世界史に研究の重点を移したこともあり、私がこれらの研究すべてを十分に把握し咀嚼《そしゃく》しきれていないことがその主な理由である。

その意味で本書の内容は十五年前の水準にとどまっている。とはいえ、前近代のムスリムによって記された歴史書には「イスラーム世界」史というとらえ方が見られないこと、一九世紀に西ヨーロッパで「イスラーム世界」という概念が成立したこと、二〇世紀前半にこの言葉が日本語へ導入され、日本語の中で独特の意味を持ったことを骨子とする三つの部の所説と、それを背景としてイスラーム世界史やヨーロッパ史を無批判に世界史叙述の単位とするべきではないという原著の主張は、大筋で変更する必要はないと信じている。

たまたま本書の校正と補章執筆の時期に、東京大学が主催する国際会議である「東京フォーラム2020」がオンラインで開催された。「未来を形作る（Shaping the Future）」という十年続く総合タイトルの下、今年は「人新世における人類共有の地球環境、グローバル・コモンズの管理責任（Global Commons Stewardship in the Anthropocene）」がテーマとして取り上げられ、世界各地の研究者、経営者、政策決定者、ＣＳＯらが熱い議論を交わした。きわめて新しい概念とテーマについての先駆的、しかし重要な会議である。英語のタイトルが先にあり、それをどのような日本語にするのがよいのか、準備の段階で、運営責任者の私はプログラム責任者の石井菜穂子氏と議論を重ねた。

それまで日本語に置きかえられることのなかった概念“Global Commons”を日本語でどう表わせばよいのだろう。一つの言語体系の中で意味、文脈と価値を持つ言葉を、別の言語体系に移しかえることの難しさを思い知った。翻訳という作業は決して簡単ではない。特に新しい概念が関わる場合はそうである。議論の途中、なぜかかつて日本語で「回教圏」や「イスラーム世界」という概念を創り出した人々のことが私の頭をよぎった。

この会議での報告によると、現状のまま環境破壊が進むと、二〇三〇年には地球環境システムが制御不能になるという。それから何をしても、もう手遅れなのだという。私たちはあらゆる手立てを使って、自分たちの手による環境破壊をこの十年の間に食い止めねばならないのだ。

　このような緊急時に歴史学者に何ができるだろう。環境と人間のかかわりを歴史的に振り返ってみることは大事だろう。また、国や地域同士の対立を生む歴史解釈ではなく、「地球の住民」意識を人々に植え付けるような世界史の解釈と理解を生み出すことも重要な貢献となるはずだ。迂遠ではあるが、私はこのような道を進んでゆきたい。原著は、私が現実の社会と歴史研究のつながりを強く意識するきっかけとなった自分自身にとって記念碑的な作品である。版元で品切れとなっていた原著に、講談社学術文庫の一冊として新たないのちを吹き込んで下さった講談社編集部の梶慎一郎さんには厚くお礼を申し上げたい。また、講談社校閲部の丁寧で緻密な仕事にも大いに感謝している。

二〇二〇年　一二月

羽田　正

典』有斐閣, 1992年.
『日本教科書大系近代編』15-20巻, 講談社, 1962-66年.
日本・トルコ協会七〇年史編纂委員会（編）『日本・トルコ協会七〇年史』日本・トルコ協会, 1996年.
羽田亨『中等東洋史教科書』冨山房, 1929年.
藤田豊八『中等教科東洋史』２巻, 文学社, 1896年.

モンテスキュー著，大岩誠訳『ペルシア人の手紙』全二巻，岩波文庫，1950-51年.
ルイス，バーナード著，尾高晋己訳『ムスリムのヨーロッパ発見（上)』春風社，2000年.
山内昌之『帝国と国民』岩波書店，2004年.
山室信一『思想課題としてのアジア――基軸・連鎖・投企』岩波書店，2001年.
湯川武（編)『イスラーム国家の理念と現実』(講座イスラーム世界５）栄光教育文化研究所，1995年.
――「正義と秩序――サイイド・クトゥブの社会的公正論を中心として」湯川武（編)『イスラーム国家の理念と現実』栄光教育文化研究所，1995年.
横山伊徳（編)『オランダ商館長の見た日本――ティツィング往復書翰集』吉川弘文館，2005年.
ランケ著，鈴木成高・相原信作訳『世界史概観，近世史の諸時代』岩波文庫（改訳)，1961年.
和田昌衛『ドイツ福音主義教会法研究』創文社，1977年.
渡邊祥子『仏領アルジェリアにおける公認イスラーム政策（1880-1930年)』(慶応義塾大学大学院経済学研究科修士論文）2005年.

５．その他の日本語文献（辞書，事典，教科書等）

大塚和夫・小杉泰・小松久男・東長靖・羽田正・山内昌之（編)『岩波イスラーム辞典』岩波書店，2002年.
「月刊回教圏復刻版付属資料」復刻版『月刊回教圏』10，ビブリオ，1986年.
学習指導要領データベース：https://www.nicer.go.jp/guideline/
斎藤清太郎『新編西洋史教科書』明治書院，1913年.
佐藤次高・木村靖二・岸本美緒『詳説世界史』山川出版社.
瀬川秀雄『西洋通史』冨山房，1904年.
店田廣文，早稲田大学図書館所蔵『大日本回教協会寄託資料』目録（暫定版)，CD-ROM
那珂通世『支那通史』４巻５冊，1888-90年.
日本イスラム協会，嶋田襄平・板垣雄三・佐藤次高監修『新イスラム事典』平凡社，2002年.
日本カトリック司教協議会教会行政法制委員会訳『カトリック新教会法

――「歴史学・東洋学とイスラーム地域研究」佐藤次高（編）『イスラーム地域研究の可能性』（イスラーム地域研究叢書 1 ）東京大学出版会，2003年.
羽田正・深沢克己「対談　空間性と時間性のなかのヨーロッパとイスラーム世界――地域間交流史の諸相から」『クリオ』18，2004年.
濱田正美「トルコ」『アジア歴史研究入門 4　内陸アジア・西アジア』同朋舎，1984年.
林佳世子「イスラーム史研究と歴史史料」林佳世子・桝屋友子（編）『記録と表象――史料が語るイスラーム世界』（イスラーム地域研究叢書 8 ）東京大学出版会，2005年.
林佳世子・桝屋友子（編）『記録と表象――史料が語るイスラーム世界』（イスラーム地域研究叢書 8 ）東京大学出版会，2005年.
バルトリド「イスラムの世界（一）～（五）」『月刊回教圏』7-7，7-8，8-2，8-3，8-8，1943-44年.
藤原修・岡本三夫（編）『いま平和とは何か』法律文化社，2004年.
フュック，ヨーハン著，井村行子訳『アラブ・イスラム研究誌』法政大学出版局，2002年.
ベルニエ著，関美奈子・倉田信子訳『ムガル帝国誌』岩波書店，1993年.
本田実信「イラン」『アジア歴史研究入門 4　内陸アジア・西アジア』同朋舎，1984年.
前嶋信次『千夜一夜物語と中東文化――前嶋信次著作選 1 』（杉田英明編）平凡社東洋文庫，2000年.
――『イスラムとヨーロッパ――前嶋信次著作選 2 』（杉田英明編）平凡社東洋文庫，2000年.
松長昭「アヤズ・イスハキーと極東のタタール人コミュニティー」池井優・坂本勉（編）『近代日本とトルコ世界』勁草書房，1999年.
松本健一『大川周明』岩波現代文庫，2004年（初出，作品社，1986年）.
宮崎市定『アジヤ史概説』 2 冊，人文書林，1947-48年（『宮崎市定全集』18（1993年）所収）.
『宮崎市定全集』全25巻，岩波書店，1991-94年.
宮地哉恵子「「ゼオガラヒー」から「海国図志」へ」『歴史学研究』623，1991年.
村田数之亮『概観西洋史』創元社，1952年.
森本公誠「アラブ（前期）」『アジア歴史研究入門 4　内陸アジア・西アジア』同朋舎，1984年.

「イスラム文庫」の概要と研究課題」『人間科学研究』15-1，2002年.
谷川稔『十字架と三色旗――もうひとつの近代フランス』山川出版社，1997年.
――（編）『歴史としてのヨーロッパ・アイデンティティ』山川出版社，2003年.
田村愛理「回教圏研究所をめぐって――その人と時代」『学習院史学』25，1987年.
寺内威太郎・李成市・永田雄三・矢島國雄『植民地主義と歴史学――そのまなざしが残したもの』刀水書房，2004年.
東長靖『イスラームのとらえ方』山川出版社，1996年.
中田考「「イスラーム世界」とジハード――ジハードの理念とその類型」湯川武（編）『イスラーム国家の理念と現実』（講座イスラーム世界5）栄光教育文化研究所，1995年.
永田雄三「トルコにおける「公定歴史学」の成立――「トルコ史テーゼ」分析の一視覚」寺内威太郎・李成市・永田雄三・矢島國雄『植民地主義と歴史学――そのまなざしが残したもの』刀水書房，2004年.
中西久枝「アフガーニーのパン・イスラミズムの思想と反帝国主義闘争」『アフガーニーと現代』（イスラーム地域研究シンポジウム報告）2000年.
――『イスラームとモダニティ――現代イランの諸相』風媒社，2002年.
野原四郎「回教研究の役割」『月刊回教圏』6-1，1942年.
ハーゲマン，L.著，八巻和彦・矢内義顕訳『キリスト教とイスラーム――対話への歩み』知泉書館，2003年.
ハタミ，モハンマド著，平野次郎訳『文明の対話』共同通信社，2001年.
羽田正「イスラム都市論の解体」羽田正・三浦徹（編）『イスラム都市研究――歴史と展望』東京大学出版会，1991年.
羽田正・三浦徹（編）『イスラム都市研究――歴史と展望』東京大学出版会，1991年.
羽田正『モスクが語るイスラム史――建築と政治権力』中公新書，1994年.
――『勲爵士シャルダンの生涯――十七世紀のヨーロッパとイスラーム世界』中央公論新社，1999年.
――「「ヨーロッパ」と「イスラーム世界」？――二項対立的世界史叙述の克服にむけて」谷川稔（編）『歴史としてのヨーロッパ・アイデンティティ』山川出版社，2003年.

—— (編)『キーワードで読むイスラーム』山川出版社，2003年.
—— (編)『イスラーム地域研究の可能性』(イスラーム地域研究叢書1) 東京大学出版会，2003年.
——『イスラームの国家と王権』岩波書店，2004年.
——「アジア研究史の新地平——イスラーム研究を中心に」史学会 (編)『歴史学の最前線』東京大学出版会，2004年.
——「歴史を伝える」林佳世子・桝屋友子 (編)『記録と表象——史料が語るイスラーム世界』(イスラーム地域研究叢書8) 東京大学出版会，2005年.
蔀勇造『歴史意識の芽生えと歴史記述の始まり』山川出版社，2004年.
島田虔次，竺沙雅章，本田実信 (編)『アジア歴史研究入門4　内陸アジア・西アジア』同朋舎，1984年.
清水宏祐「十字軍とモンゴル——イスラーム世界における世界史像の変化」歴史学研究会 (編)『世界史とは何か』(講座世界史1) 東京大学出版会，1995年.
シャルダン著，佐々木康之・澄子訳『ペルシア紀行』岩波書店，1993年.
シャルダン著，岡田直次訳『ペルシア見聞記』平凡社東洋文庫，1997年.
末木文美士『明治思想家論』(近代日本の思想・再考 (I)) トランスビュー，2004年.
杉田英明『日本人の中東発見——逆遠近法のなかの比較文化史』東京大学出版会，1995年.
——「前嶋信次氏の人と業績」前嶋信次『千夜一夜物語と中東文化』(杉田英明編)，平凡社東洋文庫，2000年.
杉山正明『逆説のユーラシア史——モンゴルからのまなざし』日本経済新聞社，2002年.
高山博『神秘の中世王国——ヨーロッパ，ビザンツ，イスラム文化の十字路』東京大学出版会，1995年.
竹沢尚一郎『表象の植民地帝国——近代フランスと人文諸科学』世界思想社，2001年.
竹田新「イブン＝ホルダーズベの『諸道と諸国の書』」『大阪外国語大学学報』43，1979年.
——「Iqlīm考——Yāqūtを基に」『オリエント』26-2，1983年.
——「ムカッダスィーの『諸州の知識に関する最良の区分の書』について」『大阪外国語大学学報』64，1984年.
店田廣文「戦中期日本におけるイスラーム研究——早稲田大学図書館所蔵

工藤庸子『ヨーロッパ文明批判序説――植民地・共和国・オリエンタリズム』東京大学出版会，2003年．

――「「アーリアの叡智」を求めて――ロティ／1900年／インド」石井洋二郎・工藤庸子（編）『フランスとその〈外部〉』東京大学出版会，2004年．

栗田禎子「アフガーニーと批判者たち」『アフガーニーと現代』（イスラーム地域研究シンポジウム報告）2000年．

黒木英充・東長靖・三浦徹（編）『イスラーム研究ハンドブック』栄光教育出版研究所，1995年．

『桑原隲蔵全集』全5巻，岩波書店，1968年．

小杉泰「イスラーム世界はイラク戦争をどう見るか」『現代思想』（総特集イラク戦争）31-5，2003年．

――「イスラム世界の歴史と現在」『イスラム世界と日本の対応（有識者意見と基礎資料）』参議院第一特別調査室，2002年．

後藤明『イスラーム歴史物語』講談社，2001年．

――「ダール・アルイスラーム」『歴史学事典12　王と国家』弘文堂，2005年．

小松久男「バルトリド」尾形勇・樺山紘一・木畑洋一（編）『20世紀の歴史家たち（4）世界編下』刀水書房，2001年．

――「ジャポンヤ」佐藤次高（編）『キーワードで読むイスラーム』山川出版社，2003年．

サイード，エドワード・W著，板垣雄三・杉田英明監修，今沢紀子訳『オリエンタリズム』平凡社，1986年．

酒井啓子（編）『民族主義とイスラーム』日本貿易振興会アジア経済研究所，2001年．

坂本勉「山岡光太郎のメッカ巡礼とアブデュルレシト・イブラヒム」池井優・坂本勉（編）『近代日本とトルコ世界』勁草書房，1999年．

桜井啓子『革命イランの教科書メディア――イスラームとナショナリズムの相剋』岩波書店，1999年．

佐藤次高「アラブ（後期）」『アジア歴史研究入門4　内陸アジア・西アジア』同朋舎，1984年．

――「イスラーム国家論――成立としくみと展開」『岩波講座世界歴史10　イスラーム世界の発展7-16世紀』岩波書店，1999年．

――「西アジア・イスラム学の継承と発展――ヨーロッパ・中東・日本」『東方学』100，2000年．

店，2002年.
板垣雄三『イスラーム誤認――衝突から対話へ』岩波書店，2003年.
――「イラク戦争と二一世紀の世界秩序」藤原修・岡本三夫（編）『いま平和とは何か』法律文化社，2004年.
イブン・ハルドゥーン著，森本公誠訳『歴史序説』全４巻，岩波文庫，2001年.
岩村忍『西域とイスラム』（世界の歴史５）中央公論社，1961年.
ウォーラーステイン，イマニュエル著，本多健吉・高橋章監訳『脱＝社会科学――19世紀パラダイムの限界』藤原書店，1993年.
臼杵陽「戦時下回教研究の遺産――戦後日本のイスラーム地域研究のプロトタイプとして」『思想』2002年９月号.
大川周明『回教概論』慶應書房，1942年.
大塚修『「セルジューク朝史」の創成――イラン・イスラーム世界史叙述（12-16世紀初）の中で』（東京大学大学院人文社会系研究科修士論文）2004年.
大塚和夫『イスラーム主義とは何か』岩波新書，2004年.
大久保幸次「宗教伝統と闘ふトルコ人」『東洋』27-5，1924年.
――「日本へ来たロシアの回々教徒避難民について（一）」『国際知識』4-2，1924年.
岡崎勝世『聖書vs.世界史――キリスト教的歴史観とは何か』講談社現代新書，1996年.
――『キリスト教的世界史から科学的世界史へ――ドイツ啓蒙主義歴史学研究』勁草書房，2000年.
――『世界史とヨーロッパ――ヘロドトスからウォーラーステインまで』講談社現代新書，2003年.
小笠原弘幸「オスマン朝修史官の叙法」『日本中東学会年報』20-1，2004年.
奥田真丈監修『教科教育百年史』建帛社，1985年.
加藤博『イスラム世界論――トリックスターとしての神』東京大学出版会，2002年.
樺山紘一『異境の発見』東京大学出版会，1995年.
川村光郎「戦前日本のイスラム・中東研究小史――昭和10年代を中心に」『日本中東学会年報』2，1987年.
ギボン，エドワード著，中野好夫・朱牟田夏雄・中野好之訳『ローマ帝国衰亡史』全11巻，筑摩書房，1976-93年.

Woodward (eds.), The History of Cartography, vol. 2, book 1, The University of Chicago Press, 1992.
Tocqueville, Alexis de, *Oeuvres complètes,* tom 9, 1959.
Umnyakov. I. I., *Annotirovannaya bibliografiya trudov V. V. Bartol' da,* Moskva, 1976.
Wallerstein, Immanuel, *Unthinking Social Science: the Limits of Nineteenth-Century Paradigms,* Polity Press (Cambridge), 1991.
Van der Cruysse, Dirk, *Chardin le Persan,* Fayard (Paris), 1998.
Volney, *Voyage en Egypte et en Syrie, publié avec une introduction et des notes par Jean Gaulmier,* Mouton & Co. (La Haye), 1959.

3．その他欧語文献（辞書，事典等）

Le Dictionnaire universel d'Antoine Furetière, 1690
Encyclopaedia of Islam, new edition
Histoire, 2e, 1re, Term, Nathan, 2001, 2003, 2004
Oxford English Dictionary

4．日本語文献（著書，論文，翻訳等）

アブドゥルレシト・イブラヒム著，小松香織・小松久男訳『ジャポンヤ』第三書館，1992年.
荒野泰典「近世の対外観」『岩波講座日本通史・第13巻・近世３』岩波書店，1994年.
新井政美「オスマン帝国とパン・イスラミズム」『アフガーニーと現代』（イスラーム地域研究シンポジウム報告）2000年.
飯塚正人「ウンマと国家――国民国家を脅かすパン・イスラーム主義の論理」湯川武（編）『イスラーム国家の理念と現実』（講座イスラーム世界５）栄光教育文化研究所，1995年.
池井優・坂本勉（編）『近代日本とトルコ世界』勁草書房，1999年.
池内恵「イスラーム世界における政―教関係の二つの次元」酒井啓子（編）『民族主義とイスラーム』日本貿易振興会アジア経済研究所，2001年.
石井洋二郎・工藤庸子（編）『フランスとその〈外部〉』東京大学出版会，2004年.
板垣雄三・西谷修・三木亘「〈鼎談〉「世界史」の中のイスラーム」『イスラームとは何か――「世界史」の視点から』（別冊『環』④）藤原書

& David Woodward (ed.), *The History of Cartography,* vol.2, book 1, Cartography in the Traditional Islamic & South Asian Societies, The University of Chicago Press, 1992.

Miquel, André, *La géographie humaine du monde musulman jusqu'au milieu du 11e siècle,* vol. 1, Paris 1967 (réimpression 2001).

Mohl, Jules, *Vingt-sept ans d'histoire des études orientales,* 2 vols., Paris, 1879, 80.

Müller, August, *Der Islam im Morgen= und Abendland,* 2 vols., Berlin, 1885, 87.

Nasr, Marlène, *Les Arabes et l'Islam vus par les manuels scolaires français,* Karthala (Paris), 2001.

Négre, Arlette, *al-Dhahabī, Kitāb duwal al-Islām,* traduction annotée des années 477/1055-6 à 656/1258, Damas, 1979.

Pargiter, Frederick Eden (ed.), *Centenary Volume of the Royal Asiatic Society of Great Britain and Ireland 1823-1923,* Royal Asiatic Society, 1923.

Renan, Ernest, *L'Islam et la science. Avec la réponse d'Afghānī,* Archange Minotaure (Montpellier), 2003.

Robinson, Francis (ed.), *The Cambridge Illustrated History of the Islamic World,* Cambridge University Press, 1996.

Rosenthal, Franz, *A History of Muslim Historiography,* E.J. Brill (Leiden), 1968.

——,"The Influence of the Biblical Tradition on Muslim Historiography", Bernard Lewis & P.M. Holt (eds.), *Historians of the Middle East,* Oxford University Press, 1962.

Ruthven, Malise & Azim Nanji, *Historical Atlas of the Islamic World,* Oxford University Press, 2004.

Sauvaget, Jean, *Introduction à l'histoire de l'Orient musulman,* édition refondue et complétée par Cl. Cahen, Paris, 1961.

Schulze, Reinhard, *A Modern History of the Islamic World,* I. B. Tauris, 2000.

Shboul, Ahmad, *Al-Mas'ūdī & his World,* Ithaca Press, London, 1979.

Société asiatique, *Le livre du centenaire* (1822-1922), Paris, 1922.

Storey, C. A., *Persian Literature,* London, 1927-39 (reprinted in 1970).

Tibbetts, Gerald R.,"The Balkhi school of Geographers", Harley &

Harley, J.B. & David Woodward (eds.), *The History of Cartography,* vol. 2, book 1, Cartography in the Traditional Islamic & South Asian Societies, The University of Chicago Press, 1992.

Herbelot, Barthelemi de, *Bibliothèque orientale, ou Dictionnaire universel,* La Haye 1777 (édition originale en 1697).

Hersant, Yves, & Fabienne Durand-Bogaert, *Europes. De l'Antiquité au XXe siécle. Anthologie critique et commentée,* Robert Laffont, 2000.

Hodgson, M.G.S., *The Venture of Islam,* 3 vols., Chicago, 1974.

Holt, P.M., Ann K.S. Lambton, Bernard Lewis (eds.), *The Cambridge History of Islam,* 2 vols., Cambridge, 1970.

Humphreys, Stephen, *Islamic History* (revised edition), Princeton University Press, 1991.

——, *Tradition and Innovation in the Study of Islamic History: The Evolution of North American Scholarship since 1960,* Islamic Area Studies Working Paper Series No. 1, Islamic Area Studies Project (Tokyo), 1998.

Jwaideh, Wadie, *The Introductory Chapters of Yāqūt's Mu'jam al-Buldān,* Leiden, 1959.

Khalidi, Tarif, *Islamic Historiography. The Histories of Mas'ūdī,* State University of New York Press (Albany), 1975.

Lane-Poole, Stanley, *The Mohammadan Dynasties,* London, 1894.

Laurens, Henry, *L'Orient arabe. Arabisme et islamisme de 1798 à 1945,* Armand Colin (Paris), 2000.

Le Goff, Jacques, *L'Europe est-elle née au Moyen Age?,* Seuil (Paris), 2003.

Lewis, Bernard,"Islam", Denis Sinor (ed.), *Orientalism and History,* Cambridge, 1954.

——, *The Muslim Discovery of Europe,* W.W. Norton & Company, 2001 (First edition in 1982).

——, *Islam in History,* New Edition, Open Court (Chicago and La Salle), 1993.

Lewis, Bernard & P.M.Holt (eds.), *Historians of the Middle East,* Oxford University Press, 1962.

Maqbul Ahmad, S.,"Cartography of al-Sharīf al-Idrīsī", in Harley, J.B.

Boudon, Jacques-Olivier, Jean-Claude Caron, Jean-Claude Yon, *Religion et Culture en Europe au 19e siècle,* Armand Colin (Paris), 2001.

Bresc Henri & Annliese Nef, *Idrisi. La première géographie de l' Occident,* Paris, 1999.

Brockelmann, Carl, *Geschichte der Arabischen Litteratur,* 2 vols., Leiden (second edition), 1943, 1949, Supplementbande, 3 vols., 1937-42.

——, *Geschichte der Islamischen Völker und Staaten,* München, 1939.

——, *History of the Islamic Peoples,* Routledge & Kegan Paul Ltd. (London), 1949.

Cardini, Franco, *Europe et Islam: Histoire d'un malentendu,* Seuil (Paris), 2000.

Chardin, Jean, *Voyages du Chevalier Chardin en Perse,* ed. L. Langrès, Paris, 1811.

Endress, Gerhard, *Islam. An Historical Introduction,* Second edition, Columbia University Press (New York), 2002.

Esposito, John L. (ed.), *The Islamic World: Past and Present,* 3 vols., Oxford University Press, 2004.

Fück, J. W.,"Islam as an Historical Problem in European Historiography since 1800", Bernard Lewis & P.M. Holt (eds.), *Historians of the Middle East,* Oxford University Press, 1962.

Gamal el-Din al-Shayyal,"Historiography in Egypt in the Nineteenth Century", Bernard Lewis & P.M. Holt (eds.), *Historians of the Middle East,* Oxford University Press, 1962.

Garcin, Jean-Claude et autres, *Etats, sociétés et cultures du monde musulman médiéval,* Xe-XVe siècle, 3 vols., Presses Universitaires de France (Paris), 1995-2000.

Gibb, Hamilton A.R. & H. Bowen, *Islamic Society and the West,* vol.1, London, 1950.

Grunebaum, G.E. von,"Die islamische Stadt", *Saeculum,* 6, 1955.

——,"The Structure of the Muslim Town", *Islam: Essays in the Nature and Growth of Cultural Tradition,* Ann-Arbor, 1955.

Haneda, Masashi & Miura Toru (eds.), *Islamic Urban Studies: Historical review and Perspectives,* Kegan Paul International (London), 1994.

文献一覧

1．アラビア語・ペルシア語文献

Anonym, *Ḥudūd al-'ālam,* translated and annotated by V. Minorsky, London, 1970.

Ibn al-Athīr, *al-Kāmil fī al-tārīkh,* 13 vols., Beirut, 1965-66.

Ibn Khurradādhbih, *Kitāb al-masālik wa al-mamālik* (Bibliotheca Geographorum Arabicorum, VI), ed. M.J. De Goeje, Leiden, 1889 (reprinted in 1967).

Ibn Khaldūn, *Kitāb al-'ibar,* 7 vols., Beirut, 1971.

Juvaynī,'Alā al-Dīn 'Atā Malek, *Tārīkh-i Jahān-gushā* (E.J.W. Gibb Memorial Seires, XVI), ed. Mīrzā Moḥammad Qāzvīnī, Leiden, 1912.

Mīrkhwand, *Rawḍat al-ṣafā fī sīrat al-anbīyā wa al-mulūk wa al-khulafā,* 10 vols., Tehran, 1338-39.

Monzavī, Aḥmad, *Fehrest-e neskhe-hā-ye Khaṭṭī-ye fārsī,* jeld-e sheshom, Tehran, 1353.

Mustawfī, Ḥamdallah, *Nuzhat al-qulūb,* ed. G. Le Strange, Leiden, 1915 (reprinted at Frankfurt am Main, 1993).

al-Muqaddasī, *Aḥsan al-taqāsim fī ma'rifat al-aqālim* (Bibliotheca Geographorum Arabicorum, III), ed. M. J. De Goeje, Leiden, 1877 (reprinted, 1967).

al-Ṭabarī, *Tārīkh al-rusul wa al-mulūk,* ed. Muḥammad Abū al-Faḍl Ibrāhīm, 10 vols., Cairo, 1969-71.

al-Ya'qūbī, *Kitāb al-buldān* (Bibliotheca Geographorum Arabicorum, VII), ed. M.J. De Goeje, Leiden, 1892 (reprinted in 1967).

2．欧語文献（著書，論文等）

Baubérot, Jean, *Histoire de la laïcité en France,* Presse Universitaire de France (Paris), 2000.

Baubérot, Jean & Séverine Mathieu, *Religion, modernité et culture au Royaume-Uni et en France,* Editions du Seuil (Paris), 2002.

Bayly, Christopher Alan, *The Birth of the Modern World. 1780-1914,* Blackwell Publishing (London), 2003.

本書は、東京大学出版会より二〇〇五年に刊行された『イスラーム世界の創造』を改題し、加筆して文庫化したものです。

羽田　正（はねだ　まさし）

1953年大阪市生まれ。京都大学大学院文学研究科博士課程単位取得退学。パリ第３大学で博士号取得。東京大学東洋文化研究所長，東京大学理事・副学長を経て，現在，東京大学特任教授，大学執行役・副学長。主な著書に『冒険商人シャルダン』『興亡の世界史15　東インド会社とアジアの海』『新しい世界史へ』，編著に『地域史と世界史』『海から見た歴史』などがある。2017年に紫綬褒章を受章。

講談社学術文庫

定価はカバーに表示してあります。

〈イスラーム世界《せかい》〉とは何《なに》か

「新《あたら》しい世界史《せかいし》」を描《えが》く

羽田《はねだ》　正《まさし》

2021年２月９日　第１刷発行

発行者　渡瀬昌彦
発行所　株式会社講談社
東京都文京区音羽 2-12-21 〒112-8001
電話　編集（03）5395-3512
販売（03）5395-4415
業務（03）5395-3615
装　幀　蟹江征治
印　刷　株式会社廣済堂
製　本　株式会社国宝社
本文データ制作　講談社デジタル製作

ISBN978-4-06-522442-7

「講談社学術文庫」の刊行に当たって

これは、学術をポケットに入れることをモットーとして生まれた文庫である。学術は少年の心を養い、成年の心を満たす。その学術がポケットにはいる形で、万人のものになることは、生涯教育をうたう現代の理想である。

こうした考え方は、学術を巨大な城のように見る世間の常識に反するかもしれない。また、一部の人たちからは、学術の権威をおとすものと非難されるかもしれない。しかし、それはいずれも学術の新しい在り方を解しないものといわざるをえない。

学術は、まず魔術への挑戦から始まった。やがて、いわゆる常識をつぎつぎに改めていった。学術の権威は、幾百年、幾千年にわたる、苦しい戦いの成果である。こうしてきずきあげられた城が、一見して近づきがたいものにうつるのは、そのためである。しかし、学術の権威を、その形の上だけで判断してはならない。その生成のあとをかえりみれば、その根は常に人々の生活の中にあった。学術が大きな力たりうるのはそのためであって、生活をはなれた学術は、どこにもない。

開かれた社会といわれる現代にとって、これはまったく自明である。生活と学術との間に、もし距離があるとすれば、何をおいてもこれを埋めねばならない。もしこの距離が形の上の迷信からきているとすれば、その迷信をうち破らねばならぬ。

学術文庫は、内外の迷信を打破し、学術のために新しい天地をひらく意図をもって生まれた。文庫という小さい形と、学術という壮大な城とが、完全に両立するためには、なおいくらかの時を必要とするであろう。しかし、学術をポケットにした社会が、人間の生活にとってより豊かな社会であることは、たしかである。そうした社会の実現のために、文庫の世界に新しいジャンルを加えることができれば幸いである。

一九七六年六月

野間省一

外国の歴史・地理

笠川博一著
古代エジプト　失われた世界の解読
二七〇〇年余り、三十一王朝の歴史を繙く。ヒエログリフ（神聖文字）などの古代文字を読み解き、『死者の書』から行政文書まで、資料を駆使して、宗教、死生観、言語と文字、文化を概観する。概説書の決定版！

2255

篠田雄次郎著
テンプル騎士団
騎士にして修道士。東西交流の媒介者。王家をも経済的に支える財務機関。国民国家や軍隊、多国籍企業の源流として後世に影響を与えた最大・最強・最富の軍事的修道会の謎と実像に文化社会学の視点から迫る。

2271

ロベール・ド・ボロン著／横山安由美訳・解説
西洋中世奇譚集成　魔術師マーリン
神から未来の知を、悪魔から過去の知を授かった神童マーリン。やがてその力をもって彼はブリテンの王家三代を動かし、ついにはアーサーを戴冠へと導く。波乱万丈の物語にして中世ロマンの金字塔、本邦初訳！

2304

橋場　弦著
民主主義の源流　古代アテネの実験
民主政とはひとつの生活様式だった。時に理想視され、時に衆愚政として否定された「参加と責任のシステム」の実態を描く。史上初めて「民主主義」を生んだ古代アテナイの人びとの壮大な実験と試行錯誤が胸をうつ。

2345

森谷公俊著
興亡の世界史　アレクサンドロスの征服と神話
奇跡の大帝国を築いた大王の野望と遺産。一〇年でギリシアとペルシアにまたがる版図を実現できたのはなぜか。どうして死後に帝国がすぐ分裂したのか。栄光と挫折の生涯から、ヘレニズム世界の歴史を問い直す。

2350

森安孝夫著
興亡の世界史　シルクロードと唐帝国
従来のシルクロード観を覆し、われわれの歴史意識をゆさぶる話題作。突厥、ウイグル、チベットなど諸民族の入り乱れる舞台で大役を演じて姿を消した「ソグド人」とは何者か。唐は本当に漢民族の王朝なのか。

2351

外国の歴史・地理

杉山正明著
興亡の世界史　モンゴル帝国と長いその後
チンギス家の「血の権威」、超域帝国の残影はユーラシア各地に継承され、二〇世紀にいたるまで各地に息づいていた！　「モンゴル時代」を人類史上最大の画期とする、日本から発信する「新たな世界史像」を提示。
2352

林　佳世子著
興亡の世界史　オスマン帝国500年の平和
中東・バルカンに長い安定を実現した大帝国。その実態は「トルコ人」による「イスラム帝国」だったのか。スルタンの下、多民族・多宗教を包みこんだメカニズムを探り、イスタンブルに花開いた文化に光をあてる。
2353

姜尚中《カンサンジュン》・玄武岩《ヒョンムアン》著
興亡の世界史　大日本・満州帝国の遺産
岸信介と朴正熙。二人は大日本帝国の「生命線」たる満州の地で権力を支える人脈を築き、戦後の日本と韓国の枠組みを作りあげた。その足跡をたどり、蜃気楼のように栄えて消えた満州国の虚実と遺産を問い直す。
2354

カルピニ、ルブルク著／護　雅夫訳
中央アジア・蒙古旅行記
一三世紀中頃、ヨーロッパから「地獄の住人」の地へとユーラシア乾燥帯を苦難と危険を道連れに歩みゆく修道士たち。モンゴル帝国で彼らは何を見、どんな宗教や風俗に触れたのか。東西交流史の一級史料。
2374

土肥恒之著
興亡の世界史　ロシア・ロマノフ王朝の大地
欧州とアジアの間で、皇帝たちは揺れ続けた。民衆の期待に応えて「よきツァーリ」たらんとしたロマノフ家の群像と、その継承国家・ソ連邦の七十四年間を描く。暗殺と謀略、テロと革命に彩られた権力のドラマ。
2386

栗田伸子・佐藤育子著
興亡の世界史　通商国家カルタゴ
前二千年紀、東地中海沿岸に次々と商業都市を建設したフェニキア人は、北アフリカにカルタゴを建国する。ローマが最も恐れた古代地中海の覇者は、歴史に何を残したか？　日本人研究者による、初の本格的通史。
2387

外国の歴史・地理

小杉　泰著
興亡の世界史　イスラーム帝国のジハード
七世紀のムハンマド以来、イスラーム共同体は後継者たちの大征服でアラビア半島の外に拡大、わずか一世紀で広大な帝国を築く。多民族、多人種、多文化の人々を包摂、宗教も融和する知恵が実現した歴史の奇跡。
2388

原　聖著
興亡の世界史　ケルトの水脈
ローマ文明やキリスト教に覆われる以前、ヨーロッパ文化の基層をなしたケルト人は、どこへ消えたのか？巨石遺跡からアーサー王伝説、フリーメーソン、ナチス、現代の「ケルト復興」まで「幻の民」の伝承を追う。
2389

林　俊雄著
興亡の世界史　スキタイと匈奴　遊牧の文明
前七世紀前半、カフカス・黒海北方に現れたスキタイ。前三世紀末、モンゴル高原に興った匈奴。ユーラシアの東西で草原に国家を築き、独自の文明を創出した騎馬遊牧民は、定住農耕社会にとって常に脅威だった！
2390

氣賀澤保規《けがさわやすのり》著（解説・上野　誠）
則天武后
猛女、烈女、女傑、姦婦、悪女……。その女性は何者か？　大唐帝国繁栄の礎を築いた、中国史上唯一の女帝、その冷徹にして情熱的な生涯と激動の時代を、学術的知見に基づいて平明かつ鮮やかに描き出す快著。
2395

下斗米伸夫《しもとまいのぶお》著
ソビエト連邦史　１９１７－１９９１
共産党が所有する国家＝ソビエト連邦の誕生と崩壊は二十世紀最大の政治事件であった。革命、権力闘争、陰謀、粛清、虐殺。新出の史資料を読み解き、社会主義国家建設という未曾有の実験の栄光と悲惨を描く。
2415

松本宣郎著
ガリラヤからローマへ　地中海世界をかえたキリスト教徒
帝国の辺境からあらわれた奇妙な集団。それがキリスト教徒だった。いかがわしく忌まわしい存在とされた彼らは迫害を乗り越え、どのようにして社会をかえていったのか。世界宗教へと飛躍する、一歩手前の物語。
2426

外国の歴史・地理

フランシス・ギース著／椎野　淳訳
中世ヨーロッパの騎士
十字軍、吟遊詩人、アーサー王物語、そしてドン・キホーテ……。豪壮な城での華麗な騎馬試合、孤独な諸国遍歴。王の信頼を争いつつも強い連帯意識で結ばれていた馬上の戦士たち。その栄光の時代と黄昏を描く。

2428

澁谷《しぶたに》由里著
馬賊の「満洲」　張作霖《ちょうさくりん》と近代中国
馬賊から軍閥、そして元帥へ——。虚飾にとらわれた張作霖像を解体し、中国社会が包含する多様性にねざす地域政権と自治組織の真実を描く。近代へと歩を進める中国と日中関係史を鮮やかに描き出した意欲的作。

2434

マルク・ブロック著／高橋清德訳
比較史の方法
歴史学に革命を起こした「アナール派」の創始者による記念碑的講演。人はなぜ歴史を学ぶのか？　そして、歴史から何を知ることができるのか？　根本的な問いを平易に説いた名著を全面改訂を経た決定版で読む。

2437

長澤和俊著
世界探検史
太古の人々の移動から、アレクサンドロスの東征、ヨーロッパによる「地理上の発見」、二十世紀の極地探検まで、古今東西の探検家を網羅し、人類の歩みを通観するユニークな世界史。壮大なロマンと情熱のドラマ。

2438

チャールズ・H・ハスキンズ著／別宮貞徳・朝倉文市訳
十二世紀のルネサンス　ヨーロッパの目覚め
ローマ古典の再発見、新しい法学、アラビアの先進知識との遭遇、大学の誕生——イタリア・ルネサンス以前、中世の西欧ではすでに知的復興が行われていた！　世界史の常識を覆し、今も指標とされる不朽の名著。

2444

本村凌二著
興亡の世界史　地中海世界とローマ帝国
古代ローマ史には、「人類の経験のすべてがつまっている」という。初の「世界帝国」出現と、一神教世界への転換。そして帝国が終焉を迎えた時、文明は大きく変貌していた。多彩な人物とドラマに満ちた千年史。

2466